plurall

CB136312

Parabéns!
Agora você faz parte do **Plurall**, a plataforma digital do seu livro didático!
Acesse e conheça todos os recursos e funcionalidades disponíveis para as suas aulas digitais.

Baixe o aplicativo do **Plurall** para Android e IOS ou acesse **www.plurall.net** e cadastre-se utilizando o seu código de acesso exclusivo:

AASPTJAJG

Este é o seu código de acesso Plurall.
Cadastre-se e ative-o para ter acesso aos conteúdos relacionados a esta obra.

@plurallnet

@plurallnetoficial

SOMOS EDUCAÇÃO

TEXTO E INTERAÇÃO

UMA PROPOSTA DE PRODUÇÃO TEXTUAL A PARTIR DE GÊNEROS E PROJETOS

VOLUME ÚNICO

ENSINO MÉDIO

WILLIAM CEREJA

Professor graduado em Português e Linguística e licenciado em Português pela Universidade de São Paulo (USP).

Mestre em Teoria Literária pela USP.

Doutor em Linguística Aplicada e Análise do Discurso pela Pontifícia Universidade Católica (PUC-SP).

Professor da rede particular de ensino em São Paulo, capital.

CAROLINA DIAS VIANNA

Professora graduada e licenciada em Português pela Universidade Estadual de Campinas (Unicamp).

Mestre em Linguística Aplicada pela Unicamp.

Doutora em Linguística Aplicada pela Unicamp.

Professora das redes pública e particular de ensino nos Estados de São Paulo e Minas Gerais.

Atual Editora

Editora Saraiva

Presidência: Mario Ghio Júnior
Direção de soluções educacionais: Camila Montero Vaz Cardoso
Direção editorial: Lidiane Vivaldini Olo
Gerência de conteúdo e design educacional – Soluções completas: Viviane Carpegiani
Edição: Fênix Editorial
Preparação de texto: Noé Gonçalves Ribeiro
Planejamento e controle de produção: Flávio Matuguma (ger.), Juliana Batista (coord.), Jayne Ruas (analista)
Revisão: Fênix Editorial (coord.) e Júlia Urrutia
Arte: Fênix Editorial (edição de arte e diagramação)
Iconografia e tratamento de imagem: Roberta Bento (ger.), Claudia Bertolazzi (coord.), Cristina Akisino (pesquisa iconográfica) e Fernanda Crevin (tratamento de imagens)
Licenciamento de conteúdos de terceiros: Roberta Bento (ger.); Jenis Oh (coord.), Liliane Rodrigues, Flávia Zambon, Raísa Maris Reina e Cristina Akisino (analistas de licenciamento)
Design: Foca (Projeto gráfico de capa e miolo)
Foto de capa: Cafe Racer/Shutterstock

Avenida Paulista, 901, 6º andar – Bela Vista
São Paulo – SP – CEP 01310-200
http://www.somoseducacao.com.br

Dados Internacionais de Catalogação na Publicação (CIP)

Cereja, William Roberto
Texto e interação: uma proposta de produção textual a partir de gêneros e projetos, volume único / William Roberto Cereja, Carolina Dias Vianna. -- 5. ed. -- São Paulo : Atual, 2021.

Bibliografia
ISBN 978-65-5945-030-5 (aluno)
ISBN 978-65-5945-031-2 (professor)

1. Língua portuguesa (Ensino médio) I. Título II. Vianna, Carolina Dias

21-3232 CDD 469.07

Angélica Ilacqua – Bibliotecária – CRB-8/7057

2023
5ª edição
4ª impressão
De acordo com a BNCC

Impressão e acabamento: Bercrom Gráfica e Editora

Uma publicação SOMOS EDUCAÇÃO

Apresentação

Prezado estudante,

Os textos fazem parte das mais diferentes situações que vivemos. Com eles informamos o que pensamos e sentimos, contamos fatos, externamos nossos desejos, brincamos, criamos arte, aprendemos, fazemos declarações de amor... Por meio de textos agimos e interagimos com as pessoas, com o mundo.

Nas situações de comunicação de que participamos em nossa vida cotidiana, lançamos mãos de textos variados, não de forma aleatória ou casual, mas considerando quem são nossos interlocutores e quais são os nossos objetivos, bem como quais seriam as melhores escolhas para atingi-los. Esses textos organizam-se de modo diferente uns dos outros, podem ter poucas ou muitas palavras, podem ser compostos apenas de imagens, ou de imagens e palavras combinadas, podem circular em diferentes campos da vida social: na vida pessoal, na vida pública, nas práticas de estudo e pesquisa, entre outros. E a essas diferentes formas de organização chamamos gêneros.

É muito importante conhecermos e dominarmos o maior número possível de gêneros, para termos a nossa disposição um leque considerável de possibilidades e, com isso usarmos nossa capacidade de articulação e produção textual como mais um meio para nos tornarmos cidadãos participativos e autônomos em nossa sociedade.

Este livro pretende ajudá-lo a se apropriar de diferentes gêneros que circulam socialmente e são usados nas mais variadas situações de interação verbal. Para isso, basta que você tenha vontade de explorar os múltiplos caminhos da linguagem e disponibilidade para produzir textos e realizar projetos.

Esperamos que este curso de produção de textos contribua não apenas para ampliar sua capacidade de lidar com as dificuldades e exigências da vida escolar, incluindo o Enem e os vestibulares, mas também para prepará-lo para enfrentar os desafios do atual mercado de trabalho e exercer plenamente seus direitos e deveres de cidadão.

Um abraço,

Os Autores

Conheça seu livro

Conheça a seguir as seções do seu livro, além do material complementar que pode ser adquirido separadamente em versão digital.

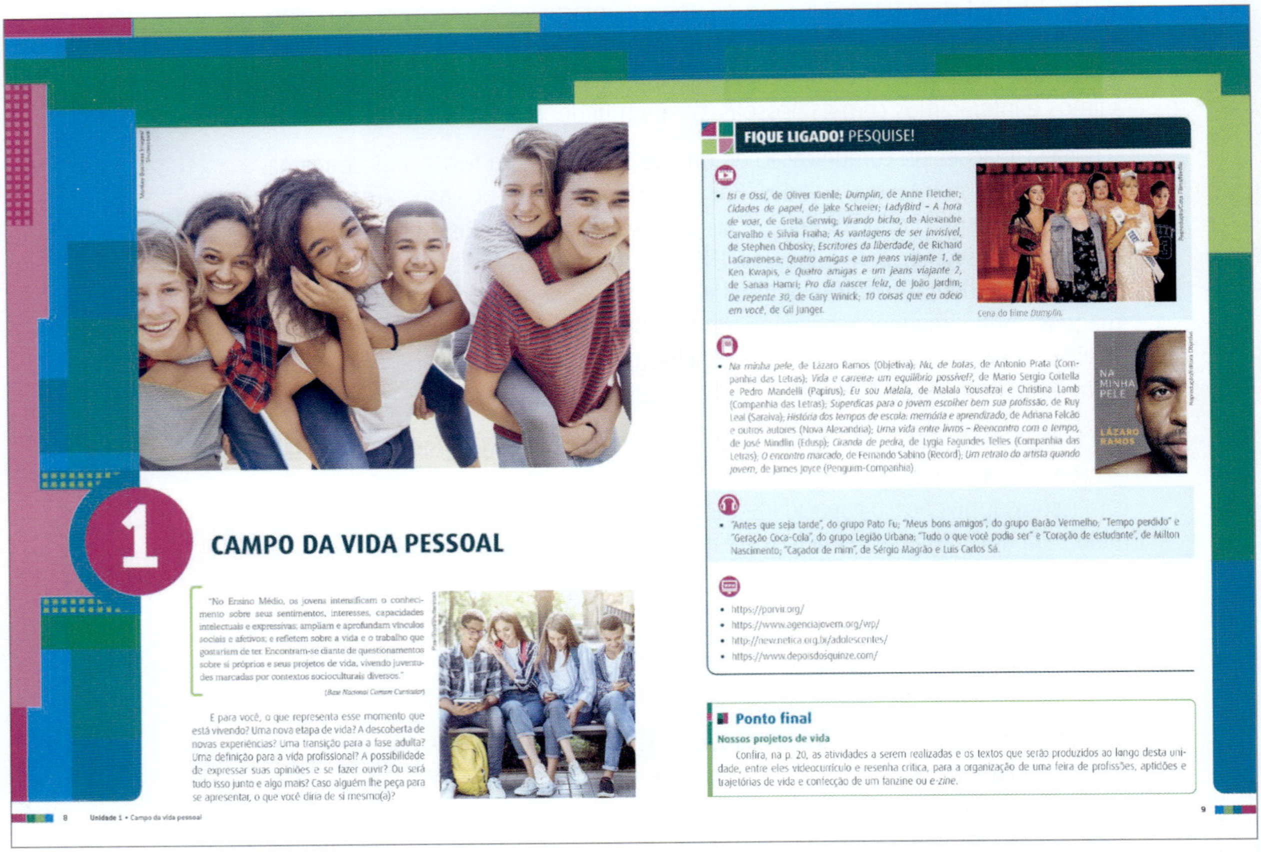

Abertura de unidade

As páginas de abertura são um convite para as descobertas que você fará ao longo da unidade.

Fique ligado! Pesquise!

Na seção **Fique ligado! Pesquise!**, há indicações de filmes, livros, músicas, *sites*, lugares para visitar e assuntos para pesquisar.

Abertura de capítulo

A página de abertura apresenta o(s) gênero(s) que será(ão) estudado(s), assim como as habilidades da BNCC que serão trabalhadas no capítulo.

Trabalhando o gênero

Esta seção promove a leitura de um texto representativo do gênero textual a ser estudado, explorando as características básicas desse gênero quanto aos seus aspectos constitutivos: tema, estrutura, linguagem, etc.

Construindo seu itinerário formativo

Ao longo de todo o livro, há indicações de conteúdos disponíveis nos minicursos, que podem ser adquiridos separadamente, em versão digital, para a construção do seu itinerário formativo.

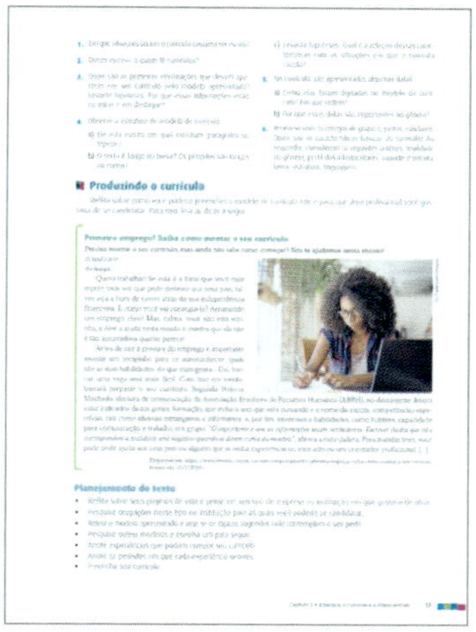

Produzindo o...

Nesta seção, o aluno põe em prática a proposta de produção textual apresentada ou escolhida.

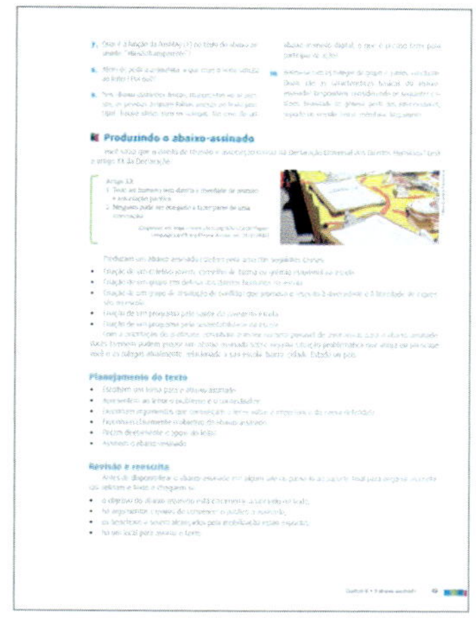

Planejamento do texto

Apresenta orientações sobre como planejar o texto, passo a passo.

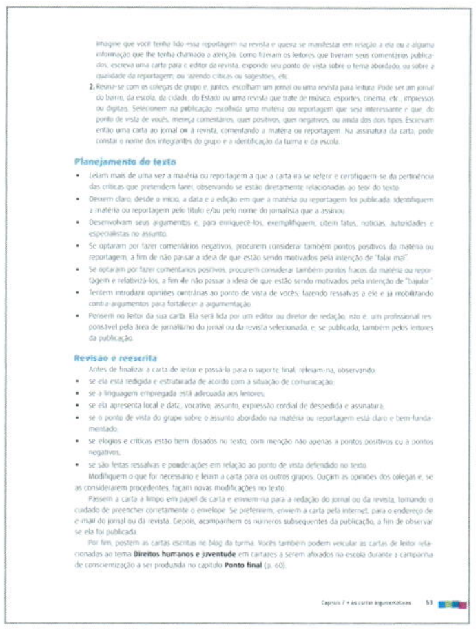

Revisão e reescrita

Este tópico apresenta orientações que possibiliam avaliar o texto produzido e proceder às alterações necessárias.

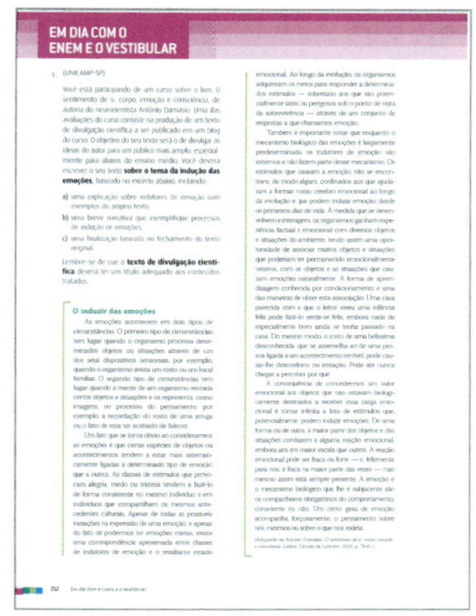

Em dia com o Enem e o vestibular

Esta seção reúne questões representativas do Enem e dos últimos vestibulares.

Ponto final

Os textos produzidos em cada capítulo têm como propósito o projeto final de cada unidade, que encerra as atividades com a organização de feiras, rodas de discussão, debates, saraus, etc.

Minicursos de Produção de texto

Conheça os minicursos disponíveis para a construção de **itinerários formativos**.
Em versão digital, estes conteúdos podem ser adquiridos separadamente.

Sumário

Monkey Business Images/Shutterstock

1 CAMPO DA VIDA PESSOAL

"No Ensino Médio, os jovens intensificam o conhecimento sobre seus sentimentos, interesses, capacidades intelectuais e expressivas; ampliam e aprofundam vínculos sociais e afetivos; e refletem sobre a vida e o trabalho que gostariam de ter. Encontram-se diante de questionamentos sobre si próprios e seus projetos de vida, vivendo juventudes marcadas por contextos socioculturais diversos."

(Base Nacional Comum Curricular)

Pixel-Shot/Shutterstock

E para você, o que representa esse momento que está vivendo? Uma nova etapa de vida? A descoberta de novas experiências? Uma transição para a fase adulta? Uma definição para a vida profissional? A possibilidade de expressar suas opiniões e se fazer ouvir? Ou será tudo isso junto e algo mais? Caso alguém lhe peça para se apresentar, o que você diria de si mesmo(a)?

FIQUE LIGADO! PESQUISE!

- *Isi e Ossi*, de Oliver Kienle; *Dumplin*, de Anne Fletcher; *Cidades de papel*, de Jake Schreier; *LadyBird - A hora de voar*, de Greta Gerwig; *Virando bicho*, de Alexandre Carvalho e Silvia Fraiha; *As vantagens de ser invisível*, de Stephen Chbosky; *Escritores da liberdade*, de Richard LaGravenese; *Quatro amigas e um jeans viajante 1*, de Ken Kwapis, e *Quatro amigas e um jeans viajante 2*, de Sanaa Hamri; *Pro dia nascer feliz*, de João Jardim; *De repente 30*, de Gary Winick; *10 coisas que eu odeio em você*, de Gil Junger.

Reprodução/Cota Films/Netflix

Cena do filme *Dumplin*.

- *Na minha pele*, de Lázaro Ramos (Objetiva); *Nu, de botas*, de Antonio Prata (Companhia das Letras); *Vida e carreira: um equilíbrio possível?*, de Mario Sergio Cortella e Pedro Mandelli (Papirus); *Eu sou Malala*, de Malala Yousafzai e Christina Lamb (Companhia das Letras); *Superdicas para o jovem escolher bem sua profissão*, de Ruy Leal (Saraiva); *História dos tempos de escola: memória e aprendizado*, de Adriana Falcão e outros autores (Nova Alexandria); *Uma vida entre livros - Reencontro com o tempo*, de José Mindlin (Edusp); *Ciranda de pedra*, de Lygia Fagundes Telles (Companhia das Letras); *O encontro marcado*, de Fernando Sabino (Record); *Um retrato do artista quando jovem*, de James Joyce (Penguim-Companhia).

Reprodução/Editora Objetiva

- "Antes que seja tarde", do grupo Pato Fu; "Meus bons amigos", do grupo Barão Vermelho; "Tempo perdido" e "Geração Coca-Cola", do grupo Legião Urbana; "Tudo o que você podia ser" e "Coração de estudante", de Milton Nascimento; "Caçador de mim", de Sérgio Magrão e Luis Carlos Sá.

- https://porvir.org/
- https://www.agenciajovem.org/wp/
- http://new.netica.org.br/adolescentes/
- https://www.depoisdosquinze.com/

Ponto final

Nossos projetos de vida

Confira, na p. 20, as atividades a serem realizadas e os textos que serão produzidos ao longo desta unidade, entre eles videocurrículo e resenha crítica, para a organização de uma feira de profissões, aptidões e trajetórias de vida e confecção de um fanzine ou *e-zine*.

CAPÍTULO 1

A biodata, o currículo e o videocurrículo

A biodata

Trabalhando o gênero

Os textos que você vai ler a seguir estão disponíveis na seção "Comunidade" do *site* do Centro de Educação Transdisciplinar (Cetrans). Leia-os e depois responda ao que se pede.

Este capítulo favorece o desenvolvimento das habilidades

EM13LGG101
EM13LGG103
EM13LGG104
EM13LGG105
EM13LGG202
EM13LGG301
EM13LGG701
EM13LP01
EM13LP02
EM13LP03
EM13LP06
EM13LP11
EM13LP13
EM13LP14
EM13LP15
EM13LP17
EM13LP18
EM13LP19

Lista de membros (biodata)

Alessandro Faria

Membro do CETRANS

Daniel M Ernst/Shutterstock

Alessandro Faria é desenhista e fabricante de coisas desde a infância. Estudou Design na FAAP e atuou no desenvolvimento de produtos e serviços no Brasil e na Inglaterra. Em 2005 inicia a carreira na Universidade Federal da Bahia | UFBA. Desenvolveu seu Mestrado na Escola de Belas Artes da UFBA e seu doutorado foi projetado no Instituto de Arte da UNICAMP. Profissional com muito interesse nos aspectos teóricos e práticos do desenvolvimento de produtos, serviços e modelagem de negócios. Desde 2010 aproxima o Design Thinking de instituições públicas, privadas, fundações e ONGs.

[...]

Cleo Busatto

Uma artista da palavra

Cléo Busatto é uma artista da palavra. Membro do Cetrans desde sua formação, em O Pensamento Transdisciplinar (2002), Mestre em Teoria Literária, UFSC (2005). Autora de mais de 25 obras, muitas selecionadas para programas de governo e catálogos internacionais, como o da Feira do Livro Infantil de Bolonha — IT (2010). Em 2016, seu livro *A fofa do terceiro andar* foi finalista ao Prêmio Jabuti, na categoria juvenil. Desenvolve projetos de mediação de leitura literária, no Brasil e no exterior.

[...]

Denise Lagrotta

Membro do CETRANS

Formada em Direito pela Universidade Presbiteriana Mackenzie em 1985, exerci a profissão em diversas áreas e escritórios até 2007. A partir daí, fui em busca de novos caminhos. Livrarias eram meu segundo lar e terapias diversas me davam suporte. Fiz cursos de teatro e paisagismo, mergulhei no campo das Ciências Noéticas, estudei Administração de Organizações do Terceiro Setor na Fundação Getúlio Vargas, integrei a 5ª Turma na Formação Holística de Base na Unipaz, me capacitei como mediadora de conflitos pelo Instituto Mediativa. Recentemente, participei do Programa de Protagonismo Criativo da Escola Polifonia, onde abriu-se uma fenda para ressignificar minha expressão profissional, que pode ser vista no *site*: http://www.deniselagrotta.com.br.

[...]

(Disponível em: http://cetrans.com.br/site/comunidade/biodata/. Acesso em: 10/2/2020.)

Filiação institucional

A expressão "membro do CETRANS", nas biodatas lidas, identifica a filiação dos biodatados. Filiação, em contextos profissionais, se refere à instituição em que a pessoa atua, estuda ou trabalha.

Construindo seu itinerário formativo

Gêneros do campo da vida pessoal

Nesta unidade, você está iniciando o estudo dos seguintes gêneros do campo da vida pessoal:

- Currículo
- Videocurrículo
- Biodata

Além desses gêneros, há outros que circulam no campo da vida pessoal. Convidamos você a vivenciar novas experiências e ampliar seu repertório neste minicurso disponível no Plurall, conhecendo outros gêneros:

- Carta pessoal
- Relato pessoal
- Receita e tutorial
- Diário

1. Os três textos apresentam similaridades entre si.

a) Qual é o título dado à reunião dos textos?

b) A palavra *biodata* vem da junção do radical grego *bio*, "vida", ao radical latino *data*, "dados". Qual é a finalidade das biodatas lidas?

c) Que outros gêneros também têm por objetivo apresentar a vida ou parte da vida de uma pessoa?

d) Quem são os produtores dos textos? E seus leitores?

2. Os textos lidos trazem informações da vida de três pessoas.

a) Qual é o principal tipo de informação selecionada para compor as biodatas? Por que isso acontece?

b) Observe os trechos "Alessandro Faria é desenhista e fabricante de coisas desde a infância" e "Livrarias eram meu segundo lar e terapias diversas me davam suporte". Que tipo de informação complementar esses trechos trazem sobre os biodatados? Qual é o efeito de sentido construído ao relacionar esses trechos com as informações da trajetória profissional?

3. Nos textos, são citados nomes de instituições, prêmios e programas, além de datas.

a) Quais são as instituições citadas? Por que elas são citadas pelos autores das biodatas?

b) Que tipo de data é selecionada pelos autores para compor seus textos?

4. Sobre a estrutura dos textos, responda:

a) Como cada texto se inicia?

b) Em quantos parágrafos os textos estão escritos?

c) Os períodos são longos ou breves?

d) Levante hipóteses: Por que, em dois textos, está escrito, abaixo dos nomes próprios, "Membro do CETRANS" e, em um texto, está escrito "Uma artista da palavra"?

5. Observe a pessoa do discurso em que os textos foram escritos.

a) Em que pessoa cada um dos textos está escrito?

b) Qual é o efeito de sentido que a pessoa do discurso atribui a cada um dos textos?

c) Troque ideias com os colegas e o professor: Há uma pessoa do discurso que seja menos ou mais adequada?

6. A passagem do tempo é importante para a escrita de uma biodata. Quais são os tempos verbais encontrados nesse gênero? Com qual função cada tempo é utilizado?

7. A biodata de Denise Lagrotta apresenta algumas características que a diferenciam das outras biodatas. Analise-a e assinale as afirmativas verdadeiras:

- A terceira biodata apresenta segmentos mais narrativos do que descritivos.
- A biodatada se apresenta de maneira mais pessoal e próxima do leitor.
- A biodatada não cita seus gostos e preferências pessoais.
- A linguagem utilizada é mais objetiva.
- A biodatada utiliza linguagem figurada em trechos como "mergulhei no campo", "abriu-se uma fenda".
- A biodatada atua na área em que fez a graduação.
- A biodatada fornece datas exatas dos principais fatos de sua biodata.

8. Em sua opinião, as biodatas escritas constroem a ideia de que os biodatados têm uma trajetória interessante ou importante? Justifique sua resposta.

9. Reúna-se com os colegas de grupo e, juntos, concluam: Quais são as características básicas da biodata? Ao responder, considerem os seguintes critérios: finalidade do gênero, perfil dos interlocutores, suporte e veículo, tema, estrutura, linguagem.

O gênero *biodata* pode ser definido como uma breve biografia profissional, comumente solicitada a artistas, escritores, cientistas, entre outros, em situações em que seus trabalhos serão expostos de alguma maneira. Biodatas variam em alguns aspectos: podem ser mais descritivas ou mais narrativas, ser escritas em 3ª ou 1ª pessoa, podem incluir fatos mais gerais da vida da pessoa, além das principais experiências profissionais, bem como suas opiniões, valores, atitudes e outros tipos de experiência.

Produzindo a biodata

No próximo capítulo, você produzirá um **fanzine** ou um ***e-zine*** (um tipo de revista que você conhecerá melhor em breve). Para apresentar aos leitores os produtores da revista, escrevam suas biodatas. Os fanzines vão compor o projeto **Nossos projetos de vida**, uma feira de profissões, aptidões e trajetórias de vida.

Planejamento do texto

- Selecione os fatos e as experiências que você pretende destacar em seu texto.
- Decida se irá incluir aspectos de sua personalidade, seus gostos e suas aptidões.
- Anote o ano em que ocorreram os fatos selecionados.
- Mencione instituições que você considere relevantes em sua trajetória, como escola, centro de estudos, de cursos ou de esportes; participação em projetos sociais, ONGs, etc.
- Decida se seu texto será escrito em 1ª ou 3ª pessoa do singular.
- Inicie o texto pelo seu nome e identifique-se como aluno do ensino médio de sua escola.
- Escreva um texto breve, de apenas um parágrafo.

Revisão e reescrita

Troque seu texto com o de um colega e façam a revisão deles mutuamente, observando se a biodata:

- é iniciada pelo nome e filiação institucional do biodatado;
- apresenta fatos relevantes da trajetória do biodatado;
- contém os fatos identificados por ano;
- está escrita coerentemente em 1ª ou 3ª pessoa do singular;
- é breve e é composta de apenas um parágrafo;
- constrói a trajetória do biodatado de forma que ela se torne interessante ao leitor.
- Passe seu texto a limpo e guarde-o para inseri-lo no fanzine.

O currículo

Trabalhando o gênero

Outro gênero comum para se apresentar em contextos profissionais é o currículo ou *curriculum vitae*. Leia um modelo de currículo sugerido na internet para pessoas que buscam estágio ou o primeiro emprego:

MODELO 1 – INDICADO PARA ESTÁGIO, PRIMEIRO EMPREGO, APRENDIZ

Nome do candidato
Nacionalidade, estado civil e idade
Endereço – Bairro – Região (se necessário) - Cidade
Telefone residencial e celular
E-mail

Objetivo
No início da vida profissional não é necessário ter um objetivo totalmente definido. Os candidatos podem apenas citar a área de interesse.
Exemplo: Área financeira

Formação Acadêmica
Curso: Ciências Atuariais
Faculdade: (Nome da universidade)
Previsão de graduação: Jan/2010 – Dez/2015

Idiomas
Inglês Avançado
Espanhol Intermediário

Informática
Pacote Office, Internet.

Experiência Profissional
Candidatos também podem colocar trabalho eventual ou em empresa júnior, do centro acadêmico da faculdade.

Nome da empresa

Cargo: Estagiário
Período: Fevereiro/2013 – Atual

Atribuições: Programar e controlar as reservas financeiras dos clientes, a fim de garantir o pagamento dos compromissos assumidos com os segurados; elaboração de planilhas e cálculos financeiros.

Outras atividades
Se o candidato faz trabalhos voluntários é importante descrever. O recrutador pode avaliar as habilidades através deles.

Exemplo: Trabalho voluntário na Paróquia Santo Antônio desde março de 2009.
Arrecadação de fundos para a paróquia, aulas de catequese, campanhas beneficentes para a comunidade.

(Disponível em: http://g1.globo.com/concursos-e-emprego/modelos-de-curriculo.html. Acesso em: 10/2/2020.)

1. Em que situações sociais o currículo costuma ser escrito?

2. Quem escreve e quem lê currículos?

3. Quais são as primeiras informações que devem aparecer em um currículo pelo modelo apresentado? Levante hipóteses: Por que essas informações estão no início e em destaque?

4. Observe a estrutura do modelo de currículo.

   a) Ele está escrito em qual estrutura: parágrafos ou tópicos?

   b) O texto é longo ou breve? Os períodos são longos ou curtos?

   c) Levante hipóteses: Qual é a relação dessas características com as situações em que o currículo circula?

5. No currículo, são apresentadas algumas datas.

   a) Como elas foram digitadas no modelo de currículo? Em que ordem?

   b) Por que essas datas são importantes no gênero?

6. Reúna-se com os colegas de grupo e, juntos, concluam: Quais são as características básicas do currículo? Ao responder, considerem os seguintes critérios: finalidade do gênero, perfil dos interlocutores, suporte e veículo, tema, estrutura, linguagem.

Produzindo o currículo

Reflita sobre como você poderia preencher o modelo de currículo lido e para que área profissional você gostaria de se candidatar. Para isso, leia as dicas a seguir:

Primeiro emprego? Saiba como montar o seu currículo

Precisa montar o seu currículo, mas ainda não sabe como começar? Nós te ajudamos nessa missão!

25 MAIO 2017

Por Redação

FG Trade/Getty Images

Quero trabalhar! Se esta é a frase que você mais repete toda vez que pede dinheiro aos seus pais, talvez seja a hora de correr atrás da sua independência financeira. E como você vai consegui-la? Arrumando um emprego, claro! Mas, calma, você não está sozinha, a Atrê a ajuda nesta missão e mostra que ela não é tão assustadora quanto parece!

Antes de sair à procura do emprego é importante investir um tempinho para se autoconhecer: quais são as suas habilidades, do que mais gosta... Daí, buscar uma vaga será mais fácil. Com isso em mente, bastará preparar o seu currículo. Segundo Heloisa Machado, diretora de comunicação da Associação Brasileira de Recursos Humanos (ABRH), no documento devem estar indicados dados gerais; formação, que inclui o ano que está cursando e o nome da escola; competências específicas, tais como idiomas estrangeiros e informática; e, por fim, interesses e habilidades, como hobbies, capacidade para comunicação e trabalho em grupo. *"O importante é que as informações sejam verdadeiras. Escrever dados que não correspondem à realidade será negativo quando se derem conta da mentira"*, afirma a especialista. Para mandar bem, você pode pedir ajuda aos seus pais ou alguém que já tenha experiência no mercado ou um orientador profissional. [...]

(Disponível em: https://www.atrevida.com.br/na-real/comportamento/primeiro-emprego-saiba-como-montar-o-seu-curriculo. Acesso em: 10/2/2020.)

Planejamento do texto

- Reflita sobre seus projetos de vida e pense em um tipo de empresa ou instituição em que gostaria de atuar.
- Pesquise ocupações nesse tipo de instituição para as quais você poderia se candidatar.
- Releia o modelo apresentado e veja se os tópicos sugeridos nele contemplam o seu perfil.
- Pesquise outros modelos e escolha um para seguir.
- Anote experiências que podem compor seu currículo.
- Anote os períodos em que cada experiência ocorreu.
- Preencha seu currículo.

Revisão e reescrita

Releia seu currículo, observando:

- se ele é iniciado com seu nome e suas informações pessoais;
- se seus dados para contato estão corretos e disponíveis de maneira clara;
- se o texto está organizado em tópicos e com períodos breves;
- se suas experiências apresentam data.

Os currículos serão a base de videocurrículos e integrarão, com os fanzines e os *e-zines*, o projeto **Nossos projetos de vida**, uma feira de profissões, aptidões e trajetórias de vida.

O videocurrículo

Atualmente, os currículos estão sendo produzidos em outros formatos e mídias, como os videocurrículos. Você conhece esse gênero? Geralmente, é um vídeo curto, de 1,5 a 2 minutos, solicitado por empresas como uma das etapas de seleção.

franz12/Shutterstock

Pesquise alguns videocurrículos na internet ou assista a alguns selecionados pelo professor. Depois, debata com os colegas e com o professor estas questões:

- Levante hipóteses: Qual é a função de um videocurrículo como uma das etapas de seleção de uma empresa?
- Qual é a relação entre o currículo e o videocurrículo?
- O que constitui a parte não verbal do vídeo: Candidato, cenário, elementos que se relacionam à profissão?
- O que é possível afirmar sobre a fala do candidato: A linguagem utilizada é formal ou informal? O candidato parece falar espontaneamente, de improviso ou deve ter usado um roteiro? Quais são os principais conteúdos abordados pelo candidato ao falar de si?

Leia seu currículo e monte um roteiro para gravar seu videocurrículo. O roteiro pode ser organizado da seguinte maneira:

- Saudação: Como vai se referir ao público? Exemplo: "Olá, eu sou o(a)...".
- Apresentação profissional: Sou estudante do ensino médio e busco meu primeiro emprego, um estágio, etc.
- Apresentação das principais experiências.
- Apresentação de aptidões e interesses pessoais.
- Despedida e disponibilização de dados para contato.

Concluído o roteiro, siga estas indicações:

- Procure ensaiar em grupo. Um dos componentes pode filmar os ensaios, de forma que todos tenham a oportunidade de assistir à apresentação e aprimorá-la até que o resultado fique bom.
- Fale diretamente para a câmera, imaginando que está conversando com uma pessoa que está dentro dela.
- Ao chegar a uma boa versão, troque a gravação com outros colegas, de modo que cada um possa opinar sobre o trabalho do outro.
- Faça a edição do material gravado para chegar à versão final do vídeo.

CAPÍTULO 2

A resenha crítica, o *booktube* e o mapa de profissões

A resenha crítica escrita e audiovisual (*booktube*)

Trabalhando o gênero

Leia esta resenha:

Este capítulo favorece o desenvolvimento das habilidades

- EM13LP01
- EM13LGG102
- EM13LGG103
- EM13LGG104
- EM13LGG301
- EM13LGG302
- EM13LGG402
- EM13LGG602
- EM13LGG701
- EM13LGG703
- EM13LGG704
- EM13LP02
- EM13LP13
- EM13LP14
- EM13LP16
- EM13LP20
- EM13LP21
- EM13LP22
- EM13LP29
- EM13LP30
- EM13LP33
- EM13LP34
- EM13LP38
- EM13LP45
- EM13LP51
- EM13LP53

Minha História — Michelle Obama

Por Yasmine Evaristo *em* 23 de Maio de 2019 • 19:06

Reprodução/Editora Objetiva

Minha História — Michelle Obama (Confidential #2)
Tradução: Denise Bottmann, Débora Landsberg e Renato Marques
Capa: Christopher Brand
Páginas: 464
Acabamento: Brochura
Lançamento: 13/11/2018
Selo: Objetiva

Ao fim do mandato da presidência dos Estados Unidos, a ex-primeira-dama, **Michelle Obama**, se vê diante de uma calmaria que não pertencia à sua vida há tempos. Ela pode se mover por sua casa sem ser impedida por empregados, pode caminhar na rua sem o assédio constante dos paparazzi e até mesmo se mudou para uma casa "normal". Em **"Minha História — Michelle Obama"**, a autora nos leva por uma retrospectiva sobre sua vida até os tempos atuais.

Acompanhamos nesse livro como a garota de South Side, Chicago, se tornou porta-voz de mulheres e meninas do mundo. Primeira afro-americana a ocupar a posição de primeira-dama dos EUA — assim como seu marido, Barack Obama, primeiro homem negro eleito presidente pelo país —, Michelle precisou lidar com a não aprovação da mídia e da população, movida pelo racismo estrutural; racismo esse que desde o início de sua vida a tachava de incapaz. Diante das oportunidades que surgiram ao longo de sua vida, Obama ascendeu na carreira de advogada e, além de se destacar como profissional do Direito, conheceu por meio da profissão seu marido.

"A forma mais fácil de desmerecer a voz de uma mulher é resumi-la a uma pessoa rabugenta."

De maneira descontraída Michelle Obama rompe a barreira de primeira-dama inalcançável (vamos combinar que essa barreira não era tão rígida assim) e relata de maneira leve sua trajetória. Sua escrita é encantadora, despojada e às vezes irreverente. A sensação ao avançar no livro é de que você está passando férias na casa de uma tia muito amada e ela está contando "causos" da vida.

Não há como não se encantar com a doçura de Michelle com as filhas, com seu amor pelo marido (lindamente correspondido) ou se emocionar com as dificuldades enfrentadas para que ela fosse valorizada por sua capacidade intelectual. A autobiografia é excelente por mostrar parte do cotidiano de uma mulher negra estadunidense e os caminhos que sua vida leva, por nos injetar ânimo e mostrar que há, para alguns, meios de ultrapassar esses limites impostos pelo preconceito, mas também para fazer-nos refletir sobre o porquê de uma história dessa só estar sendo contada agora.

"Minha História — Michelle Obama" é leitura obrigatória para quem busca conhecer mais sobre a diversidade de mulheres que nos servem de exemplos para um mundo melhor.

(Disponível em: https://www.entrandonumafria.com.br/resenha-minha-historia-michelle-obama/. Acesso em: 17/2/2020.)

1. A resenha, também chamada de crítica, é um gênero textual geralmente publicado em jornais, revistas ou *blogs*, e trata de um objeto cultural: um filme, uma peça de teatro, um livro, um *show* de música, um festival, uma exposição de arte, etc.

a) Qual é o objeto cultural tratado na resenha lida?

b) Qual é a finalidade do texto lido?

2. A resenha foi extraída de um *blog* chamado "Entrando numa fria" e identificado da seguinte maneira: Há 12 anos a fonte de suas notícias literárias e cinematográficas".

a) Levante hipóteses: Quem geralmente escreve uma resenha?

b) A quem ela se destina?

3. A resenha em estudo não se inicia com uma apresentação direta do livro resenhado. Qual é a estratégia da autora da resenha para iniciar seu texto? Qual é o efeito de sentido dessa apresentação?

4. A resenha apresenta uma ficha técnica do livro.

a) Que tipo de informação consta nessa ficha?

b) Qual é a função dessa ficha em uma resenha?

5. A resenha tem uma estrutura relativamente livre e pode variar muito dependendo de seu autor, do público e do veículo em que é publicada. Apesar disso, apresenta alguns elementos essenciais, como a descrição do objeto cultural em exame e a opinião do autor da resenha sobre a qualidade da obra. Em relação à resenha lida, responda:

a) Em que parágrafos há uma breve descrição da obra?

b) Em que parágrafos a autora da resenha explicita sua avaliação sobre o livro?

6. Nas resenhas, é comum serem destacadas as qualidades e apresentados os possíveis defeitos do objeto cultural em análise. Na resenha lida:

a) Apontam-se defeitos do livro analisado?

b) Como a escrita da autora do livro é caracterizada?

c) É possível construir uma imagem da autobiografada pela leitura da resenha? Se sim, qual imagem?

7. No terceiro parágrafo, a autora afirma que a sensação ao ler a autobiografia de Michelle Obama é a de estar escutando "causos" contados por ela.

a) Por que a palavra *causos* está entre aspas?

b) Essa sensação provocada pela leitura é avaliada de maneira positiva ou negativa pela autora da resenha? O que comprova sua resposta?

8. A autora seleciona algum trecho da autobiografia para compor sua resenha? Se sim, qual é ele e qual recurso linguístico é utilizado para integrá-lo à resenha?

9. Observe a linguagem utilizada na resenha em estudo.

a) Que variedade linguística foi empregada?

b) Em que tempo estão predominantemente as formas verbais do parágrafo em que o livro é descrito?

c) E em que tempo estão predominantemente as formas verbais dos outros parágrafos?

d) Explique qual efeito de sentido essa diferença no emprego dos tempos verbais constrói na resenha.

10. Uma resenha expressa a opinião do crítico que avalia o objeto cultural. Assim, esse gênero pode ser mais pessoal, o que ocorre quando seu autor se coloca no texto de forma explícita, empregando expressões como *A meu ver*, *Eu acho que*, *Eu penso que*, *para mim*, etc., ou pode ser impessoal, o que acontece quando o autor se coloca de forma indireta, empregando recursos como a 3ª pessoa ou a 1ª pessoa do plural e a voz passiva.

a) Com base nesses dados, pode-se dizer que a crítica em estudo tende à pessoalidade ou à impessoalidade?

b) Que trechos comprovam sua resposta?

c) Independentemente do tom menos ou mais pessoal, a opinião da autora a respeito da obra é claramente explicitada no texto? Esse ponto de vista é favorável ou desfavorável? Comprove sua resposta com elementos do texto.

11. Sobre a resenha lida:

a) A qual tipo de público a autora recomenda o livro?

b) Pela resenha lida, você se interessou pelo livro? Por quê?

12. Troque ideias com os colegas e, juntos, concluam: Quais são as características básicas da resenha?

Produzindo a resenha

Ao final desta unidade, você vai reunir, em uma feira de profissões, aptidões e trajetórias de vida, textos escritos pela turma em um fanzine ou *e-zine*. Para compor as revistas, escrevam resenhas de livros, quadrinhos, filmes, peças de teatro que possam ser classificados como biográficos ou autobiográficos. A intenção é conhecer as trajetórias de vida de pessoas diferentes com o objetivo de inspirar o público da feira a refletir sobre seus próprios projetos de vida.

Planejamento do texto

- Selecione o objeto cultural sobre o qual você deseja escrever. Lembre-se de selecionar um objeto cultural que traga uma trajetória de vida que possa interessar a você, aos colegas e ao público da feira.
- Pense no público para o qual vai escrever, ou seja, outros colegas da escola, professores e familiares que vão visitar a feira.
- Antes de iniciar a produção do texto, procure conhecer bem o objeto cultural que será abordado na resenha. Para isso, assista à peça, ao filme, leia o livro ou a história em quadrinhos, ouça o disco e busque mais informações a respeito do objeto resenhado. Você pode selecionar um objeto que já conheça.
- Anote os dados técnicos do objeto cultural: título, autor(es), diretor(es), atores e outros dados que julgar importantes.
- Faça também outras anotações que possam ajudar na descrição do objeto resenhado. Por exemplo, caso se trate de livro, anote trechos interessantes, pensando na possibilidade de citá-los. Para estar coerente com o tema da feira, busque destacar aspectos da trajetória de vida do biografado relacionados à sua profissão ou a suas aptidões pessoais.
- Com base nos dados coletados e sem perder de vista o público-alvo, escreva uma resenha que estimule o leitor a conhecer ou consumir o objeto analisado.
- Procure destacar aspectos da trajetória de vida do autor do objeto resenhado, sua profissão, mudanças em sua vida, momentos de dúvida e de superação, passagens que possam gerar identificações em jovens como você.
- Procure ajustar a linguagem de seu texto ao suporte, ao perfil dos interlocutores e à situação.
- Combine o texto verbal com imagens (fotografias, ilustrações, reproduções) que o complementem, avalie a necessidade de identificar cada uma com legenda e mencione referências sobre sua autoria e sobre a obra ou o *site* de onde ela foi extraída.

Revisão e reescrita

Antes de finalizar a resenha e passá-la para o suporte final, releia seu texto, observando se ele:

- apresenta uma descrição do objeto cultural analisado e se destaca seus pontos positivos e/ou negativos;
- estimula o leitor a conhecer ou consumir o objeto analisado;
- emprega os verbos predominantemente no presente do indicativo;
- apresenta e destaca aspectos da trajetória de vida do autor do objeto resenhado, principalmente relacionados a profissão;
- contém uma ficha técnica que identifica a obra;
- utiliza linguagem adequada ao gênero, ao veículo e ao público em vista;
- contém imagens identificadas e acompanhadas por legendas;
- faz uso de imagens que estabelecem uma relação de complementaridade com o conteúdo do texto verbal.

Faça as alterações necessárias e guarde as resenhas para a publicação no fanzine ou no *e-zine* da turma.

A resenha nas mídias digitais

Você já assistiu a algum vídeo em canais da internet que resumem e comentam objetos culturais, como livros, filmes, exposições, etc.? Que tal transformar as resenhas escritas por vocês num *booktube*, ou seja, em uma resenha em vídeo?

Transforme a resenha que vocês produziram neste capítulo em resenha audiovisual. Mas, atenção! Para tanto, a resenha não deve ser simplesmente lida: é preciso transformar o texto escrito em um texto oral, realizando as adaptações necessárias. Veja algumas dicas:

- Pesquise resenhas audiovisuais na internet. Há muitos *booktubers e youtubers* com canais especializados em comentar diferentes objetos culturais.
- Escolha um tom para o vídeo: mais cômico e engraçado, mais sério e engajado ou, ainda, irônico, sarcástico. Com base nessa escolha inicial, defina se a linguagem será mais informal e descontraída ou mais formal e comedida.
- Escolha um cenário que se relacione ao objeto cultural da resenha: por exemplo, uma biblioteca é um local interessante, caso seu objeto seja um livro. O cenário também pode estar relacionado ao personagem biografado: por exemplo, um local com CDs, discos e instrumentos musicais no caso de um astro do *rock* ou de um compositor.

- Elabore um roteiro: planeje como vai saudar e cumprimentar seus espectadores, como vai apresentar os dados técnicos do objeto cultural (título, autor, data, editora, etc.), se vai mostrar elementos relacionados ao objeto cultural (o próprio livro, o cartaz do filme ou da peça teatral).
- Não dê *spoiler*! Não conte a seu público todo o conteúdo do objeto selecionado e se esforce para criar certo suspense a fim de aumentar o interesse do público em conferir o objeto na íntegra.
- Selecione trechos do livro para ler ou ainda um trecho do *trailer* do filme.
- Planeje como vai encerrar o vídeo e se despedir dos espectadores.

Para a produção de um vídeo, observe estas instruções:

- Escreva o roteiro, baseado em sua resenha escrita.
- Faça um ensaio do vídeo antes da primeira gravação.
- Faça um teste da gravação e assista ao que foi gravado, conferindo o volume de voz, o posicionamento em frente à câmera, a iluminação e a relação com o roteiro planejado.
- Grave sua resenha em vídeo.

Após a checagem final, salve o trabalho e o converta para o formato de vídeo. Depois, providencie sua gravação em DVD ou *pendrive* ou ainda o *upload* para a nuvem.

Vídeo de *youtuber* ou *booktuber*

Os vídeos produzidos para internet são geralmente hospedados em *sites* como o youtube.com. Os *vloggers* ou *youtubers* podem tratar de vários temas, desde os mais específicos a uma área — ciências, arte, esporte — até temas do cotidiano. As postagens em vídeo costumam ter alguma frequência (semanais, quinzenais ou mensais).

A produção costuma ser bem simples, o que torna a possibilidade de criação mais acessível. Basta um tema, uma opinião, uma câmera e um canal no YouTube ou algum *site* similar. Há também produtoras e empresas jornalísticas e artísticas profissionais que criam vídeos mais elaborados e obtêm retorno financeiro com isso, já que vídeos com muitos acessos acabam por atrair anunciantes e consequentemente pagamentos por anúncios.

Um(a) *booktuber* faz vídeos dedicados à literatura e ao hábito de ler, principalmente com resenhas. Há canais especializados em *cinema* ou em *música*, com resenhas de filmes, *shows* e álbuns musicais.

Reprodução/Vivian Sipriano

(Foto da blogueira Vivian Sipriano comentando o livro de Michelle Obama. Em: https://www.youtube.com/watch?v=_KjMd-b6yGY.)

O mapa de profissões e as profissões do futuro

Com a revolução tecnológica, o mundo do trabalho tem mudado drasticamente. Além das ocupações que deixam de existir devido à automação, algumas profissões tradicionais sofrem grandes transformações e novas profissões surgem. Pessoas que hoje estudam para determinada profissão talvez tenham de lidar com demandas muito diferentes das pressupostas em sua formação quando chegarem ao mercado de trabalho.

Automação, globalização, carreiras mais colaborativas e empreendedorismo são algumas das características do atual mundo do trabalho. Mas quais são as novas profissões, ainda pouco conhecidas pela maioria das pessoas? E quais serão as profissões do futuro que nem existem ainda? Leia o seguinte mapa de profissões, que aborda algumas delas:

Montagem Arte Fernanda Crevin

(Disponível em: https://br.pinterest.com/pin/404831453975599750/. Acesso em: 18/2/2020.)

Vocês já devem ter refletido sobre possíveis profissões que querem seguir! Para compor a feira de profissões, aptidões e trajetórias de vida a ser produzida ao final da unidade, façam um mapa de profissões coletivo, que reúna as profissões e aptidões de interesse dos alunos da turma. Para isso, façam um primeiro levantamento de profissões e áreas de interesse de todos e pesquisem mais sobre elas. Leiam sobre as profissões selecionadas, discutindo possíveis aptidões e habilidades necessárias.

Em seguida, informem-se sobre as possíveis transformações relacionadas às profissões que selecionaram, tais como: Será que essa profissão continuará a existir no futuro? Será que está sofrendo grandes transformações na atualidade? Qual é a formação necessária para atuar em determinada área? Quais são as novas profissões ou novas demandas dessa área de atuação?

Após as pesquisas, construam o mapa. Os mapas partem de um título central, para, então, relacionar as profissões por área e especialização. Além disso, os mapas podem trazer as aptidões ou habilidades relacionadas às profissões que os compõem de maneira sempre bastante breve e objetiva.

O mapa de profissões é um objeto visual: cores, linhas, negritos constroem o sentido dos elementos e das relações entre eles; não são escolhas aleatórias. Para inspirá-los, pesquisem outros tipos de mapas conceituais.

Façam uma primeira versão do mapa: decidam o título do mapa; estabeleçam o primeiro nível de ramificação após o título; reflitam sobre quais são as relações entre as profissões para fazer as novas linhas e caixas de texto e preencher o mapa. Escolham cores diferentes para identificar diferentes níveis e relações no mapa.

Antes de registrar o mapa de profissões em sua versão final, releiam-no e observem se:

- o título está em destaque;
- os níveis do mapa são facilmente identificados;
- o mapa traz informações suficientes, de maneira breve e clara, sobre as profissões selecionadas;
- as cores foram usadas para marcar as diferenças de níveis e as relações entre eles;
- os exemplos estão registrados de maneira clara.

O mapa pode compor um cartaz e permanecer afixado na feira ou configurar-se em um mapa interativo, a ser explorado digitalmente.

Ponto final

Este capítulo favorece o desenvolvimento das habilidades

EM13LGG104	EM13LGG105	EM13LGG201	EM13LGG301	EM13LGG302	EM13LGG303
EM13LGG402	EM13LGG603	EM13LGG703	EM13LP01	EM13LP05	EM13LP15
EM13LP16	EM13LP18	EM13LP19	EM13LP21	EM13LP25	EM13LP54

Nossos projetos de vida ▪ Feira de profissões, aptidões e trajetórias de vida

O que desejo para meu futuro? Quais cursos de ensino superior podem ter a ver comigo? Que profissão seguir? Essa profissão parece ser coerente com o que desejo para minha vida pessoal e para o mundo em que vivo? Já posso ou quero começar a trabalhar durante o ensino médio?

Você provavelmente já se fez essas perguntas ou alguma outra similar, assim como os colegas de escola.

Neste projeto você vai reunir sua produção textual dos capítulos 1 e 2 em um fanzine ou *e-zine*. Além disso, com seu grupo e com a turma, vai montar uma feira voltada à discussão de projetos de vida, o que inclui abordar profissões, aptidões e trajetórias de vida dos jovens do ensino médio.

Convidem para participar da feira colegas de outros anos, professores de outras disciplinas e funcionários da escola, bem como familiares e amigos. Divulguem amplamente o evento, por meio de folhetos, cartazes e faixas distribuídas pela escola.

1. Montando o *fanzine* ou *e-zine*

Iza Guedes/Fotoarena

Olena Yakobchuk/Shutterstock

badahos/Getty Images

O nome *fanzine* é originado de duas palavras de origem inglesa: *fan* (fã) e *magazine* (revista). Os fanzines surgiram na década de 1940 e são revistas simples, não profissionais, de produção artesanal, que reúnem textos diversos para admiradores ou interessados em um assunto específico, principalmente sobre algum fenômeno cultural (ficção científica, quadrinhos, séries de televisão, jogos, personagens ou algum gênero musical). Com o advento das mídias digitais, o gênero migrou para o computador e para a internet, surgindo os *e-zines*: revistas "caseiras" geralmente no formato PDF.

Para conhecer mais sobre esse tipo de publicação, pesquise na internet imagens e vídeos a respeito.

O fanzine da turma terá como tema "profissões e trajetórias de vida". Vocês podem se dividir em grupos e produzir alguns fanzines temáticos, considerando os interesses, as áreas, as aptidões da turma. Podem ainda optar por produzir uma publicação artesanal, escrita e ilustrada à mão, ou utilizar o computador para digitalizar textos e imagens.

Reúnam as resenhas escritas por vocês. Decidam a ordem em que vão aparecer na revista e como serão divididas (por tipo de objeto cultural — resenhas de livros, depois de cinema, por exemplo — ou por profissão

— resenhas que abordem pessoas da área da saúde, depois artistas, etc.). Reúnam também as biodatas. Ao final da revista, façam uma lista de biodatas do grupo para o público leitor conhecê-los.

Selecionem outros textos que se relacionem ao tema e que possam compor a revista: obras de arte, entrevistas sobre a trajetória de vida de diferentes personalidades, matérias jornalísticas sobre escolha da profissão, etc. Lembrem-se de sempre identificar a fonte do texto reproduzido.

Caso optem por um *e-zine*, além das resenhas e biodatas escritas, disponibilizem os videocurrículos e as resenhas audiovisuais. Outros gêneros digitais, como *gifs*, charges animadas, videoclipes, *playlists*, podem ser incluídos, sempre acompanhados das fontes de onde foram copiados.

2. Planejando palestras e mesas-redondas

Convidem psicólogos especializados em orientação vocacional, profissionais de diferentes áreas e coordenadores de cursos de graduação para realizarem palestras e participarem de mesas-redondas no evento. Professores e coordenadores da escola e pais de alunos também podem ser convidados. A ideia é conhecer o que se estuda em alguns cursos de graduação, o que fazem profissionais em seu dia a dia, qual é a relação entre suas ocupações atuais e sua formação, etc., ajudando o público da feira a pensar sobre seus projetos de vida. Por isso, é interessante ter uma variedade de áreas contempladas nas palestras e mesas-redondas.

Após terem o aceite do convite, organizem uma programação para o evento, registrando as datas, os horários e os locais para cada atividade.

3. Planejando uma roda de conversa

Michelle Bennett/Getty Images

Promovam uma roda de conversa entre alunos, professores e coordenadores sobre projetos de vida. Selecionem algumas questões para serem debatidas pelo grupo e que podem guiar a escolha profissional. Vejam alguns exemplos: "Como escolher uma profissão?", "O que gosto de fazer?", "Quais competências considerar nessa escolha?", "Como gostos e aptidões podem guiar um projeto de futuro?", "Em que locais me imagino trabalhando?", "Que áreas do conhecimento me interessam?", "Sobre que assuntos tenho curiosidade?", "Com que tipo de artefatos, ferramentas, instrumentos me imagino lidando no trabalho?", "O que quero ou posso fazer pelo mundo?".

4. Preparando o espaço

Divulguem a feira com faixas, cartazes e convites. Afixem os mapas de profissões nos ambientes selecionados para a realização da feira. Providenciem uma televisão ou um computador para deixar os videocurrículos à disposição do público da feira, chamando a atenção e identificando esse ponto com um cartaz, como: "Conheça nossos videocurrículos!". As resenhas audiovisuais podem ser exibidas em outro ponto da feira, a fim de que a turma busque inspirar o público com as trajetórias de vida dos biografados, acompanhadas por imagens das capas de livros e cartazes dos filmes resenhados.

Organizem os espaços que serão utilizados para cada atividade: um local para o lançamento do fanzine ou do *e-zine*, salas para a realização das palestras, mesas-redondas e roda de conversa, todos devidamente identificados.

Bruno Vargas/Shutterstock

hpoliveira/Shutterstock

2 CAMPO DA VIDA PÚBLICA

> "[...] é fundamental que sejam garantidas aos estudantes oportunidades de experienciar fazeres cada vez mais próximos das práticas da vida acadêmica, profissional, pública, cultural e pessoal e situações que demandem a articulação de conhecimentos, o planejamento de ações, a auto-organização e a negociação em relação a metas. [...]
>
> No cerne do campo de atuação na vida pública estão a ampliação da participação em diferentes instâncias da vida pública, a defesa dos direitos, o domínio básico de textos legais e a discussão e o debate de ideias, propostas e projetos."
>
> (*Base Nacional Comum Curricular*)

Há documentos legais que regulam os direitos de todo ser humano, os direitos do cidadão brasileiro e até mesmo os direitos específicos do jovem brasileiro. Você conhece esses documentos e sabe se eles são respeitados no contexto em que você vive e atua? Em quais situações sociais você, como jovem, pode se fazer ouvir, opinar e intervir, de maneira respeitosa e ética, para construir um mundo mais justo? Como você pode agir para que direitos sejam cada vez mais conhecidos e respeitados?

FIQUE LIGADO! PESQUISE!

- *Cidade cinza, de Marcelo Mesquita e Guilherme Valiengo*; *O menino e o mundo*, de Alê Abreu; *Era o Hotel Cambridge*, de Eliane Caffé; *Quando a casa é a rua*, de Theresa Jessouroun; *O dilema das redes*, de Jeff Orlowski; *A rede social*, de David Fincher; *Mandela, a luta pela liberdade*, de Bille August; *Ônibus 174*, de José Padilha; *Zuzu Angel*, de Sérgio Rezende; *Um dia sem mexicanos*, de Sergio Arau; *Hotel Ruanda*, de Terry George; *O jardineiro fiel*, de Fernando Meirelles; *A lista de Schindler*, de Steven Spielberg; *Z*, de Costa-Gravas; *A casa dos espíritos*, de Bille August; *Gran Torino*, de Clint Eastwood.

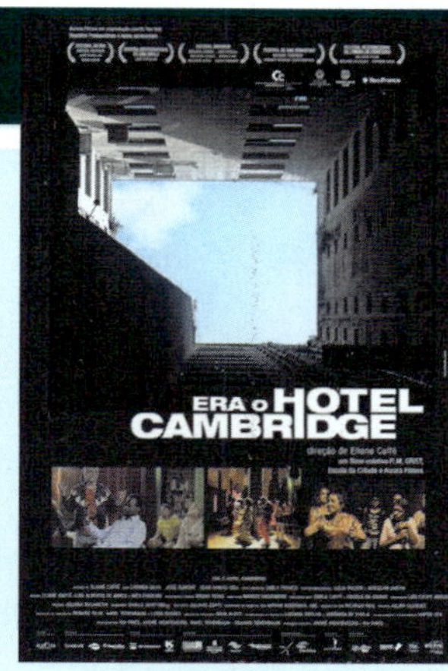

Reprodução/Aurora Filmes

- *Todos contra todos: o ódio nosso de cada dia*, de Leandro Karnal (Leya); *Basta de cidadania obscena!*, de Mario Segio Cortella e Marcelo Tas (Papirus 7 Mares); *O amanhã não está à venda*, de Ailton Krenak (Companhia das Letras); *Somos todos Greta*, de Valentina Giannella (VR); *Mundo pós-moderno*, de José Arbex e Cláudio Júlio Tognoli (Scipione); *Manual do telespectador insatisfeito*, de Wagner Bezerra (Summus); *Videologias*, de Eugênio Bucci e Maria Rita Khehl (Boitempo); *Terra sonâmbula*, de Mia Couto (Companhia das Letras); *Muito longe de casa – Memórias de um menino soldado*, de Ismael Beah (Ediouro); *Contando histórias*, de Nadime Gordimer (Companhia das Letras); *Ética*, de vários autores (Companhia das Letras); *No país dos homens*, de Hisham Matar (Companhia das Letras); *A revolução dos bichos*, de George Orwell (Companhia das Letras); *História da cidadania*, de Jaime Pinsky e Carla Bassanezi Pinsky (Contexto); *O cidadão de papel*, *Meninas da noite*, *Aprendiz do futuro – Cidadania hoje e amanhã* e *A guerra dos meninos – Assassinatos de menores no Brasil*, de Gilberto Dimenstein (Brasiliense); *Ética e cidadania*, de Herbert de Souza e Carla Rodrigues (Moderna).

Reprodução/Editora Papirus 7 Mares

- "Pacato cidadão", do grupo Skank; "Comida", dos Titãs; "Tribunal do Feicebuque", de Tom Zé; "Que país é este?", de Renato Russo; "Brasil", de Cazuza, George Israel e Nilo Romero; "O sal da Terra", de Beto Guedes; "Cidadão", de Zé Geraldo e Lúcio Barbosa.

- https://www.gov.br/cidadania/pt-br
- http://escoladecidadania.org.br/
- https://www.andi.org.br/
- https://crianca.mppr.mp.br/

Ponto final

Direitos humanos e juventude

Confira, na p. 60, as atividades a serem realizadas e os textos que serão produzidos ao longo desta unidade, entre eles, abaixo-assinado, anúncios, cartazes, debates, para a organização de uma campanha de conscientização da juventude pelos direitos humanos.

CAPÍTULO

3 Hipertexto e gêneros digitais: o *blog* e o comentário

Com o surgimento e a popularização da internet, alteraram-se profundamente os papéis de produtor e leitor de textos, bem como as formas de ler. Na internet, o processo de ler ou escrever um texto deixou de ser linear, ou seja, da esquerda para a direita e de cima para baixo, um procedimento de cada vez. O internauta pode, enquanto lê um texto, acessar *links*, ler outros textos, ouvir música, examinar imagens e planilhas, redigir *e-mails* e, finalmente, voltar a ler o texto que foi o ponto de partida para uma série de operações e de interações na internet.

A essas múltiplas possibilidades oferecidas pelo texto digital, que envolve uma nova forma de acessar, produzir e interpretar informações, chamamos *hipertexto*. Assim, **hipertexto** exprime a ideia de leitura e escrita não linear de texto, em um contexto tecnológico, mediado pelo computador e pela internet.

A internet permite ainda que os internautas, além de fazerem facilmente leituras simultâneas e não lineares, produzam e disponibilizem seus próprios textos na rede para serem acessados por outros usuários. Assim, todos podem expressar seus pontos de vista, postando textos, vídeos e fotos em *sites* diversos: páginas de grandes jornais do país, YouTube, fóruns de discussão, páginas pessoais, como os *blogs*, ou perfis de redes sociais, como o Facebook, o Twitter e o Instagram.

Entre os gêneros textuais que são produzidos e circulam na internet, estão o *e-mail*, o *blog* e o comentário.

GoodStudio/Shutterstock

Este capítulo favorece o desenvolvimento das habilidades

- EM13LGG102
- EM13LGG204
- EM13LGG302
- EM13LGG402
- EM13LGG701
- EM13LGG702
- EM13LGG703
- EM13LP01
- EM13LP09
- EM13LP13
- EM13LP23
- EM13LP25

O *blog*

Trabalhando o gênero

NetPhotos/Alamy/Fotoarena

O ***weblog***, mais conhecido como *blog*, era, no princípio, uma espécie de diário virtual, usado quase exclusivamente por jovens interessados em relatar fatos de seu cotidiano, pensamentos, observações, opiniões e em se relacionar com outros internautas. Com o tempo, os *blogs* foram se tornando a ferramenta ideal não só para a divulgação de ideias pessoais, mas também de notícias, textos sobre política e cultura, pesquisas, negócios, debates, publicidade, etc. Enquanto montar um *site* exige ter conhecimento de programação de computadores ou pagar por essa assessoria, criar uma página na rede é simples e rápido. Há diversos programas de hospedagem de *blogs* disponíveis gratuitamente na internet. Um dos mais acessíveis e bastante procurado pelos iniciantes é o Blogger (blogger.com). Depois de acessá-lo, o usuário preenche um formulário com nome, *e-mail* e contatos, escolhe um visual para a página e lhe dá um nome. Quinze minutos depois, já pode publicar seus textos na internet. Além dos textos, os *blogs* comportam fotos e, em alguns casos, vídeos. Além dos *blogs* individuais, que são mais comuns, existem também os *blogs* comunitários, nos quais todos os membros de determinado grupo podem editar textos e participar deles como autores.

Os *blogs* possibilitam aos leitores fazer comentários sobre os *posts* dos autores, manifestando concordância, discordância, acrescentando informações, fazendo sugestões de tópicos para novos *posts*, etc.

Blog: história sem fim

Os *blogs* levam às últimas consequências dois princípios da Internet. Um deles é a interatividade. Cada texto postado num *blog* vem acompanhado de uma janela para que os leitores façam comentários, o que torna essas páginas espaços de debate por excelência. O outro é a formação de comunidades que vão se ampliando e se sobrepondo. Os *blogs* são interligados uns aos outros por meio de *links* — os atalhos que permitem ao usuário saltar entre as páginas da Internet. Assim, um texto publicado num *blog* que isoladamente não atrai grande número de leitores pode de repente se espalhar de maneira exponencial. Quanto mais um *blog* é recomendado pelos similares, mais ganha *status*. Da mesma forma, o blogueiro que participa das discussões em páginas de terceiros acaba, por tabela, divulgando a sua própria. [...]

(*Veja*, n. 1 907.)

Leia este texto, extraído de um *blog*:

BLOG DO JAIRO BOUER

Educação e cidadania digital para um jovem cada vez mais conectado

17/02/2020 04h06

Na última semana uma série de acontecimentos reforçou a importância de se incluir o tema da educação digital ou, ainda melhor, da cidadania digital, tanto no currículo das escolas como no diálogo dentro de casa.

De um lado, viralizou uma "brincadeira" potencialmente perigosa, em que dois jovens passam uma rasteira em um terceiro desavisado, que acaba caindo ao chão, correndo o risco de machucar cabeça e coluna vertebral. Do outro lado, o Reino Unido anunciou que vai apertar o cerco sobre as plataformas digitais, responsabilizando-as por conteúdos nocivos. E aqui no Brasil um menor foi condenado por postar "nudes" de uma ex-namorada, e seus pais terão que pagar uma indenização.

Não é novidade que o jovem passa hoje cada vez mais tempo conectado nas redes sociais. Lá, ele acaba sendo exposto a desafios, brincadeiras, jogos e toda sorte de conteúdos que podem ser construtivos, educativos e agregadores, mas também podem ter um potencial que vai no sentido contrário: destrutivo, agressivo, preconceituoso e antissocial.

Rawpixel.com/Shutterstock

E esse intenso trânsito digital é 100% de mão dupla, ou seja, o jovem não é apenas receptor dessas informações e conteúdos, ele é também ativo nas postagens, convites e propostas. As motivações tanto para a recepção como para a produção de posts, imagens e vídeos são diversas (fazer parte do grupo, ser curtido, ser aceito, ser admirado, melhorar a autoestima, ganhar notoriedade e fama e por aí vai).

Não se pode perder de foco que essa é uma fase da vida em que tudo muda com velocidade assustadora (talvez ainda mais acelerada na era digital). Assim, existe uma espécie de "vulnerabilidade" para diversos níveis de risco. Tanto do ponto de vista emocional como do ponto de vista neurológico (se é que é possível fazer essa distinção), o jovem é mais impulsivo, pesa menos o impacto que suas ações presentes terão no seu futuro, desliga com maior facilidade os controles racionais, entre outros mecanismos que fazem com que ele possa se expor ou expor seus pares a situações complicadas, arriscadas, perigosas, difíceis.

Se essa realidade está tão real e presente em nosso cotidiano, como garantir nos dias de hoje a liberdade e a construção da autonomia do jovem? Talvez a melhor alternativa seja, em casa, os pais exercerem o papel de pais, olhando, observando, ensinando, controlando o uso (dos menores) e mediando a relação com as tecnologias (dos maiores) para que eles entendam seus limites, suas responsabilidades e seu papel de cidadãos. Em paralelo, as escolas têm que se ocupar também desse trabalho, já que sua condição de facilitadora das relações sociais (para além dos aprendizados formais) ganha hoje uma extensão quase sem limites e sem fronteiras no mundo digital.

Em um cenário ideal, em que família e escola dialogassem com essa realidade, o jovem entenderia essa cidadania digital como parte de seu papel no mundo. Um aprendizado que seria central para uma melhor relação com os outros, e para uma melhor percepção das armadilhas trazidas por "fakenews", "jogos de risco" e atitudes antissociais.

Esse trabalho pedagógico e preventivo talvez conseguisse diminuir a necessidade de regulações externas, como as pressões crescentes sobre as plataformas digitais (para que elas reconheçam riscos e bloqueiem ações nocivas o mais rápido possível), o que em teoria pode ser bastante útil, mas que, do ponto de vista prático, torna-se muitas vezes de difícil aplicação, dado o volume brutal de informações postadas nas redes e a velocidade de propagação de algumas delas.

É claro que nenhum pai ou mãe deseja ver o filho exposto ou expondo os outros a situações vexatórias, discriminatórias, perigosas ou agressivas. As telas não deveriam provocar refrações nos conceitos de ética e cidadania. O comportamento deveria ser um só, dentro ou fora das redes sociais. Se isso faz sentido para você, está mais do que na hora de começar a agir, de preferência antes da próxima brincadeira "bombar" no celular do seu filho ou do seu aluno!

**** Este texto não reflete, necessariamente, a opinião do UOL**

(Disponível em: https://doutorjairo.blogosfera.uol.com.br/2020/02/17/educacao-e-cidadania-digital-para-um-jovem-cada-vez-mais-conectado/. Acesso em: 3/3/2020.)

Construindo seu itinerário formativo

Gêneros do campo da vida pública

Nesta unidade, você está iniciando o estudo dos seguintes gêneros do campo da vida pública:

- Comentário de internet
- Debates regrados e deliberativos
- Cartaz e texto de campanha
- Abaixo-assinado
- Cartas argumentativas

Além desses gêneros, há outros que circulam no campo da vida pública. Convidamos você a vivenciar novas experiências e ampliar seu repertório neste minicurso disponível no Plurall, conhecendo mais um gênero:

- Manifesto

Rawpixel.com/Shutterstock

1. O autor do *blog*, Jairo Bouer, é médico psiquiatra.

a) Levante hipóteses: Quais temas são tratados nesse *blog*?

b) O tema tratado no texto lido apresenta qual relação com a profissão e a especialidade de seu autor?

2. Sobre o texto lido:

a) Qual é seu público-alvo? Copie trechos do texto que comprovam sua resposta.

b) Logo no início, o autor apresenta motivos para abordar o tema no *blog*. Quais são esses motivos?

3. No 1º parágrafo, o autor defende uma proposta.

a) Qual é essa proposta?

b) Quais argumentos são apresentados pelo autor para defendê-la?

c) Em que parágrafo o autor detalha o que é e como se ensina cidadania digital?

d) Quais são os benefícios que o autor supõe que essa educação traria?

4. Releia o seguinte trecho do texto:

> "[...] o jovem é mais impulsivo, pesa menos o impacto que suas ações presentes terão no seu futuro, desliga com maior facilidade os controles racionais, entre outros mecanismos que fazem com que ele possa se expor ou expor seus pares a situações complicadas, arriscadas, perigosas, difíceis."

a) Essa caracterização que o autor faz do jovem é uma opinião dele? Justifique sua resposta.

b) Qual é a sua opinião sobre essa caracterização do jovem?

5. Alguns termos e expressões estão entre aspas no texto.

a) Identifique todos os termos com esse sinal de pontuação.

b) Discuta com a turma e com o professor: Que novo sentido as aspas atribuem a essas palavras, no contexto?

6. Alguns trechos no início do texto estão destacados com a cor azul e sublinhados.

a) Quais são os trechos destacados?

b) Considerando o contexto no qual o texto em estudo foi publicado, deduza: Por que os trechos em questão estão destacados?

c) Que outros recursos — cores, formatação, tipo de letra — usados para a mesma função você reconhece em páginas da internet?

7. A respeito dos *hiperlinks* no texto lido e nos textos em geral, responda:

a) Qual é a função dos *hiperlinks* em *blogs* e *sites* em geral?

b) Você considera que os *hiperlinks* no texto lido são importantes? Você se interessou em clicar em algum deles?

8. Na conclusão, o autor afirma que "As telas não deveriam provocar refrações nos conceitos de ética e cidadania.".

a) Nesse contexto, qual é o sentido da palavra *refrações*?

b) Levante hipóteses: Por que, ao agir em plataformas digitais, algumas pessoas mudam seu comportamento mais cotidiano?

9. Você vai ler a seguir alguns artigos da Declaração Universal dos Direitos Humanos.

Monkey Business Images/Shutterstock

Artigo 12.º

Ninguém sofrerá intromissões arbitrárias na sua vida privada, na sua família, no seu domicílio ou na sua correspondência, nem ataques à sua honra e reputação. Contra tais intromissões ou ataques toda a pessoa tem direito à proteção da lei.

Artigo 19.º

Todo o indivíduo tem direito à liberdade de opinião e de expressão, o que implica o direito de não ser inquietado pelas suas opiniões e o de procurar, receber e difundir, sem consideração de fronteiras, informações e ideias por qualquer meio de expressão.

Artigo 29.º

1. O indivíduo tem deveres para com a comunidade, fora da qual não é possível o livre e pleno desenvolvimento da sua personalidade.
2. No exercício deste direito e no gozo destas liberdades ninguém está sujeito senão às limitações estabelecidas pela lei com vista exclusivamente a promover o reconhecimento e o respeito dos direitos e liberdades dos outros e a fim de satisfazer as justas exigências da moral, da ordem pública e do bem-estar numa sociedade democrática.
3. Em caso algum estes direitos e liberdades poderão ser exercidos contrariamente e aos fins e aos princípios das Nações Unidas.

(Disponível em: https://www.ohchr.org/EN/UDHR/Pages/Language.aspx?LangID=por. Acesso em: 3/3/2020.)

Relacione os artigos lidos à discussão sobre cidadania digital abordada no texto de Jairo Bauer. Depois, discuta com a turma:

- Em que medida ações comuns na internet e nas redes sociais desrespeitam esses artigos?
- Que atitudes podemos tomar para colocar tais direitos em prática e difundi-los?

Produzindo o *blog*

Um *blog* pode ser usado para publicar textos de uma infinidade de gêneros do discurso e não há um formato fixo e rígido a ser seguido. Um artigo de opinião, como o que foi lido no início do capítulo, é comum em *blogs* de especialistas para comentar temas e acontecimentos relacionados a sua área de atuação.

Há *blogs* que publicam textos cuja autoria não é do(s) proprietário(s) do *blog*. Esses textos podem ser copiados, com a fonte devidamente citada, ou ter seus *links* compartilhados, com um breve comentário geral do(s) autor(es) do *blog* sobre o texto, explicando por que o estão divulgando em seu espaço virtual e o que pensam sobre ele.

Loucos por *blogs*

Reprodução/ESIC

Se você gosta de *blogs* e quer se aprofundar no assunto, sugerimos a leitura do livro *Blogs — Revolucionando os meios de comunicação*, de Octavio I. Rojas Orduña e outros (editora Thomson), que mostra as oportunidades oferecidas pela blogosfera, tanto no plano pessoal quanto no plano profissional.

E, para acesso, os *sites*:

- www1.folha.uol.com.br/colunaseblogs/
- www.estadao.com.br/blogs/
- blogs.oglobo.globo.com/

Com o apoio do professor de informática ou robótica, ou de outra pessoa com conhecimentos no mundo digital, criem um *blog* em grupo para postar textos relacionados ao tema "Direitos humanos e juventude", foco da campanha a ser produzida por vocês no capítulo **Ponto final** (p. 60). O *blog* será um dos recursos utilizados para convencer o público a aderir à campanha. Nesse momento, vocês vão postar textos que não são de sua autoria. Depois, alimentarão o *blog* com os textos produzidos ao longo desta unidade.

Vocês podem optar por criar um único *blog* para toda a turma ou um *blog* para cada grupo de alunos. Sigam estas orientações:

- Escolham um nome para o *blog* tendo em vista o objetivo da turma: postar conteúdo relacionado aos direitos humanos e aos jovens contemporâneos.
- Criem o *blog*. Existem vários *sites* e provedores da internet que orientam, passo a passo, como montar um *blog*. Eis algumas sugestões:
  — www.blog.com.br
  — blogger.com
  — https://br.wordpress.com/create-blog/
- Planejem a organização interna do *blog*, a ordem e os critérios de publicação, o uso de imagens, etc.
- Selecionem alguns textos na internet (artigos de opinião, notícias, reportagens escritas ou em vídeo) para iniciar o *blog*, relacionados ao tema "Direitos humanos e juventude".
- Redijam breves textos introdutórios aos textos selecionados para a reprodução, explicando ao público-alvo do *blog* e da campanha (outros alunos, pais, professores e funcionários da escola) por que esses textos são relevantes para a discussão a ser realizada no capítulo **Ponto final** (p. 60).
- Postem por meio de *links* ou copiem os textos e forneçam a fonte de onde foi extraído o texto. Vocês podem postar o texto lido sobre cidadania digital e a Declaração Universal dos Direitos Humanos, por exemplo.
- Divulguem o *blog* na escola. Se a escola já tiver uma página, o *link* para o *blog* pode ser divulgado lá também.

O comentário

Trabalhando o gênero

Muitos veículos de comunicação indicam ou contêm *blogs* em seus portais. E é comum que nesses canais os leitores possam falar diretamente com os autores dos *blogs* por meio da ferramenta comentários. O comentário é um texto muito comum na internet e é encontrado não só em *blogs*, mas também em *sites*.

O *blog* de onde foi retirado o texto que você leu no início deste capítulo disponibiliza caixas de comentários ao final da publicação. Leia os comentários feitos em uma outra publicação do *Blog* do Jairo Bouer, também sobre cidadania digital, em que o autor comenta uma polêmica gerada pelo compartilhamento em rede social de um vídeo em que uma criança norte-americana é ridicularizada por um cantor de *funk*, ou MC, quando viajou para os Estados Unidos.

Observe que em alguns casos há respostas aos comentários, as quais contribuem para dar prosseguimento à discussão.

Comentários

A. C. 25/10/2019 09h01

Esse cara precisa em primeiro lugar ter educação. A educação que você tem é a mesma que deve usar na internet. Não precisa aprender cidadania digital. Essa geração perdida que ouve esse cidadão é como ele e gosta de gozar de tudo, tudo liberado, faz o que quer. A falta de família, a falta de limites e a falta de instrução levam o cara a fazer o que fez.... Nós brasileiros lamentamos o que ele fez com a menina americana!!!

1 | Responder | Respostas 1

vo2o273q5zmr 25/10/2019 16h26

Você quer dizer: nós brasileiros que não passamos a mão na cabeça de idiotas, né? Porque estou vendo muitos comentários aqui minimizando o erro do "artista". Pra esses só a corrupção dos políticos é condenável. Os nossos erros são só enganos bem intencionados...

1

e@gmail.com 25/10/2019 01h26
Eu tiraria o "digital" do título. Precisa aprender cidadania. Ponto.
2 | Responder |

c. s. 25/10/2019 01h26
É SÉRIO, FORMADO NA USP E FICA FAZENDO MATÉRIAS DESSES FUNKEIROS, TÁ FEIA A COISA EM AMIGO.
1 | Responder | Respostas 1 |

> **vo2o273q5zmr25** /10/2019 16h44
> A matéria é sobre comportamento, não sobre funk.
> 0 |

C. 25/10/2019 00h14
Jairo, ótimas colocações. A família tem seu peso sim no caráter do indivíduo, assim como a escola para corrigir "o que escapulir". Por aqui só se dá luz às vitimas quando os agressores (e suas famílias) é quem deveriam ser mostrados e reeducados. E para aqueles que realmente não entenderem o que é empatia, profissional nele.
2 | Responder |

C. S. 25/10/2019 08h42
Engraçado que tudo tem que partir da escola. Agora além de ensinar os conteúdos, tem que ensinar a ser educado. Na escola passamos conhecimento, educação vem da família. Parem de querer tudo da escola. A família serve pra que então??
3 | Responder | Respostas 1 |

> **vo2o273q5zmr** 25/10/2019 16h28
> Não foi nada disso que ele disse no texto. Mas a escola é o lugar onde aprendemos a viver como um grupo, fora do ambiente familiar.
> 0 |

P. 27/10/2019 14h41
Fica a lição para aqueles que queiram publicar suas bobagens cotidianas para "lacrar"! O "menino" com a mente ainda em formação está aprendendo "na carne" como uma pessoa que possui certa influência no mundo digital deve se comportar! Errou feio? Sim! Claro! Infelizmente está pagando muito caro pela ação de "moleque "! Paciência, Gui! Essa você PERDEU!!!!
0 |

_L.C_ 25/10/2019 09h51
O MC errou e se desculpou........Acho também muito preocupante a reação exagerada de ódio contra ele........O rapaz foi linchado virtualmente e ameaçado de morte.........Como se esses linchadores nunca tivessem cometidos erros na vida,,,,,,,Hipócritas!
1 | Responder |

(Disponível em: https://doutorjairo.blogosfera.uol.com.br/2019/10/24/mc-gui-onde-se-aprende-cidadania-digital/. Acesso em: 3/3/2020.)

1. Alguns comentários enfocam o comportamento do cantor ao ridicularizar uma menina. Outros enfocam o conteúdo do texto postado por Jairo Bouer. Identifique:

a) comentários que condenam diretamente a atitude do cantor;

b) comentários que relativizam a atitude do cantor e condenam os julgamentos feitos na internet;

c) comentários que criticam o texto do *blog*;

d) comentários que elogiam explicitamente o texto do *blog*.

Gorodenkoff/Shutterstock

2. A maioria dos comentários visam debater o tema proposto pelo autor do texto. Apenas um comentário enfoca o próprio autor do texto.

a) Qual é esse comentário?

b) Debata com os colegas: Comentários como esse contribuem para o diálogo sobre questões polêmicas?

3. Um dos comentários, de C.S., enfoca a função da escola na formação para a cidadania digital, defendida por Jairo Bouer.

a) Qual é o posicionamento do leitor que faz o comentário?

b) Um outro leitor responde a esse comentário. Qual é seu posicionamento?

c) Reflita sobre o debate entre os leitores e responda: Qual é a função da escola sobre o tema abordado?

Note que os leitores apresentam seus pontos de vista e procuram dialogar com base nas informações contidas no texto do *blog*. Há, também, leitores que respondem a comentários de outros leitores. Ou seja, os comentários em *sites*, *blogs* e redes sociais podem possibilitar um debate sobre temas cotidianos. E, caso esse debate se fundamente em defesa de pontos de vista diferentes, sustentados por argumentos consistentes, essa discussão pode ser enriquecedora para aqueles que dela participam.

Você tem o hábito de fazer comentários em *sites* da internet? Quais *sites*? Troque informações com os colegas sobre os tipos de comentários que vocês costumam escrever.

Com a orientação do professor, participe de uma pesquisa na turma: Quantos alunos têm um *blog* próprio? Quantos alunos acompanham algum *blog* e indicariam sua leitura? Quantos alunos comentam outros *blogs*? Quantos alunos costumam deixar comentários na internet? Em quais *sites*?

Produzindo o comentário

Reúna-se com os colegas de grupo e, seguindo indicações do professor, escolham um *blog* ou *site* da internet que apresente a ferramenta *comentários* e produzam um comentário a propósito de um assunto do interesse de todos. Depois acessem o *blog* ou *site* e enviem o comentário.

Comentem também as postagens já realizadas no *blog* da turma. Vocês podem, ainda, visitar o Blog do Jairo Bouer e comentar o texto que vocês leram no início do capítulo, com base no que foi discutido em turma.

Planejamento do texto

- Discutam o texto do *blog* escolhido e o ponto de vista que ele apresenta sobre o assunto.
- Ao escrever, procurem manter uma relação direta com o texto original e situar com clareza o alvo do comentário.
- Procurem debater ideias, trazer argumentos que embasem seu posicionamento.
- Escrevam um texto claro e breve.

Revisão e reescrita

Antes de enviar o comentário, releiam-no, observando:

- se ele consiste em um texto curto, uma vez que nesse gênero a síntese é desejável;
- se o ponto de vista do grupo está bem-fundamentado, com base em dados e referências consistentes, especialmente se ele for contrário ao ponto de vista apresentado no texto original.

Para o capítulo **Ponto final** (p. 60), você e os colegas produzirão uma campanha de conscientização sobre direitos humanos e juventude. Ao longo da unidade, alimentem o *blog* da turma e o divulguem pela escola para que outros leitores possam comentar as postagens. Além disso, vocês podem *linkar*, ou seja, relacionar diretamente os textos escritos e selecionados por vocês. Veja como produzir *links*:

- Identifiquem possíveis diálogos e complementações entre os textos produzidos e lidos.
- Ao organizar o *blog*, planejem uma maneira de fazer os *hiperlinks*: vocês podem utilizar a expressão *veja também* ou *clique aqui* ou, ainda, usando cor diferente, fazer o *link* em um termo ou trecho selecionado.
- Veja algumas instruções para adicionar um *link* a um texto do *blog*:
  1. Abra o editor de *posts* do *blog*.
  2. Marque o texto que você gostaria de *linkar*.
  3. Clique no ícone de *link* 🔗.
  4. Selecione o tipo de *link*.
  5. Insira os detalhes do *link*.
  6. Clique em OK.

CAPÍTULO 4

O debate regrado e o debate deliberativo

O debate regrado

Trabalhando o gênero

No trabalho, nas conversas com familiares, professores, vizinhos e amigos, assim como em outras situações cotidianas, temos a oportunidade de opinar sobre certos assuntos. Muitas vezes há divergência entre o que pensamos e o que nosso interlocutor pensa. Então, somos compelidos a defender nosso ponto de vista, a fim de mostrar que temos razão, ou a apresentar um ponto de vista mais adequado àquela situação comunicativa.

Além dessas situações, em que a argumentação oral ocorre espontaneamente, existem aquelas em que duas ou mais pessoas participam de uma discussão que envolve um tema de interesse coletivo. Nesses casos, a discussão se dá em torno de um confronto de ideias, e os participantes obedecem a certas regras preestabelecidas. É então utilizado o gênero argumentativo oral chamado **debate regrado público**, mais conhecido como **debate**, simplesmente.

Leia a seguir a transcrição do trecho de um debate entre chapas concorrentes ao Grêmio Estudantil de um colégio. Se possível, acesse o *link* e assista ao vídeo completo.

Este capítulo favorece o desenvolvimento das habilidades

EM13LGG104
EM13LGG202
EM13LGG203
EM13LGG204
EM13LGG301
EM13LGG302
EM13LGG303
EM13LGG304
EM13LGG305
EM13LGG402
EM13LP05
EM13LP06
EM13LP16
EM13LP23
EM13LP24
EM13LP25
EM13LP26

Monkey Business Images/Shutterstock

Presidente atual do Grêmio Estudantil: Senhoras e senhores, declaro aberta agora a primeira sessão do debate entre as chapas inscritas ao processo eletivo do grêmio estudantil Loyola. Eu sou o J. G., atual presidente do grêmio Loyola, e representante da chapa Ômega, que encerra seu mandato no próximo mês. Conduzirei o debate na tarde de hoje e conto com a colaboração dos senhores para que este ocorra da melhor maneira possível. [...] O debate terá cinco blocos.

No primeiro, serão feitas perguntas na mesa para as chapas; no segundo e no terceiro blocos, as perguntas virão da plateia; no quarto e quinto blocos as chapas irão perguntar sobre os assuntos que quiserem, as chapas se alternam nos questionamentos. As chapas terão 30 segundos para a pergunta, um minuto e meio para a resposta, 50 segundos para a réplica e 50 segundos para a tréplica. As regras não permitem ofensas pessoais e acusações que atinjam a honra e a dignidade dos adversários. Se uma chapa citar de forma ofensiva o adversário, a chapa que se sentir ofendida poderá solicitar o direito de resposta. O pedido será avaliado pela coordenação do debate. As regras também não permitem que uma chapa fale fora de hora. Nosso objetivo aqui é mais uma vez oferecer uma discussão sobre as propostas e as ideias que ajudem na escolha do eleitor [...]. Chapa da Mente pergunta então, 30 segundos.

Aluna 1 (Chapa da Mente): As duas chapas estão falando sobre inovação e bláblábla. A gente tem várias propostas de inovação. Como vocês pretendem inovar, não somente na área do descontraído, mas também na área acadêmica da escola?

Aluno 2 (Chapa da Mente): Não só na área acadêmica, mas vendo o Instagram da Chapa da Mente você consegue ver que tudo de lá tem um âmbito meio solidário. Então, nessa parte, o que vocês propõem?

Presidente: Obrigado pelo perfeito uso do tempo. Um minuto e meio para resposta.

Aluna 3 (Chapa Atômica): Bom, primeiro eu vou falar sobre a solidariedade. O Colégio ele tem a Ronda Noturna, só que eu acho que às vezes fica um pouco limitado de inscrição e tudo mais, as pessoas não têm acesso tanto assim. Então, a gente tem uma ideia semelhante a essa que é pra pra assim... habilitar as pessoas a fazerem isso, entendeu? E não necessariamente à noite, e não necessariamente em um dia específico, entendeu? A gente pode combinar aí de uma maneira diferente, porque essa é uma das coisas que eu mais concordo na nossa chapa.

Aluno 4 (Chapa Atômica): Essa proposta chama Voluntariado Independente. É justamente para que tenha mais rondas, não só noturnas, mas para poder fazer o que a ronda noturna já faz com mais gente. E sobre inovação, nós temos uma proposta, inclusive voltando à sua pergunta [olha para uma aluna da plateia], que é o diploma de inovação e criatividade. Esse diploma, entre aspas, é um certificado que o nosso grêmio vai transmitir pra vocês, pra qualquer aluno que tenha uma boa ideia nesse âmbito, né, de inovação, empreendedorismo e criatividade, para a gente poder reconhecer esse aluno e mostrar pra escola "Olha, esse aluno tem uma ideia boa, essa aqui é uma ideia que a gente acha que pode aplicar". Em qualquer campo, acadêmico, o lúdico, todos os campos. É essa a proposta.

Aluna 5 (Chapa Atômica): E uma outra coisa, os clubes que vai ter, igual o clube do debate que vai ter que a gente já citou hoje, vai ter o clube do livro, o clube de Física, então, por exemplo, quem se interessa... de Arte, de Ciências, de Matemática, de Português, de Redação, tem muita coisa na escola, por exemplo, eu gosto muito de Física, só que a gente é muito limitado, então se a gente quiser aprender sobre, sei lá, o universo, vai ter isso.

Presidente: Tempo encerrado. 50 segundos para réplica da Chapa da Mente.

Aluno 2 (Chapa da Mente): É que eu tenho uma dúvida sobre, não é, não tô questionando, tipo, por um lado negativo nem nada, mas tipo assim... eu li o Instagram de vocês e está escrito Voluntariado Independente, só que eu pensei comigo mesmo "ué, independente então a pessoa não precisa do grêmio pra ir, ela vai sozinha, ou seja, sem o grêmio, ou seja, eu posso fazer voluntariado se eu quiser". Aí eu vi lá que vocês falaram que seriam mais vagas ou oportunidades disponíveis, ou seja, vocês vão abranger para todos os anos? Eu não entendi, não ficou muito claro.

Aluna 6 (Chapa da Mente): Eu só queria falar que vocês falaram do Voluntariado Independente, fazer mais rondas e tal, mas eu queria falar que é inviável, porque o pessoal da Formação Cristã não tem esse tempo pra ficar saindo com os alunos mais do que eles já fazem porque já tem voluntariado pra todos os anos.

Aluna 1 (Chapa da Mente): E o colégio não permite sem a Formação.

Presidente: 50 segundos para a tréplica.

Aluno 4 (Chapa Atômica): Esse voluntariado independente, como ele acabou de falar, é independente e o grêmio, como em todas as nossas propostas, age como mediador. Nós queremos que os alunos tomem partido, tomem iniciativa para fazer as coisas e não tem nada a ver o Colégio não permitir sem a Formação Cristã. Se algum grupo de alunos se juntar e perguntar: "a gente queria fazer uma visita ali numa creche que o colégio não atende" e o colégio achar viável, que tem um adulto ali, que pode inclusive ser um pai, eu não vejo problema nenhum, isso vai ser conversado com a Direção. E o Voluntariado Independente é justamente por causa disso, os alunos, com o grêmio de mediador, apenas para ajudar ali a organizar, dar umas ideias, vai estar ali. Os alunos que desejarem fazer isso vão poder fazer. Nossa chapa quer que os alunos tomem atitude, que os alunos façam as coisas, não a gente por eles.

Aluna 3 (Chapa Atômica): Rapidão, o colégio fala muito do bem comum, então óbvio que ele vai apoiar isso.

Presidente: Tempo encerrado, muito obrigado.

(Disponível em: https://www.youtube.com/watch?v=OANuXxnmlxk. Acesso em: 9/3/2020.)

1. Em relação aos participantes desse debate, responda:

a) Quem atua como moderador?

b) Quais são as funções do moderador do debate?

c) Quem são os integrantes do debate? Como estão divididos?

2. No começo da fala do moderador, ele expõe as regras do debate. Sobre elas, responda:

a) A qual bloco o trecho transcrito pertence? Justifique sua resposta.

b) No tempo destinado à pergunta, à resposta, à réplica e à tréplica, quantos alunos podem se manifestar?

c) No total, a cada pergunta, quanto tempo o interlocutor tem para responder? Justifique sua resposta.

3. Analise a pergunta feita pela Chapa da Mente:

a) Qual é o objetivo da pergunta realizada pela aluna 1?

b) Por que o aluno 2 também se manifesta?

c) Além de fazer uma pergunta, os alunos 1 e 2 comentam algo sobre a própria chapa. O que eles comentam? Por que eles se utilizam do tempo da pergunta para falar da própria chapa?

4. Na resposta, três alunos da Chapa Atômica se manifestam.

a) Sobre o que cada um responde?

b) Levante hipóteses: Por que ocorreu essa divisão entre alunos na resposta?

5. Na réplica, a Chapa da Mente levanta alguns argumentos contra a proposta da Chapa Atômica.

a) Qual proposta é criticada?

b) Quais são os argumentos dos alunos contra a proposta da chapa concorrente?

6. Analise a tréplica da Chapa Atômica:

a) O aluno 4 utiliza a estratégia de retomar a fala do adversário para contra-argumentar. Qual é a fala retomada?

b) Quais são os contra-argumentos utilizados pelo aluno 4?

c) A aluna 3 se utiliza de uma voz de autoridade em sua contra-argumentação. Explique a estratégia utilizada por ela.

7. A que público o debate regrado analisado se destina?

8. Nos debates regrados, é comum os debatedores fazerem afirmações como "Eu concordo com fulano", "Eu discordo de fulano" ou, ainda, "Eu concordo em parte com fulano". Também pode ocorrer de a referência ser feita implicitamente, como quando o debatedor, por exemplo, cita uma parte do discurso de outro. No trecho transcrito do debate em estudo, aparecem expressões desse tipo? Ocorrem concordâncias ou discordâncias implícitas? Dê exemplos.

Monkey Business Images/Shutterstock

9. Os debates públicos podem utilizar variedades linguísticas que se aproximam ou se distanciam da norma-padrão, e o tratamento entre os participantes pode se dar de forma menos ou mais formal, dependendo do perfil sociocultural deles: idade, hábitos linguísticos, grau de escolaridade, profissão, grau de intimidade que têm entre si, etc. Observe a linguagem empregada pelos participantes no debate lido.

a) O que se pode afirmar sobre a relação entre formalidade/informalidade da situação e sobre a variedade linguística utilizada pelos participantes do debate?

b) Identifique um trecho mais formal.

c) Identifique marcas de informalidade nas falas dos participantes.

10. O texto que você leu é transcrição de um trecho de debate. Embora em debates regrados públicos se faça uso de anotações escritas, o gênero é essencialmente oral, e o debate em estudo apresenta algumas marcas de oralidade. Releia este trecho:

> "E uma outra coisa, os clubes que vai ter, igual o clube do debate que vai ter que a gente já citou hoje, vai ter o clube do livro, o clube de Física, então, por exemplo, quem se interessa... de Arte, de Ciências, de Matemática, de Português, de Redação, tem muita coisa na escola, por exemplo, eu gosto muito de Física, só que a gente é muito limitado, então se a gente quiser aprender sobre, sei lá, o universo, vai ter isso."

Nessa parte, há expressões que são típicas da fala.

a) Identifique quais são essas expressões.

b) Imagine que você é do jornal da escola e que essa fala será publicada por escrito em uma reportagem sobre o debate. Que nova redação poderia ser dada ao trecho para a publicação?

11. Reúna-se com os colegas de grupo e, juntos, concluam: Quais são as características básicas do debate regrado? Ao responder, considerem os seguintes critérios: finalidade do gênero, perfil dos interlocutores, suporte e veículo, tema, estrutura, linguagem.

Produzindo o debate regrado

Você vai encontrar, a seguir, duas propostas de produção do debate regrado. Combine com o professor a melhor forma de realizá-las.

1. O texto a seguir aborda o tema da participação do jovem na política. Leia-o com atenção.

Experiência em grêmio escolar abre caminho para a participação cidadã

Estudante conta como o envolvimento em atividades da escola incentivaram sua atuação em causas em prol do meio ambiente e da defesa dos direitos humanos

por Marina Lopes 7 de agosto de 2017

Em 2013, no mesmo ano em que milhões de jovens brasileiros foram às ruas para defenderem seus direitos, Sávio Campos de Souza, 15, viu crescer dentro da escola um movimento de protagonismo e participação dos estudantes. Atendendo prontamente ao convite de cartazes espalhados pela Escola Municipal de Ensino Fundamental Desembargador Amorim Lima, em São Paulo (SP), ele se juntou a outros colegas para reativar o grêmio escolar.

Quando estava no sexto ano, mesmo sem ainda saber como funcionava um grêmio, Sávio decidiu abraçar a ideia de três estudantes do oitavo ano e começou a frequentar as reuniões. "No começo, estava todo mundo que nem eu. Ninguém sabia o que era de fato montar um grêmio", lembra.

A insegurança durou pouco tempo, até um professor se oferecer para ajudar a estruturar o grupo, que era composto por cerca de vinte alunos. "Fizemos várias atividades e tentamos nos organizar como ele tinha sugerido. Tinha presidente, secretário, tesoureiro, ministro do esporte, entre outros. Mas, na verdade, percebemos que tudo isso não tinha nada a ver. Isso dava uma ideia de hierarquia, mas nós queríamos que todo mundo tivesse no mesmo nível."

A primeira atividade do grêmio surgiu após uma consulta escolar. Sávio e os colegas fizeram uma caixa e pediram para os estudantes colocarem sugestões de melhorias. Entre ideias variadas, que foram da instalação de uma piscina até a construção de uma casa na árvore, eles identificaram propostas que poderiam ser colocadas em prática. Foi aí que surgiu a demanda de organizar o período do intervalo.

Myke Sena/Fotoarena

Com a pesquisa, eles perceberam que muitos colegas reclamavam de não conseguir usar a quadra durante o recreio. "O que acontecia era que os alunos do nono ano dominavam a quadra para jogar futebol todos os dias. Então chamamos o pessoal e discutimos como seria essa divisão. Também tinha gente que queria jogar outras coisas, como basquete ou vôlei", explica, ao contar que o grêmio também ajudou a arrecadar recursos para comprar novas bolas para a escola.

[...] "Naquela época, estava sendo debatida a redução da maioridade penal. Começamos a levar essas discussões para dentro da escola, mas percebemos que poucos alunos conheciam o ECA (Estatuto da Criança e do Adolescente). Passamos de sala em sala para falar sobre isso e organizamos muitas rodas de conversa."

Com os estudantes mais mobilizados, o grêmio também começou a ocupar espaços de representação dentro da escola. Marcando presença em reuniões do Conselho Escolar, eles chegaram até a sugerir mudanças em atividades, como a tradicional festa da cultura, que a pedido dos alunos teve cinema como um dos seus temas. "Eu comecei muito tímido. Tinha bastante dificuldade para falar, porque não era muito normal discutir com os adultos", diz o jovem, ao relembrar das suas primeiras experiências como representante discente nas reuniões do conselho.

Envolvidos com fóruns e espaços de debate, Sávio conta que ele e os colegas começaram a perceber que outras escolas da região não tinham tanta representatividade dos jovens. "Poucas tinham participação dos estudantes e um conselho escolar ativo. Pensando nisso, tivemos a ideia de fazer um fórum estudantil para ajudar a fundar grêmios em outras escolas", conta.

Com a ajuda de professores, eles entraram em contato com outras escolas do bairro e chegaram a reunir representantes de cerca de dez delas em uma primeira reunião. "Nosso objetivo era ampliar a participação dos estudantes na região e discutir o Estatuto da Criança e do Adolescente. No decorrer das reuniões, surgiram projetos com várias escolas, todas colaborando para conseguir recursos de forma coletiva."

[...] Hoje, no segundo ano do ensino médio, Sávio diz perceber que também pode se envolver na mudança de outras instâncias de participação fora da escola. Como exemplo, ele cita a construção do Plano Estadual de Educação em Direitos Humanos de São Paulo, a qual está acompanhando as audiências públicas. "Nesses espaços costuma só ter eu de jovem. Isso é meio complicado", lamenta, ao desejar que mais estudantes possam se envolver na mudança da educação.

(Disponível em: https://porvir.org/experiencia-em-gremio-escolar-abre-caminho-para-participacao-cidada/. Acesso em: 4/3/2020.)

Debata com os colegas o seguinte tema: **Qual é a importância do envolvimento do jovem na vida política e cidadã de seu entorno?** ou **Como o jovem pode se envolver na vida política e cidadã de seu entorno?**

Ao tratar do tema, considerem suas experiências e pesquisem a respeito das possibilidades de ação cidadã do jovem atualmente.

2. Assista à palestra de Mary Robinson de 2015, ano do Acordo de Paris, no *site* TED e leia o texto sobre jovens brasileiros envolvidos no ativismo climático.

Resumo da palestra "Por que a mudança climática é uma ameaça aos Direitos Humanos?"

A mudança climática é injusta. Enquanto países ricos podem lutar contra a alta nos oceanos e os campos inundados, pessoas pobres ao redor do mundo já têm suas vidas prejudicadas — e seus direitos humanos ameaçados — por tempestades assassinas, fome e perda de suas próprias terras. Mary Robinson conclama que nos juntemos a movimentos pela justiça climática.

Mary Robinson foi presidente da Irlanda de 1990 a 1997 e alta-comissária pelos Direitos Humanos da ONU. Hoje ela lidera uma fundação pela justiça climática.

O que é TED?

TED é uma organização sem fins lucrativos que defende o lema "ideias que merecem ser compartilhadas". Em uma conferência TED, pessoas de todo o mundo são convidadas a dar a melhor palestra de suas vidas em 18 minutos ou menos. O TED conta com um *site* (TED.com), no qual novas palestras são postadas diariamente. As palestras, chamadas de "TED Talks", já foram traduzidas em mais de 90 idiomas.

(Disponível em: https://www.ted.com/talks/mary_robinson_why_climate_change_is_a_threat_to_human_rights#t-419613. Acesso em: 9/9/2020.)

Jovens debatem crise climática e protagonismo

O que Andréia, Marianna, Nayara e Rebeca têm em comum? Elas são jovens mulheres engajadas no combate à crise climática e, juntas, participaram do painel Jovens Lideranças pelo Clima, organizado pelo Conselho Empresarial Brasileiro para o Desenvolvimento Sustentável (CEBDS), durante a Virada Sustentável do Rio de Janeiro. O protagonismo jovem ganhou popularidade em 2018 com a atuação da sueca Greta Thunberg, que iniciou um movimento de greve escolar para alertar sobre os impactos da crise climática no planeta. Na última edição global da greve, jovens de mais de 150 países aderiram ao movimento.

Representando o Engajamundo e a Fridays for Future Brasil (movimento nacional inspirado em Greta), Nayara Almeida reforça a importância da educação para o combate à crise climática. "A Greta é resultado de uma educação de ponta e inclusiva. Ela é uma privilegiada por morar em um país que prioriza a educação. O que podemos destacar é que ela utilizou os privilégios para construir uma narrativa que fez com que a crise climática caísse na boca do povo. Ela levou o assunto que anteriormente só era discutido em conferências fechadas e fez com que a juventude e as ruas se manifestassem sobre", destaca a jovem estudante e ativista climática.

Líder de Engajamento do Centro Brasil no Clima e doutoranda em Ciência Política, Marianna Albuquerque encara a sala de aula com dois olhares: aluna e professora. Para ela, é necessário incluir o tema das mudanças climáticas nas aulas.

"Para todos que trabalham com educação, temos que pensar o aluno como um aprendiz. Precisamos capacitar os jovens para que eles ocupem os espaços de tomadores de decisão e sejam capazes de falar sobre suas vivências. Ninguém fala melhor sobre o que precisamos do que nós mesmos".

Tony Tallec/Alamy/Fotoarena

Crise climática e desigualdade social

Moderadora do painel e coordenadora de comunicação do Instituto Clima e Sociedade (iCS), Andréia Coutinho lembrou o impacto da desigualdade social como uma das dificuldades de engajar a sociedade no tema. Para a jornalista, a dificuldade de dar voz aos principais impactados pela crise climática parte de uma priorização de necessidades que precisam ser resolvidas. "Como comunicar a crise climática para pessoas que precisam enfrentar diariamente problemas como desemprego e violência? As pessoas mais vulneráveis são também as principais vítimas das mudanças climáticas e são alienadas do debate", defende. [...]

Protagonismo

O protagonismo juvenil carece de apoio de informações na análise de Nayara. Para ela, os principais documentos ainda são em inglês, o que dificulta o consumo da informação. Entretanto, a barreira pode ser furada com a formação de grupos, estudo em casa e engajamento dos professores.

"Vocês, enquanto jovens que têm interesse em abordar o tema, plantem essa semente. Conversem com os professores e com a diretoria. E não só isso, entendam que tem como entender mais sobre clima por conta própria".

O twitter e sites como Engajamundo, 350.org e Observatório do Clima também são algumas boas fontes de informação, segundo a ativista. A crise climática não é algo que atingirá somente ursos polares ou calotas de gelo. Ela impactará a todos. Um bom exemplo de narrativa é o documentário 'O Amanhã é Hoje', que acompanha a rotina de cinco pessoas atingidas pelas mudanças climáticas", recomenda.

(Matheus Zanon. Disponível em: https://cebds.org/jovens-debatem-crise-climatica-e-protagonismo/#.XmfUNahKiUl. Acesso em: 9/3/2020.)

Em grupos, pesquisem o que tem sido feito pelas nações, pelas empresas e pelas pessoas ao redor do mundo para seguir o Acordo de Paris e para diminuir os impactos das mudanças climáticas no mundo. Busquem relatórios oficiais da ONU, de governos e de ONGs relacionados ao clima e à preservação ambiental, bem como documentos produzidos por coletivos de defesa do meio ambiente.

Apresentem os resultados da pesquisa à turma e debatam: **Como jovens no mundo atual, o que podemos fazer a fim de contribuir para que o mundo respeite nosso próprio direito à vida e à justiça climática?**

Prepare-se para debater o tema lendo também o quadro "Planejamento do debate regrado público". Em seguida, com os colegas, elejam o moderador, definam as regras e iniciem o debate.

PLANEJAMENTO DO DEBATE REGRADO PÚBLICO	
Preparação da sala	**O moderador**
• Não há uma disposição obrigatória da sala para a realização do debate. Se o número de participantes for pequeno, é possível que todos se sentem em círculo. Se, entretanto, forem muitos os participantes (debatedores e/ou público), as pessoas devem ocupar as cadeiras normalmente, conforme a disposição original da sala.	• Posicione-se em pé na sala, em uma posição central, de modo que possa ver e ser visto por todos. • Inicie os trabalhos cumprimentando o público e apresentando o tema a ser debatido. Faça algumas considerações sobre o tema ou sobre a importância daquele debate e lembre as regras previamente estabelecidas. • Se julgar necessário, indique uma pessoa para secretariar os trabalhos, fazendo as inscrições das pessoas que desejam falar. • Ao passar a palavra a um debatedor, utilize expressões como: *Vamos ouvir a opinião de fulano*, ou *Fulano, sua vez*. • Faça sinais para os debatedores alguns segundos antes do término da fala (por exemplo, 10 ou 15 segundos), a fim de alertá-los sobre o tempo. • Interfira no debate ao perceber que o debatedor está apresentando um argumento pouco claro ou superficial, fazendo perguntas como *Por quê?*, pedindo que dê exemplo ou que explique melhor determinada afirmação. • Interfira sempre que houver na sala ruídos ou conversas paralelas que atrapalhem o andamento dos trabalhos.

OS DEBATEDORES			
Tempo	**Procedimento**	**Expressão**	**Uso da língua**
• Os debatedores devem ter igualdade de condições e de tempo para expor suas ideias. • Não se alongue com informações secundárias ou supérfluas, pois corre o risco de não concluir o pensamento por falta de tempo. • Vá ao ponto principal logo no início da fala e, se possível, use o restante do tempo com exemplos. • Durante a fala de outro debatedor, anote o nome dele e o argumento que ele apresentou. Posteriormente, se for retomar ou combater esse argumento, consulte suas anotações.	• Nunca leve as discussões para o terreno pessoal. O que está em avaliação são as ideias, não as pessoas. • Fale livremente; é seu direito não sofrer interrupções e não ser alvo de zombaria. Porém, manifeste-se apenas quando chegar a sua vez. • Respeite as regras estabelecidas; caso contrário, porá em risco o andamento e o sucesso de todo o debate.	• Fale alto, de modo claro e articulado. Se necessário, fale em pé para ser ouvido por todos. • Olhe diretamente nos olhos do moderador ou dos demais participantes; assim passará a impressão de firmeza e segurança. • Se fizer uso de anotações durante a fala, leia-as de forma rápida e sutil, sem interromper o fluxo da fala e do pensamento. Evite abaixar a cabeça e o tom da fala. • Evite gesticulação excessiva, que possa distrair a atenção dos ouvintes.	• Use a norma culta, menos ou mais formal, de acordo com o perfil dos participantes. • Evite o uso reiterado de palavras e expressões como *né?*, *tipo*, *tipo assim*, etc., pois atrapalham o fluxo das ideias e dispersam a atenção dos ouvintes. • Faça referência à fala de outro debatedor, com expressões como *Conforme disse fulano...*, *Concordo com a opinião de fulano...*, *Discordo em parte do ponto de vista de fulano...*, *Gostaria de acrescentar ao comentário de fulano que...*

Filmando o debate

Filmem o debate para que, posteriormente, todos possam assistir a algumas partes dele, ou a todo ele, a fim de observar aspectos positivos e negativos e aprimorar o próximo debate.

Revisão e avaliação

Depois de realizado o debate, avaliem-no, levando em conta as orientações apresentadas no quadro "Planejamento do debate regrado público". Verifiquem:

- se houve respeito às regras estabelecidas;
- se o moderador cumpriu bem o seu papel de coordenador;
- se o tempo foi respeitado;
- se houve riqueza de ideias e argumentos;
- se o desempenho dos participantes foi bom;
- se houve respeito entre os participantes;
- se a linguagem empregada pelos participantes estava adequada ao contexto formal do debate, ainda que com alguns traços de informalidade;
- se os participantes utilizaram gírias ou expressões típicas de variedades linguísticas adolescentes, como "tipo", "tipo assim", "tá ligado", entre outras.

Alexandr Vlassyuk/Shutterstock

Se necessário, assistam novamente a alguns trechos do debate gravado para observar detalhes, confirmar impressões ou tirar dúvidas.

O debate deliberativo

Feel good studio/Shutterstock

O debate deliberativo, assim como o debate regrado público, tem por finalidade a discussão de um ou mais temas por um grupo de pessoas; também é composto por um moderador e debatedores e apresenta regras de tempo de fala e respeito aos participantes. Então, qual é a diferença entre esses tipos de debate?

O debate deliberativo tem como objetivo principal chegar a uma deliberação, ou seja, a uma decisão ou a um conjunto de decisões a serem tomadas com base na discussão sobre a questão ou problema a ser resolvido.

No capítulo **Ponto final** (p. 60), você e os colegas realizarão uma **Campanha de conscientização da juventude pelos direitos humanos**. Seguem duas propostas de produção de debates deliberativos relacionados à realização da campanha.

1. Organize, com os colegas da turma, um debate deliberativo para definir quais ações serão necessárias para realizar a campanha e como será a distribuição de tarefas entre os grupos. Na pauta da discussão, incluam:

- período da campanha;
- ações a serem realizadas na campanha;
- textos já produzidos e a serem produzidos para a campanha;
- locais e datas de cada ação;
- tarefa pela qual cada grupo ficará responsável;
- público-alvo;
- título da campanha;
- divulgação;
- organização dos espaços;
- outros pontos que vocês julgarem importantes, tendo em vista o perfil da campanha.

Organizem o debate juntamente com o professor. É importante que vocês argumentem a favor de seus pontos de vista, justificando e fundamentando suas perspectivas com fatos e argumentos. Após cada aluno inscrito fazer a sua ponderação, deverá ser realizada uma votação a fim de deliberar sobre a decisão coletiva.

2. Organizem um debate deliberativo com o objetivo de propor a criação de um grêmio ou outra forma de representação discente em sua escola, caso não exista. Entre outras questões, vocês poderão discutir o seguinte:

- A escola precisa de um grêmio? Por quê?
- O que um grêmio poderia fazer pelos alunos e pela escola?
- Como a direção da escola vê a formação de um grêmio?
- Como e de que forma poderia ser organizada a criação de um grêmio?
- Que pessoas ou grupos poderiam levar adiante as propostas aprovadas?

Organizem a pauta, debatam e, ao final da discussão, votem pela criação ou não de um grêmio estudantil em sua escola.

Planejamento do debate deliberativo

Retomem as orientações para o planejamento do debate regrado público. Além delas, considerem as seguintes recomendações:

- Definam os pontos da pauta.
- Além do moderador, escolham alguém para assessorá-lo. O assessor ficará responsável por inscrever o nome de quem quer falar e informar ao moderador o momento de passar a palavra a outra pessoa.
- Anotem as propostas que surgirem durante o debate. Se necessário, antes da votação, revejam as propostas, fundindo-as ou eliminando algumas, de modo que elas traduzam o pensamento e o desejo dos participantes.
- Organizem a votação das propostas.
- Reforcem o compromisso de as propostas serem levadas adiante pelos grupos ou comissões responsáveis.
- Filmem o debate para depois poderem avaliá-lo.

Revisão e avaliação

Assistam ao debate gravado e, além dos pontos avaliados sobre o debate regrado, também observem se:

- os tópicos da pauta foram todos discutidos e as decisões foram tomadas;
- o resultado das votações se deu em decorrência da apresentação, pelos debatedores, de argumentos fortes e convincentes ou por outras razões.

Ao final dos debates e após a avaliação, disponibilizem-nos no *blog* da turma.

CAPÍTULO 5

O cartaz e o texto de campanha

O cartaz

Trabalhando o gênero

Leia o cartaz abaixo, de Ziraldo.

© Ziraldo Alves Pinto/Acervo do cartunista

(Ricardo Leite. *Ziraldo em cartaz*. Rio de Janeiro: Senac, 2009. p. 106.)

Este capítulo favorece o desenvolvimento das habilidades

EM13LGG103
EM13LGG104
EM13LGG105
EM13LGG204
EM13LGG301
EM13LGG304
EM13LGG701
EM13LGG703
EM13LP01
EM13LP02
EM13LP03
EM13LP06
EM13LP13
EM13LP14
EM13LP15
EM13LP16
EM13LP17
EM13LP23
EM13LP25
EM13LP26
EM13LP27

1. O cartaz é um gênero textual que tem a finalidade de informar as pessoas, sensibilizá-las, convencê-las ou conscientizá-las sobre determinado assunto. O cartaz em estudo foi criado pelo cartunista Ziraldo, a pedido da Prefeitura do Rio de Janeiro.

a) Qual é a finalidade desse cartaz?

b) Que tipo de público esse cartaz pretende atingir?

2. Os cartazes geralmente são afixados em lugares públicos, em paredes ou murais. Considerando a entidade responsável pelo cartaz lido e a finalidade que se tem em vista com ele, levante hipóteses: Onde você acha que o cartaz foi afixado?

3. Os cartazes geralmente apresentam linguagem verbal e linguagem visual. Quanto ao cartaz em estudo, explique a relação existente entre a ilustração e o texto verbal.

4. O texto verbal dos cartazes normalmente é curto e em linguagem direta e simples. Pode haver o emprego de frases de efeito, expressões de comando, verbos no modo imperativo, ambiguidades, exploração da sonoridade, etc. No cartaz em estudo:

a) Que sentidos apresenta o enunciado "Quem faz a sua cabeça é você"?

b) Que variedade linguística foi empregada no texto?

c) Por que foi usada a expressão "não a droga", quando geralmente se utiliza "não à droga"?

5. Reúna-se com os colegas de grupo e, juntos, concluam: Quais são as características básicas do cartaz? Respondam, considerando os seguintes critérios: finalidade do gênero, perfil dos interlocutores, suporte ou veículo, tema, estrutura, linguagem.

Produzindo o cartaz

Ao final desta unidade, você irá organizar, com os colegas da turma, uma campanha pelo respeito aos direitos humanos e à juventude. Produzam cartazes que possam ser afixados nas paredes da escola durante a campanha. Vocês também podem fazer versões digitais para postar no *blog* da turma.

Os cartazes serão sobre os direitos previstos no Estatuto da Juventude, denominação dada à Lei nº 12.852, de 5 de agosto de 2013. Essa lei dispõe sobre os direitos dos jovens e os princípios e as diretrizes que orientam as políticas públicas relativas à juventude. Ao todo, são onze os direitos previstos no Estatuto da Juventude:

- direito à diversidade e à igualdade;
- direito ao desporto e ao lazer;
- direito à comunicação e à liberdade de expressão;
- direito à cultura;
- direito ao território e à mobilidade;
- direito à segurança pública e ao acesso à justiça;
- direito à cidadania, à participação social e política e à representação juvenil;
- direito à profissionalização, ao trabalho e à renda;
- direito à saúde;
- direito à educação;
- direito à sustentabilidade e ao meio ambiente.

Leia, na íntegra, a lei e escolha um dos direitos para compor seu cartaz. Acesse o *site*: http://www.planalto.gov.br/ccivil_03/_Ato2011-2014/2013/Lei/L12852.htm.

Saiba mais sobre o tema, assistindo ao programa "Conheça o Estatuto da Juventude — Conexão — Canal Futura", disponível no *site*: https://www.youtube.com/watch?v=Y9ulfJPBgul.

Planejamento do texto

- Decida com os colegas e o professor como vocês vão divulgar os cartazes. Eles poderão, por exemplo, ser dispostos nas paredes de toda a escola ou em um mural situado em local estratégico.
- Pensem no perfil dos leitores, lembrando que podem ser jovens, como vocês, e adultos.
- Planejem a parte verbal e a parte não verbal do cartaz, tendo em vista o objetivo de atrair os leitores e conscientizá-los.
- Empreguem uma linguagem de acordo com a norma-padrão, menos ou mais formal, simples, direta e acessível ao perfil do público leitor.
- Criem um título chamativo, que ressalte a intenção do cartaz.

Revisão e reescrita

Antes de passar o texto para o suporte final, releiam-no observando:

- se o enunciado principal atrai a atenção dos leitores;
- se fica claro o objetivo do cartaz: o que ele informa ou procura estimular, a quem se dirige, o que deve ser feito, etc.;
- se a linguagem é simples e direta, de acordo com a norma-padrão e adequada ao público a que se destina.

Façam as alterações necessárias e montem o cartaz. Em uma folha de cartolina, disponham o texto verbal e imagens (fotos, ilustrações, colagens) que sirvam de apoio e estímulo à leitura. Deixem espaço entre as imagens e o texto verbal e usem letras de diferentes tipos e tamanhos.

O texto de campanha

Trabalhando o gênero

As campanhas podem ser bastante variadas e ter objetivos muito diversos: há campanhas comerciais, que buscam vender produtos; há campanhas sociais, que visam convencer as pessoas a contribuir com uma causa; e campanhas políticas, que objetivam convencer eleitores a votar em um candidato.

Nessas campanhas, há inúmeros gêneros e suportes que podem ser produzidos com o mesmo *slogan*, com informações e objetivos complementares e com um mesmo projeto gráfico (cores, desenhos, tipos de letra, etc.): cartazes, anúncios (impressos, digitais, para TV ou para rádio), fôlderes, panfletos, etc.

Leia o texto de campanha social a seguir.

Verso **Capa**

Parte interna

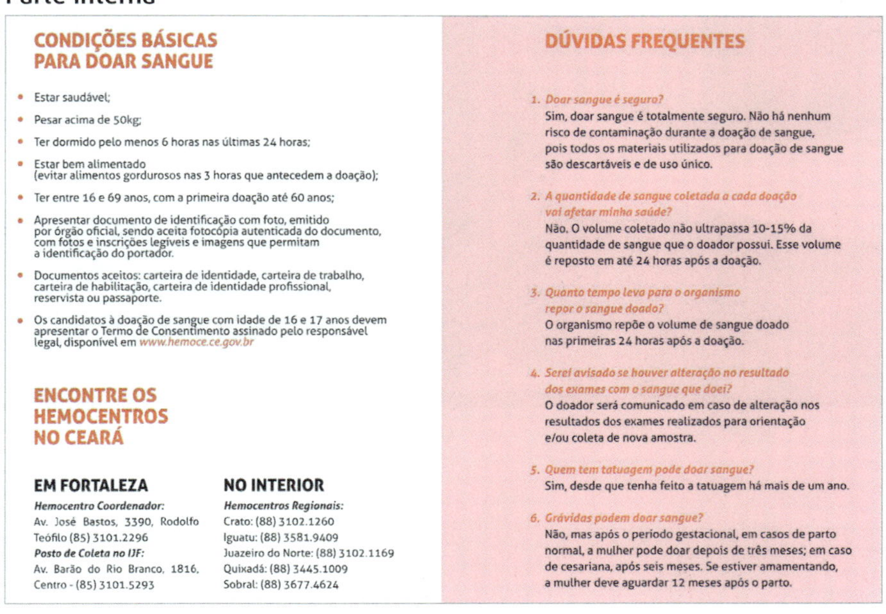

(Disponível em: https://www.google.com/url?sa=i&url=https%3A%2F%2Fwww.hemoce.ce.gov.br%2Fwp-content%2Fuploads%2Fsites%2F105%2F2021%2F03%2FHemoce_Folder_19Out-hemoce_folder_semanadoador2018.pdf&psig=AOvVaw2g6ofRF2Ccp6NlgArW114q&ust=1625714157158000&source=images&cd=vfe&ved=0CAsQjhxqFwoTCOioyar_z_ECFQAAAAAdAAAAABAD. Acesso em: 4/4/2020.)

1. O texto é um fôlder.

a) Qual é seu objetivo?

b) Quem é o público-alvo?

c) Quem é o responsável por sua produção? Como são identificados?

2. O fôlder lido é parte de uma campanha.

a) Qual é ela?

b) Qual é o *slogan* da campanha?

3. Observe o projeto gráfico do fôlder.

a) Que imagem é formada na capa?

b) Que imagens são formadas no verso do fôlder?

c) Qual é a relação entre essas imagens e o *slogan* da campanha?

4. As cores também apresentam função no projeto gráfico do fôlder.

a) Quais são as cores?

b) Alguns trechos estão escritos em vermelho e em negrito. Qual o efeito de sentido dessa escolha?

5. O interior do fôlder é composto de duas partes.

a) Qual é o objetivo da primeira página do interior do fôlder?

b) E qual é o objetivo da segunda página?

c) Releia as três primeiras perguntas da segunda página e suas respectivas respostas. O que elas pressupõem sobre o público-alvo do fôlder?

6. Agora veja outra peça que compõe a mesma campanha:

Reprodução/Centro de Hematologia e Hemoterapia do Ceará

(Disponível em: https://www.saude.ce.gov.br/wp-content/uploads/sites/9/2018/11/BANNER-CAMPANHA_grande.png.

a) De qual(quais) das partes do fôlder essa outra peça é composta?

b) Compare a parte do fôlder indicada por você no item a e esse texto e indique quais são as semelhanças e as diferenças.

c) Troque ideias com os colegas e o professor e levante hipóteses: Em qual formato essa outra peça pode ter circulado?

d) Levando em consideração suas respostas aos itens anteriores, explique por que há diferenças entre esse texto e o texto do fôlder.

7. O fôlder é um gênero originalmente produzido para ser distribuído às pessoas. Tendo em vista as recomendações do texto lido, discuta com os colegas e responda: Quais as vantagens de se publicar tal conteúdo nesse formato e não em um cartaz, por exemplo?

Diferença entre panfleto, *flyer* e fôlder

Para o público em geral, é difícil identificar as diferenças entre esses gêneros, já que sua função é bastante semelhante: chegar às mãos das pessoas para informar, vender ou conscientizar. Mas há diferenças, principalmente relacionadas ao formato e à estrutura de cada um. Um **panfleto**, geralmente, é mais simples: tem dimensões pequenas, é impresso apenas na frente, em papel comum, quase sempre em preto e branco, e utiliza poucos recursos gráficos. Um ***flyer*** é um material impresso para "voar" (vem de *fly*, *voar* em inglês). Ele tem dimensões reduzidas, geralmente impresso dos dois lados e com mais recursos gráficos, utilizando mais cores, em um papel de melhor qualidade. Já o fôlder é um material com dobras (*fold* significa dobrar em inglês), normalmente uma ou duas, na vertical ou horizontal. Por isso, apresenta capa, contracapa e interior. Assim, o fôlder comporta uma quantidade maior de informações. Também costuma apresentar um trabalho mais elaborado com recursos gráficos.

8. Observe a linguagem utilizada no fôlder e responda:

a) Podemos afirmar que a linguagem é detalhada e prolixa, ou direta e objetiva? Indique características do formato do texto que justifiquem sua resposta.

b) Qual é a variedade linguística utilizada?

c) Releia os seguintes trechos: "Multiplique afeto/vidas", "Saiba o que é necessário", "Doe sangue!". Em que modo estão as formas verbais empregadas? Por que esse modo é utilizado?

9. Reúna-se com os colegas de grupo e, juntos, concluam: Quais são as características básicas do texto de campanha social? Respondam, levando em conta os critérios a seguir: finalidade do gênero, perfil dos interlocutores, suporte/veículo, tema, estrutura, linguagem.

Produzindo o texto de campanha

Você e os colegas estão preparando uma campanha de conscientização sobre respeito aos direitos humanos e à juventude. Para colocar a campanha em prática e torná-la abrangente e persuasiva, há muitos textos que podem ser produzidos.

A seguir, apresentamos três propostas de produção relacionadas ao objetivo do projeto. A turma pode realizar as três ou selecionar uma delas. Em todas as propostas, os textos de campanha podem ter diferentes formatos: impresso, vídeo, áudio.

1. Texto de campanha social para conseguir ajuda para garantir os direitos do jovem.

Para a produção do cartaz, você conheceu os direitos do jovem presentes no Estatuto da Juventude. Para que esses direitos sejam garantidos, em alguns casos, é interessante pedir a contribuição da população. Por exemplo, para garantir o direito à profissionalização, ao trabalho e à renda, é possível fazer uma campanha "Contrate um jovem". Para garantir o direito ao desporto e ao lazer, é possível realizar uma campanha de estímulo à prática esportiva e pedir contribuições financeiras ou de materiais esportivos ou ainda de disponibilização de espaços (quadras poliesportivas, praças, pistas) para os jovens praticarem esportes e usarem para o lazer.

Com base nesses direitos, é possível produzir campanha social que traga contribuições à vida do jovem.

2. Texto de campanha social para pedir contribuições a fim de resolver problemas atuais de seu bairro, de sua cidade ou de seu país.

Pense em problemas de seu entorno. Há alguma causa com a qual você e seus colegas podem contribuir ao realizar uma campanha? Doação de roupas, doação de materiais escolares, de alimentos, de itens de higiene, etc. Reflitam sobre suas realidades e proponham uma campanha social na escola.

3. Texto de campanha política para o grêmio estudantil.

Vocês e seus colegas assistiram a um debate entre chapas concorrentes a um grêmio estudantil e realizaram debates regrados e deliberativos, tendo como tema a participação política dos jovens na sociedade. Que tal formar chapas e organizar uma campanha política para o grêmio da escola?

Planejamento do texto

- Planejem os textos, pensando em argumentos que possam convencer os destinatários sobre a importância da causa defendida ou do voto para o grêmio.
- Pensem no perfil do interlocutor: alunos, professores e funcionários da escola, familiares, amigos e pessoas da comunidade.
- Escolham qual gênero e quais suportes serão utilizados para compor a campanha.
- Criem um enunciado principal curto e chamativo, capaz de expressar a ideia central (um *slogan*), e que preferencialmente seja composto de uma frase com ambiguidades, trocadilhos, sonoridades, ironias, metáforas, etc.
- Se necessário, criem um texto complementar, explicando os objetivos da campanha e a importância de aderir a ela.
- No caso do texto de campanha social, enumerem breves instruções ou orientações aos interlocutores sobre como contribuir.
- No caso da campanha política, enumerem as principais propostas da chapa.
- Empreguem uma linguagem clara, direta e objetiva, de acordo com a norma-padrão ou com variações conforme o perfil do público da campanha e seu objetivo.
- Utilizem o modo imperativo para interpelar diretamente o leitor.
- Utilizem uma ou mais imagens lembrando que o texto verbal, as imagens e os recursos gráficos devem se complementar para construir o sentido pretendido.

Para vídeos e *podcasts*

Caso vocês optem por produzir vídeos para a campanha, que poderão ser veiculados no *blog* da turma, façam um roteiro antes de gravar as cenas: pensem quais cenas vão compor o vídeo, a ordem em que vão aparecer, se haverá personagens conversando entre si ou com o público, ou se haverá um locutor.

Para as gravações, escolham os locais e os visitem antes para checar a disponibilidade e se estão de acordo com o planejado.

Caso optem por fazer textos de campanha em áudio, em *podcasts*, planejem o texto previamente. Pensem no modo de se dirigir ao público, na linguagem mais adequada, nos argumentos a serem utilizados e como vão se referir à campanha da turma.

Ensaiem antes, tanto as cenas do vídeo quanto as falas para o áudio.

Façam a edição do vídeo e do áudio.

Revisão e reescrita

Antes de finalizar os textos, observem se o texto de campanha de vocês:

- tem um objetivo claro;
- apresenta um *slogan* atraente e um enunciado principal criativo;
- apresenta imagens e recursos gráficos adequados aos objetivos de cada um dos textos, complementando a parte verbal;
- contém argumentos convincentes e dá orientações sobre como participar da campanha;
- emprega os verbos principalmente no modo imperativo ou no infinitivo com intenção de orientar o destinatário;
- utiliza uma linguagem clara, objetiva, direta e persuasiva, considerando os interlocutores e os objetivos de cada texto.

CAPÍTULO 6

O abaixo-assinado

Trabalhando o gênero

Leia o texto:

Juventude Cidadã/https://www.change.org/

Queremos um #BusãoTransparente em Mogi!

Aqui em **Mogi das Cruzes** nós temos uma das passagens **mais caras do país**, a mais cara da região do Alto Tietê e um serviço de **baixa qualidade**. Em uma cidade com mais de 700 km², o serviço de transporte público **não atende a todos como deveria**. Ônibus **atrasam** e **quebram**, pontos e terminais em **péssimo estado**, motorista fazendo o serviço de cobrador e **nenhuma** integração com novas tecnologias para melhor atender ao cidadão. **Todos perdem com isso!**

Chega de reclamar, nós agora **estamos nos mobilizando** para mudar essa situação. Todo ano é a mesma história: no comecinho do ano, o prefeito vai lá e autoriza o aumento da passagem pra um serviço de baixa qualidade. O **Juventude Cidadã** está cavando caminhos para melhorar o nosso transporte público e você pode ajudar.

Queremos total **transparência** na composição do valor da passagem. Queremos saber **para onde vai os R$ 4,50** que pagamos por esse serviço. Quanto desse valor vai para pagar o salário do motorista? Para a manutenção e renovação da frota de ônibus da cidade? Para expansão de linhas e novas tecnologias? Para cobrir as gratuidades? Quanto vai para a compra de combustíveis? E, principalmente, quanto desse valor vai para o lucro das empresas que fazem a exploração desse serviço na cidade de Mogi das Cruzes? Tendo acesso a esses dados, vamos fiscalizar e cobrar melhorias no sisterna de transporte público.

Nos ajude a pressionar o Poder Público a tomar uma atitude! Assine este abaixo-assinado e compartilhe com seus amigos. Fique por dentro da campanha e compartilhe também pelo **Facebook** e **Instagram**.

Nós podemos fazer a diferença!

Juventude Cidadã

(Disponível em: https://www.change.org/p/c%C3%A2mara-municipal-de-mogi-das-cruzes-queremos-um-bus%C3%A3otransparente-em-mogi-f22607d9-eb59-42a5-90cd-3708a6e6cf6e. Acesso em: 29/2/2020.)

Este capítulo favorece o desenvolvimento das habilidades

- EM13LGG101
- EM13LGG204
- EM13LGG304
- EM13LGG402
- EM13LGG701
- EM13LP05
- EM13LP13
- EM13LP25
- EM13LP26

1. O abaixo-assinado é um gênero textual que apresenta e encaminha uma reivindicação. No início, geralmente contextualiza o problema em questão e, em seguida, apresenta uma proposta para solucioná-lo ou pede providências aos responsáveis para sua solução.

a) Qual é o problema apresentado pelo abaixo-assinado?

b) O texto apresenta informações que servem como argumento para justificar a reivindicação. Quais são essas informações?

c) Qual é a proposta do abaixo-assinado?

2. Sobre o abaixo-assinado lido:

a) Qual é o objetivo principal dele?

b) A quem ele se destina?

c) Quem é o responsável por ele? Levante hipóteses: Qual é a função social de quem assina esse abaixo-assinado?

3. No terceiro parágrafo, há uma reclamação sobre a falta de "transparência" do serviço de transporte público na cidade de Mogi das Cruzes.

a) Que estratégia é utilizada para esclarecer ao leitor o que seria essa transparência?

b) Qual é o argumento do texto para defender essa transparência?

4. Releia os seguintes trechos do texto:

- "Chega de reclamar, nós agora **estamos nos mobilizando** para mudar essa situação."
- "Nós podemos fazer a diferença!"

a) Em ambos os trechos, há um pressuposto comum no que se refere a problemas em serviços públicos. Qual é esse pressuposto?

b) Discuta com os colegas: O que é possível ser feito para se mobilizar e fazer a diferença em relação a problemas sociais diversos, como é afirmado no texto?

5. Observe a linguagem utilizada no texto.

a) Em que pessoa do discurso ele está majoritariamente escrito? Levante hipóteses: Por que essa pessoa é utilizada?

b) O texto está escrito em que variedade linguística?

6. Observe os trechos:

- "BusãoTransparente"
- "Aqui em **Mogi das Cruzes**"
- "[...] o prefeito vai lá e autoriza o aumento da passagem pra um serviço de baixa qualidade."
- "Queremos saber **para onde vai os R$ 4,50** que pagamos por esse serviço."

a) No abaixo-assinado em estudo, os termos *aqui* e *lá* se referem a lugares. Tais usos são característicos de contextos mais formais ou mais informais?

b) Os trechos estão de acordo com a norma-padrão? Justifique sua resposta.

c) Os aspectos que você observou no item anterior prejudicam de alguma maneira a finalidade do abaixo-assinado?

d) Há pessoas que tentam desqualificar o mérito de um texto ou daqueles que o produziram, caso ele apresente desvios em relação à norma-padrão. Essa desqualificação procede? Troque ideias com os colegas a respeito dessa questão.

O abaixo-assinado digital

O abaixo-assinado tem sido um dos gêneros de reivindicação mais utilizados na internet, dada a facilidade e a rapidez com que as mensagens são enviadas a um grande número de pessoas.

Entretanto, o uso desse suporte digital tem provocado algumas modificações no gênero. Por exemplo, não costuma aparecer a indicação da cidade e da data, pois podem "assinar" o documento pessoas dos mais diferentes pontos do país e até do exterior, dependendo do tipo de reivindicação. Além disso, as pessoas não assinam propriamente o nome. Geralmente, o ato da assinatura consiste em preencher um formulário com os dados pessoais, inclusive o *e-mail*, e dar *enter* ou clicar *ok*. Outra diferença é que o documento não é encaminhado de uma só vez às autoridades. Cada internauta envia "seu" abaixo-assinado ao *e-mail* do interlocutor.

Se os abaixo-assinados pela internet oferecem vantagens, como angariar assinaturas em curto tempo, por outro lado trazem desvantagens, como a falta do contato pessoal e de encontros e discussões, que também são práticas sociais importantes para o processo de conscientização política das pessoas.

metamorworks/Shutterstock

7. Qual é a função da *hashtag* (#) no título do abaixo-assinado: "#BusãoTransparente"?

8. Além de pedir a assinatura, o que mais o texto solicita ao leitor? Por quê?

9. Nos abaixo-assinados físicos, manuscritos ou impressos, as pessoas assinam folhas anexas ao texto principal. Troque ideias com os colegas: No caso de um abaixo-assinado digital, o que é preciso fazer para participar da ação?

10. Reúna-se com os colegas de grupo e, juntos, concluam: Quais são as características básicas do abaixo-assinado? Respondam, considerando os seguintes critérios: finalidade do gênero, perfil dos interlocutores, suporte ou veículo, tema, estrutura, linguagem.

Produzindo o abaixo-assinado

Você sabia que o direito de reunião e associação consta na Declaração Universal dos Direitos Humanos? Leia o artigo XX da Declaração:

> Artigo XX
> 1. Todo ser humano tem direito à liberdade de reunião e associação pacífica.
> 2. Ninguém pode ser obrigado a fazer parte de uma associação.
>
> (Disponível em: https://www.ohchr.org/EN/UDHR/Pages/Language.aspx?LangID=por. Acesso em: 29/2/2020.)

Fábio Guinalz/Fotoarena

Produzam um abaixo-assinado coletivo para uma das seguintes causas:

- Criação de um coletivo jovem, conselho de turma ou grêmio estudantil na escola.
- Criação de um grupo em defesa dos direitos humanos na escola.
- Criação de um grupo de resolução de conflitos que promova o respeito à diversidade e à liberdade de expressão na escola.
- Criação de um programa pela saúde do jovem na escola.
- Criação de um programa pela sustentabilidade na escola.

Com a orientação do professor, obtenham o maior número possível de assinaturas para o abaixo-assinado. Vocês também podem propor um abaixo-assinado sobre alguma situação problemática que atinja ou preocupe você e os colegas atualmente, relacionada a sua escola, bairro, cidade, Estado ou país.

Planejamento do texto

- Escolham um tema para o abaixo-assinado.
- Apresentem ao leitor o problema e o contextualize.
- Exponham argumentos que convençam o leitor sobre a importância da causa defendida.
- Exponham claramente o objetivo do abaixo-assinado.
- Peçam diretamente o apoio do leitor.
- Assinem o abaixo-assinado.

Revisão e reescrita

Antes de disponibilizar o abaixo-assinado em algum *site* ou passá-lo ao suporte final para angariar assinaturas, releiam o texto e chequem se:

- o objetivo do abaixo-assinado está claramente anunciado no texto;
- há argumentos capazes de convencer o público a assiná-lo;
- os benefícios a serem alcançados pela mobilização estão expostos;
- há um local para assinar o texto.

CAPÍTULO 7

As cartas argumentativas

Carta de leitor

Trabalhando o gênero

As cartas de leitor a seguir foram todas publicadas em um mesmo número da revista *IstoÉ* e comentam a publicação da semana anterior. Leia-as.

Este capítulo favorece o desenvolvimento das habilidades

EM13LGG101
EM13LGG202
EM13LGG204
EM13LGG301
EM13LGG303
EM13LGG304
EM13LGG305
EM13LGG704
EM13LP01
EM13LP02
EM13LP05
EM13LP06
EM13LP07
EM13LP11
EM13LP12
EM13LP15
EM13LP16
EM13LP23
EM13LP25
EM13LP26
EM13LP27
EM13LP32

Meia-idade

Excelente a matéria "Crise da meia-idade" (ISTOÉ 1894). Ótimo texto, dicas de leitura, exemplos de superação. Valeu! A reportagem me ajudou muito. Parabéns aos repórteres Camilo, Cláudia e Juliana.

Silvana F. R. C.
São Joaquim da Barra – SP

Sou fã da revista ISTOÉ desde 1987 (ISTOÉ Senhor). Com certeza vocês devem ter escolhido sabiamente um diretor editorial substituto à altura do anterior. Posso ratificar, como leitor assíduo, que a revista continuará "ajudando a construir a grande nação que os brasileiros merecem", pois, não fora a intrepidez, a isenção e a responsabilidade, que lhes é peculiar, o Brasil de hoje seria menor em termos de informação fidedigna. "Carta ao leitor" (ISTOÉ 1893).

Valmor da L.
Correia Pinto – SC

ISTOÉ

Adorei o novo projeto gráfico da ISTOÉ. Como publicitário, ficava incomodado com o antigo, na minha opinião, excessivamente tradicional. Parabéns, o excelente conteúdo agora tem uma embalagem à altura.

Roberto R.
Contagem – MG

FHC

A ética está sendo vilipendiada em todos os campos. No campo político, a frequência é maior. Governam com interesse partidário e desinteresse social. A conveniência dá o tom comportamental. No vale-tudo, vale de tudo um pouco, desde críticas severas a barganhas políticas. O objetivo é sempre minar o inimigo. Para a população fica o desprezo e os maus exemplos de comportamento. O pior: tudo em nome da ética, da moral. "FHC atira primeiro" (ISTOÉ 1894).

Fábio M. da S.
Belo Horizonte – MG

Games

Os pais devem saber que não é apenas nas férias que devem se preocupar com os horários que seus filhos ficam na internet, no videogame ou em qualquer outro meio de entretenimento e sim durante todo o ano. Porque, afinal, contrariando a opinião de alguns pais, a escola apenas ensina os alunos, mas são os pais que os educam. Portanto, não é a escola que fará com que as crianças saiam da frente desses meios de entretenimento, mas, sim, os pais. "O fim do zap" (ISTOÉ 1894).

Felipe L.
São Paulo – SP

(Disponível em: https://istoe.com.br/16931_CARTAS/. Acesso em: 18/6/2020.)

JGI/Jamie Grill/Blend Images/Getty Images

1. A carta de leitor é um gênero textual que permite o diálogo dos leitores com o editor de jornais e revistas ou entre leitores. É geralmente publicada em uma seção de cartas de jornais ou revistas, como Painel do Leitor, Fórum dos Leitores, Cartas de Leitores.
   a) Observando os assuntos a que se referem as cartas de leitores lidas, responda: De modo geral, qual é a finalidade da carta de leitor?
   b) Na sua opinião, a carta de leitor constitui uma forma de exercício da cidadania? Por quê?

Carta de leitor eletrônica

As facilidades de uso da internet e da comunicação eletrônica têm modificado o perfil das cartas de leitor. Antes, o leitor enviava a carta pelo correio, acondicionada num envelope, e podia levar dias até sua correspondência chegar ao jornal. Hoje, os jornais começam a receber cartas de leitor no mesmo dia da publicação da notícia comentada pelas cartas. Além disso, a estrutura composicional do gênero também tem sofrido alterações.

Algumas cartas são enviadas por *e-mail* e outras são produzidas na própria página de internet do jornal, preenchendo-se um formulário com dados pessoais e deixando-se a mensagem num espaço reservado.

2. Faça um exame do conteúdo de cada carta lida e responda:
   a) Qual ou quais delas fazem elogio? O que elogiam?
   b) Quais delas comentam matérias publicadas pelo jornal ou pela revista?
3. Das cartas em estudo:
   a) Quais abordam problemas nacionais?
   b) Qual ou quais têm como interlocutor o público da revista em geral?
   c) E qual ou quais se dirigem diretamente ao editor da revista?
4. Observe a linguagem empregada pelos autores das cartas lidas.
   a) Que variedade linguística predomina?
   b) Considerando o veículo em que as cartas foram publicadas, levante hipóteses: Por que essa variedade foi empregada?
5. A carta de leitor tem estrutura semelhante à da carta pessoal, pois contém vários elementos desta última como local e data, vocativo, assunto, expressão cordial de despedida e assinatura. Além disso, não apresenta título. As cartas lidas, porém, não se mostram de acordo com esse padrão.
   a) Deduza: Por que alguns desses elementos das cartas foram suprimidos?
   b) Troque ideias com os colegas e o professor: As partes suprimidas das cartas originais podem modificar o sentido, ou seja, a ideia do leitor a respeito do assunto?
   c) As cartas geralmente não apresentam títulos. Levante hipóteses: Por que as cartas de leitor, publicadas em seções específicas para isso, costumam vir intituladas?
6. Reúna-se com os colegas de grupo e, juntos, concluam: Quais são as características básicas da carta de leitor? Respondam, levando em conta os critérios a seguir: finalidade do gênero, perfil dos interlocutores, suporte/veículo, tema, estrutura e linguagem.

Produzindo a carta de leitor

Há, a seguir, duas propostas de produção de carta de leitor. Se possível, desenvolva as duas.

1. Leia o texto:

'Vamos lutar por um futuro', diz ativista brasileira em greve pelo clima

A terceira edição do evento global mobilizou protestos em mais de 150 países; no Brasil, em torno de 50 cidades devem contar com atos

Por Jennifer Ann Thomas – Publicado em 20 set 2019, 14h25

Alexandros Michailidis/Shutterstock

Nesta sexta-feira, 20, milhares de pessoas saíram às ruas em mais de 150 países para protestar por ações contra as mudanças climáticas. Esta é a terceira greve global pelo clima, movimento conhecido como Fridays For Future (sextas-feiras pelo futuro), que teve início com a sueca **Greta Thunberg**, de 16 anos.

Em 20 de agosto do ano passado, Greta começou a matar aula sozinha, semanalmente, às sextas-feiras, para se sentar em frente ao Parlamento e reclamar da falta de ações políticas para conter o avanço das mudanças climáticas. No Brasil, a primeira manifestação aconteceu em 15 de março deste ano. Naquela data, quando o grupo brasileiro de jovens ativistas ainda estava aprendendo a se organizar, com um planejamento de apenas quatro dias para se articularem, 24 cidades participaram da primeira greve nacional pelo clima. Quase seis meses depois, a expectativa é que mais de 50 municípios registrem ações no terceiro movimento global.

Entre os primeiros que se mobilizaram no Brasil, Nayara Almeida, de 21 anos, acredita que a manifestação será maior do que a estimada. "Nem todos os ativistas climáticos pelo país entram em contato antes do ato", explicou. Para ela, às vésperas da cúpula do clima que acontecerá em Nova York na próxima segunda-feira, 23, o objetivo é mostrar para o mundo que a juventude brasileira também quer mudanças. "A gente espera que o nosso ato seja grande o suficiente para comprovar o que nós queremos. Precisamos de políticas climáticas mais rígidas, ambiciosas e efetivas e, em especial, dentro do nosso país. Estamos passando por uma situação delicada. Houve corte de verbas para o combate à mudança do clima e já sabemos que estamos em uma crise climática", afirmou.

Além disso, Nayara acredita que essa é uma forma de os jovens aprenderem a valorizar um espaço de fala que foi conquistado nas ruas e com as redes sociais. "A gente não tem muita representatividade política, como jovens. E a verdade é que nós não escolhemos ser ativistas climáticos, somos forçados a fazer isso porque a geração anterior falhou em evitar que esse problema acontecesse. Agora temos que valorizar o espaço que conquistamos. Estamos nas ruas porque temos que garantir o nosso futuro. Se não fizermos isso, quem fará? Não podemos contar com a geração anterior", declarou.

Em julho, Greta Thunberg, o rosto das manifestações ambientalistas ao redor do planeta, concedeu uma entrevista com exclusividade a VEJA. Ao pensar sobre o risco que alguns manifestantes correm em diferentes países, principalmente no Brasil, onde 57 ambientalistas foram assassinados em 2017, ela reconheceu o esforço coletivo. "Há países em que os manifestantes podem ser presos, ou pior. Admiro muito os jovens que mesmo assim protestam sob essas condições. Fico triste em saber que esses colegas não têm garantida a mesma liberdade que eu tenho na Suécia. Esse é mais um motivo pelo qual nós, cidadãos de países ricos, onde há essa liberdade, temos o dever de nos posicionar. Farei tudo o que posso para também ser uma voz para aqueles que não podem falar", declarou então.

(Disponível em: https://veja.abril.com.br/ciencia/vamos-lutar-por-um-futuro-diz-ativista-brasileira-em-greve-pelo-clima/. Acesso em: 10/3/2020.)

Imagine que você tenha lido essa reportagem na revista e queira se manifestar em relação a ela ou a alguma informação que lhe tenha chamado a atenção. Como fizeram os leitores que tiveram seus comentários publicados, escreva uma carta para o editor da revista, expondo seu ponto de vista sobre o tema abordado, ou sobre a qualidade da reportagem, ou fazendo críticas ou sugestões, etc.

2. Reúna-se com os colegas de grupo e, juntos, escolham um jornal ou uma revista para leitura. Pode ser um jornal do bairro, da escola, da cidade, do Estado ou uma revista que trate de música, esportes, cinema, etc., impressos ou digitais. Selecionem na publicação escolhida uma matéria ou reportagem que seja interessante e que, do ponto de vista de vocês, mereça comentários, quer positivos, quer negativos, ou ainda dos dois tipos. Escrevam então uma carta ao jornal ou à revista, comentando a matéria ou reportagem. Na assinatura da carta, pode constar o nome dos integrantes do grupo e a identificação da turma e da escola.

Planejamento do texto

- Leiam mais de uma vez a matéria ou reportagem a que a carta irá se referir e certifiquem-se da pertinência das críticas que pretendem fazer, observando se estão diretamente relacionadas ao teor do texto.
- Deixem claro, desde o início, a data e a edição em que a matéria ou reportagem foi publicada. Identifiquem a matéria ou reportagem pelo título e/ou pelo nome do jornalista que a assinou.
- Desenvolvam seus argumentos e, para enriquecê-los, exemplifiquem, citem fatos, notícias, autoridades e especialistas no assunto.
- Se optaram por fazer comentários negativos, procurem considerar também pontos positivos da matéria ou reportagem, a fim de não passar a ideia de que estão sendo motivados pela intenção de "falar mal".
- Se optaram por fazer comentários positivos, procurem considerar também pontos fracos da matéria ou reportagem e relativizá-los, a fim de não passar a ideia de que estão sendo motivados pela intenção de "bajular".
- Tentem introduzir opiniões contrárias ao ponto de vista de vocês, fazendo ressalvas a ele e já mobilizando contra-argumentos para fortalecer a argumentação.
- Pensem no leitor da sua carta. Ela será lida por um editor ou diretor de redação, isto é, um profissional responsável pela área de jornalismo do jornal ou da revista selecionada, e, se publicada, também pelos leitores da publicação.

Revisão e reescrita

Antes de finalizar a carta de leitor e passá-la para o suporte final, releiam-na, observando:

- se ela está redigida e estruturada de acordo com a situação de comunicação;
- se a linguagem empregada está adequada aos leitores;
- se ela apresenta local e data, vocativo, assunto, expressão cordial de despedida e assinatura;
- se o ponto de vista do grupo sobre o assunto abordado na matéria ou reportagem está claro e bem-fundamentado;
- se elogios e críticas estão bem dosados no texto, com menção não apenas a pontos positivos ou a pontos negativos;
- se são feitas ressalvas e ponderações em relação ao ponto de vista defendido no texto.

Modifiquem o que for necessário e leiam a carta para os outros grupos. Ouçam as opiniões dos colegas e, se as considerarem procedentes, façam novas modificações no texto.

Passem a carta a limpo em papel de carta e enviem-na para a redação do jornal ou da revista, tomando o cuidado de preencher corretamente o envelope. Se preferirem, enviem a carta pela internet, para o endereço de *e-mail* do jornal ou da revista. Depois, acompanhem os números subsequentes da publicação, a fim de observar se ela foi publicada.

Por fim, postem as cartas escritas no *blog* da turma. Vocês também podem veicular as cartas de leitor relacionadas ao tema **Direitos humanos e juventude** em cartazes a serem afixados na escola durante a campanha de conscientização a ser produzida no capítulo **Ponto final** (p. 60).

Carta aberta

Trabalhando o gênero

Leia esta carta aberta:

Nós, jovens, não aceitaremos uma vida com medo e devastação

Carta aberta da juventude pelo clima exige justiça para as vítimas das mudanças climáticas e agenda protestos globais contra os "tomadores de decisão do mundo" em 15 de março

Por Jennifer Ann Thomas – Publicado em 20 set 2019, 14h25

Nós, os jovens, estamos profundamente preocupados com o nosso futuro. A humanidade está, atualmente, causando a sexta extinção em massa de espécies e o sistema climático global está à beira de uma crise catastrófica. Seus impactos devastadores já são sentidos por milhões de pessoas em todo o mundo. No entanto, estamos longe de alcançar as metas do **Acordo de Paris.**

Nós, jovens, somos mais da metade da população global. Nossa geração cresceu com a crise climática e teremos que lidar com isso pelo resto de nossas vidas. Apesar disso, a maioria de nós não está incluída no processo decisório local e global. Nós somos o futuro sem voz da humanidade.

Nós não aceitaremos mais essa injustiça. Nós exigimos justiça climática! Exigimos justiça para todas as vítimas passadas, atuais e futuras da crise climática. Por isso estamos lutando! Milhares de jovens tomaram as ruas, nas últimas semanas, em todo o mundo. Agora vamos fazer nossas vozes serem ouvidas. No dia 15 de março, protestaremos em cada continente.

Temos que, finalmente, tratar a crise climática como uma crise. É a maior ameaça na história da humanidade e não aceitaremos a nossa extinção. Nós não aceitaremos uma vida com medo e devastação. Temos o direito de viver nossos sonhos e esperanças. As mudanças climáticas já acontecem. Pessoas morreram, estão morrendo e vão morrer por causa disso, mas podemos e vamos parar com essa loucura.

Nós, os jovens, começamos a nos mobilizar. Nós vamos mudar o destino da humanidade, quer você goste ou não. Unidos vamos nos levantar no dia 15 de março e muitas vezes mais, até vermos a justiça climática. Exigimos que os tomadores de decisão do mundo assumam a responsabilidade e resolvam essa crise ou renunciem.

Vocês nos falharam no passado. Se vocês continuarem nos falhando no futuro, nós, os jovens, faremos a mudança acontecer por nós mesmos. A juventude deste mundo começou a se mobilizar e não vamos parar!

Carta aberta escrita pela liderança do grupo de coordenação global da Juventude pelo Clima.

(Disponível em: https://brasil.elpais.com/brasil/2019/03/06/internacional/1551894693_275567.html. Acesso em: 11/3/2020.)

Acordo de Paris é um tratado no âmbito da ONU (Organização das Nações Unidas), que rege medidas de redução de emissão de gases de efeito estufa a partir de 2020, a fim de conter o aquecimento global abaixo de 2 °C, preferencialmente em 1,5 °C. O acordo foi negociado em Paris e aprovado em 12 de dezembro de 2015.

1. A carta aberta apresenta características próprias ao gênero carta.

a) Quem é o remetente da carta lida?

b) Quem são os destinatários?

2. A carta aberta é um gênero que pode ter por objetivo protestar contra uma situação, alertar um grupo ou a população em geral, ou conscientizar a população.

Valmedia/Shutterstock

a) Qual é o objetivo da carta lida?

b) Qual é a injustiça que a carta busca combater?

3. A carta foi divulgada em um *site* de um jornal na internet. Levante hipóteses:

a) A carta foi enviada apenas a esse jornal que a publicou?

b) Em quais meios a carta aberta normalmente é divulgada?

4. Em cartas abertas, é importante haver um título mencionando o assunto ou os interlocutores envolvidos na situação de comunicação em que elas circulam. Na carta aberta lida, o que o título menciona?

5. Releia o subtítulo do texto.

a) Em que pessoa do discurso ele está escrito?

b) Por que as aspas são usadas no trecho?

c) Conclua: Quem escreveu o subtítulo da carta?

6. Nessa carta, não há local nem data. Tendo em vista seus interlocutores e o fato de ela ter sido publicada em uma página da internet, levante hipóteses: Por que isso acontece? Caso essa carta tivesse o formato de uma carta pessoal, como seriam apresentados o local e a data?

7. Uma das estratégias argumentativas da carta lida é contrapor o perfil dos destinatários ao perfil dos remetentes.

a) Em que pessoa está escrita a carta: na 1ª ou na 3ª pessoa? Justifique sua resposta com elementos do texto.

b) Identifique os pronomes usados para se referir a cada um dos interlocutores. Depois, reflita e responda: Qual é o efeito de sentido desse uso?

8. A carta aberta é um gênero argumentativo e, por isso, deve apresentar diferentes tipos de argumento. Que argumentos são usados para:

a) evidenciar a urgência do problema?

b) mostrar que se sustentam em vozes de autoridade?

c) comprovar que os atuais líderes não estão agindo para resolver o problema?

d) defender a legitimidade de sua posição como jovem?

9. A carta lida tem um tom de indignação, urgência e de embate.

a) Selecione termos e expressões usados para construir o sentido de indignação e urgência.

b) Selecione termos e expressões usados para construir o sentido de embate.

c) Tendo em vista que a carta aberta é divulgada publicamente, deduza: O que esse tom pretende provocar em seus leitores? Qual é o objetivo dos autores ao utilizá-lo?

10. A carta aberta é um gênero que tem uma estrutura relativamente livre. Geralmente, ela contém um título e se inicia por uma *introdução*, que situa o problema a ser tratado na carta; em seguida, há o *desenvolvimento*, isto é, a análise do problema e a apresentação dos argumentos; e, por último, uma *conclusão*, na qual se pede uma solução para o problema ou se propõe uma resolução.

a) Que parágrafos da carta correspondem a cada uma das três partes mencionadas, além do título?

b) Na conclusão, há alguma proposta de solução ou solicitação de mudança aos destinatários?

11. Observe a linguagem empregada na carta em estudo.

a) Em que tempo estão, predominantemente, as formas verbais do modo indicativo?

b) Em qual variedade linguística a carta foi escrita?

12. Reúna-se com os colegas e, juntos, concluam: Quais são as características básicas da carta aberta?

Às vezes queremos ou precisamos nos posicionar publicamente sobre algum assunto, respondendo a alguma situação ou pedindo que outras pessoas envolvidas tomem providências. Para isso, podemos utilizar a **carta aberta**. A carta aberta é uma carta argumentativa, direcionada ao grande público, mesmo que haja um destinatário específico (podendo este ser coletivo). Geralmente são veiculadas nos meios de comunicação (televisão, rádio, internet, etc.) e abordam assuntos relacionados a algum problema social, demanda da comunidade, apoio a uma causa, entre outros.

Produzindo a carta aberta

Produzam uma carta aberta coletiva — de toda a turma ou de grupos de alunos da turma — sobre a condição de ser jovem hoje na sociedade e os direitos da juventude. Façam um levantamento de subtemas que se relacionem ao tema mais amplo e que possam ser discutidos na carta aberta. Vejam alguns exemplos:

- Oportunidades de estudo e trabalho para a juventude.
- Direito à vida: preservação do meio ambiente.
- Direito ao lazer: opções gratuitas, culturais e seguras para a juventude.
- Direito à saúde: condições para prática de esporte e para manter uma alimentação saudável.
- Direito à vida: combate à violência urbana.

fizkes/Shutterstock

A carta será publicada no *blog* da turma e pode ser veiculada em cartazes durante a campanha de conscientização sobre direitos humanos e juventude, a ser produzida por você no capítulo **Ponto final** (p. 60).

Planejamento do texto

- Decidam o objetivo da carta.
- Ao iniciar a carta, exponham de forma objetiva qual é o assunto dela e quem é o destinatário.
- Justifiquem o uso da carta aberta, ou seja, deixem claro por que decidiram tornar público o conteúdo dela.
- Expliquem para os leitores que o assunto tem relação também com o bem comum.
- Selecionem argumentos objetivos e concretos, mencionando fatos, autoridades, situações do cotidiano.
- Caso vocês optem por apresentar relatos de fatos de sua experiência pessoal, como exemplos para fundamentar sua argumentação, mostrem que a experiência é válida para pensar o bem comum.
- Procurem adequar a linguagem ao assunto e aos interlocutores, empregando, conforme for conveniente, linguagem menos ou mais formal.
- Deem um título chamativo ao texto, relacionado aos interlocutores ou ao assunto da carta.

Revisão e reescrita

Antes de fazer a versão final do texto, releiam-no, observando:

- se a finalidade da carta é apresentada de maneira clara e objetiva;
- se o assunto e o destinatário estão claros e são apresentados logo no início da carta;
- se há uma justificativa para tornar o assunto público em uma carta aberta;
- se os argumentos são convincentes e bem-fundamentados;
- se há o esclarecimento de que o interesse dos argumentos levantados é o bem comum;
- se a linguagem está adequada ao público que vocês pretendem atingir;
- se o título é chamativo e adequado ao conteúdo e aos destinatários da carta.

Carta de reclamação e de solicitação

Trabalhando o gênero

Leia esta carta:

Insatisfação quanto ao serviço prestado pela [...] em especial a linha 909 (Guarujá-Cubatão)

Guarujá – SP 05/06/15 às 21h57

Conduta inconstitucional

Venho por meio desta reclamação demonstrar intensa insatisfação quanto ao serviço prestado pela [...], em especial a linha 909 (Guarujá-Cubatão), em que encontramos diversos transtornos já mencionados tanto neste site como na ouvidoria da EMTU, Ministério Público, ouvidoria da PMG, Procon Guarujá, site G1 (tv tribuna) e abaixo-assinados. Até hoje não obtivemos respostas, muito menos soluções. Sabemos que tudo quanto foi pontuado a respeito é inteiramente inconstitucional, ferindo os princípios da administração pública. Estes transtornos estão gerando doenças, riscos à vida, afastamentos, danos com relação a desconto de horas, entre outros. Podemos pontuar como algumas condutas de desrespeito ao cidadão que utiliza a linha: atrasos constantes, mudanças de itinerário sem informar os usuários, quebras e gambiarras nos equipamentos no coletivo, superlotação em rodovia (ferindo o código de trânsito), falta de bom atendimento por parte do SAC, etc.

Solicito que esta situação seja resolvida, pois está inflamando ódio por parte dos usuários. Acho engraçado que, quando os cidadãos recorrem à justiça, são simplesmente ridicularizados por ela, e, quando se faz justiça com as próprias mãos, está praticando a violência, sendo que esta violência é praticada todos os dias pelo estado contra nós e simplesmente não se faz nada para sanar os problemas.

(Adaptado de: https://www.reclameaqui.com.br/translitoral/venho-por-meio-desta-reclamacao-demonstrar-intensa-insatisfacao-quanto-ao-s_13316158/. Acesso em: 9/3/2020.)

Ricardo Borges/Folhapress

1. A carta argumentativa lida pode ser compreendida como, simultaneamente, uma carta de reclamação e de solicitação.

   a) Quem faz a reclamação e a solicitação?

   b) Do que a pessoa reclama?

   c) Qual é a solicitação realizada?

2. A carta argumentativa de reclamação apresenta, como o nome sugere, uma reclamação a respeito de algum problema enfrentado pelo remetente. Essas cartas são normalmente endereçadas a órgãos públicos, como ministérios, secretarias, Procon ou *sites* especializados em divulgar reclamações. Considerando que a carta lida foi publicada em um desses *sites*, responda:

   a) Qual é a função social de veículos como esse, que permitem aos cidadãos reclamar de um problema que estejam enfrentando?

   b) Você já utilizou ou conhece alguém que tenha utilizado algum desses meios para fazer uma reclamação? Houve alguma resposta?

3. As cartas em geral costumam ser datadas e registram o local de envio.

   a) Como a carta lida registra local e data?

   b) Levante hipóteses: Por que a data e o local não constam em um cabeçalho, como nas cartas manuscritas?

4. A carta lida é a primeira tentativa de comunicação com a empresa?

5. Geralmente, para construir a argumentação, uma carta argumentativa de reclamação e/ou solicitação costuma mostrar que o problema está afetando o bem comum, e não só o remetente da carta.

   a) Essa estratégia está presente na carta? Comprove com trechos do texto.

   b) Que argumento de autoridade é usado na carta?

6. Ao final da carta, o remetente fala em justiça.

   a) Qual é a postura da justiça, segundo ele?

   b) O remetente fala em "justiça com as próprias mãos". Debata com os colegas: ameaçar o destinatário é uma boa estratégia argumentativa?

7. Cartas de reclamação e/ou de solicitação costumam apresentar a seguinte estrutura: cabeçalho com local e data, saudação ao(s) destinatário(s), corpo do texto, despedida, assinatura.

   a) Quais desses itens aparecem na carta lida?

   b) Quais itens, que não são comuns em cartas, aparecem no texto lido? Por que isso acontece?

8. Observe a linguagem utilizada pelo autor da carta.

   a) Que tipo de variedade linguística foi empregada?

   b) Em que pessoa do discurso ela foi escrita?

9. Reúna-se em grupo com os colegas e, juntos, concluam: Quais são as características básicas das cartas argumentativas de reclamação e de solicitação? Respondam, levando em conta os critérios a seguir: finalidade do gênero, perfil dos interlocutores, suporte/veículo, tema, estrutura, linguagem.

Cartas de solicitação

Há cartas que têm por objetivo apenas realizar uma solicitação, sem registrar nenhuma reclamação. As cartas de solicitação fazem um pedido a alguém ou a uma instituição. Esse pedido pode estar relacionado à resolução de um problema enfrentado pelo remetente ou pode ter o objetivo de conseguir algum benefício para o próprio remetente ou para o grupo que ele representa. Essas cartas são geralmente endereçadas a entidades que teriam poder para atender à solicitação.

Diferentemente das cartas de reclamação, as cartas de solicitação não costumam ser publicadas em espaços públicos, pois tratam de pedidos particulares de uma pessoa ou de um grupo; assim, não há motivo para divulgar de antemão para um público amplo o nome da empresa à qual é feita a solicitação. Geralmente, elas são veiculadas pelos correios, por *e-mails* particulares, ou os próprios portadores levam a carta ao destinatário.

Produzindo as cartas argumentativas de reclamação e de solicitação

1. Você já passou por um problema que poderia ter sido amenizado com uma carta de reclamação? Discuta com os colegas e o professor sobre problemas que atualmente estejam afligindo diretamente a comunidade escolar ou o bairro, e que deveriam receber maior atenção dos responsáveis. Vocês podem pensar, por exemplo, em problemas relacionados a:

- Falta de parques e de áreas de lazer no município.
- Falta de bibliotecas públicas no bairro.
- Pouca ou nenhuma manutenção das praças públicas.
- Falta de segurança nas imediações da escola ou no bairro.
- Má qualidade do transporte coletivo.
- Indisponibilidade de *wi-fi* gratuito na escola ou em lugares públicos do bairro ou da cidade.
- Falta de cursos oferecidos gratuitamente pela prefeitura à comunidade para promover a inclusão digital de jovens e idosos.
- Ausência de equipamento de informática na escola ou dificuldade de acesso a ele.

Escolham um dos temas e, em pequenos grupos, produzam uma carta argumentativa de reclamação ou de solicitação. Depois, enviem-na, por meio digital ou impresso, à direção da escola ou ao órgão público competente.

2. Para realizar a campanha de conscientização, vocês precisam solicitar autorização para uso de espaços comuns na escola e em suas imediações, assim como solicitar materiais diversos. Escrevam cartas de solicitação aos responsáveis na escola — direção, coordenação, almoxarifado — pedindo:

- autorização para colar cartazes nas paredes da escola;
- autorização para que as outras turmas possam participar da campanha no período de sua vigência;
- materiais — cartolinas, canetas, tintas, computadores, impressoras — para a produção dos cartazes, panfletos, faixas da campanha;
- apoio aos familiares de alunos para aderirem à campanha e contribuírem para sua produção;
- o atendimento de outras necessidades identificadas pela turma.

Planejamento do texto

- Procurem ter clareza quanto a qual será o problema focalizado na reclamação e/ou o pedido feito na solicitação.
- Considerando o problema ou pedido que será tema da carta, decidam quanto ao gênero mais adequado: uma carta argumentativa de reclamação, uma carta argumentativa de solicitação, ou uma carta argumentativa de reclamação e solicitação.
- Definam qual será o principal objetivo da carta. No caso de reclamação, o objetivo é a solução de um problema ou a sua divulgação? No caso de solicitação, esta será relativa a um interesse pessoal, particular, ou a um interesse coletivo?
- Levem também em conta os interesses do interlocutor e de outras pessoas envolvidas com o fato abordado.
- Desenvolvam argumentos e, para enriquecê-los, escolham exemplos que os fundamentem.

- Ao redigir, empreguem a estrutura própria do gênero, as formas de tratamento adequadas e apresentem com clareza o problema e/ou pedido.
- Tenham em mente o leitor da carta. Ela poderá ser lida pela pessoa responsável por resolver o problema ou atender à solicitação e, se publicada em um *site*, pelo público internauta.

Revisão e reescrita

Antes de finalizar a carta argumentativa e passá-la para o suporte final, releiam-na, observando:

- se ela apresenta local e data, vocativo, corpo do texto, despedida e assinatura;
- se a maneira como ela foi redigida e estruturada está de acordo com a situação de comunicação;
- se a linguagem empregada está adequada ao(s) leitor(es);
- se ela faz uma reclamação e/ou solicitação;
- se há argumentos que explicam ou fundamentam os motivos de ela ter sido escrita;
- se ela considera também interesses do interlocutor.

Façam as alterações necessárias, passem a carta a limpo e discutam com o professor e os colegas a melhor forma de encaminhá-la ao interlocutor.

Renata Mello/Pulsar Imagens

Ponto final

Este capítulo favorece o desenvolvimento das habilidades

EM13LGG104 EM13LGG105 EM13LGG202 EM13LGG204 EM13LGG301 EM13LGG303 EM13LGG304 EM13LGG305 EM13LP15 EM13LP16 EM13LP24 EM13LP25 EM13LP26 EM13LP27

Direitos humanos e juventude ▪ Campanha de conscientização da juventude pelos direitos humanos

Ao longo desta unidade, você leu e produziu textos relacionados a questões que interessam aos jovens, que os afligem e os convocam a agir. A proposta deste projeto é divulgar à comunidade escolar as ideias e os temas debatidos pela turma, buscando conscientizar o público sobre a importância de conhecer os direitos humanos e lutar por sua garantia a todos, de forma geral, e pelos direitos dos jovens, especificamente.

Organizem uma **Campanha de conscientização da juventude pelos direitos humanos**. Além de reunir os textos já produzidos por vocês, pensem nas melhores formas de chamar o público à reflexão e à ação.

Black Salmon/Shutterstock

Kyodo News/Getty Images

1. Alimentando e divulgando o *blog* da campanha

O *blog* da turma para a campanha foi criado no capítulo 3. Retomem as produções realizadas durante toda a unidade e postem-nas no *blog*. Postem os cartazes e os anúncios publicitários, o abaixo-assinado, as gravações em vídeo dos debates e as cartas argumentativas produzidas.

Caso considerem interessante, postem também os textos pesquisados por vocês ao longo da unidade relacionados ao tema da campanha, sempre com as devidas informações sobre a fonte do texto.

É interessante que vocês criem categorias para cada tipo de publicação feita no *blog*, a fim de organizá-lo e facilitar a navegação pelos textos de vocês. Além disso, quando for pertinente, as postagens podem ser acompanhadas de textos explicativos introdutórios, relacionando-as ao objetivo principal da campanha de conscientização.

Visitem o *blog*, comentem as postagens e divulguem o endereço em toda a escola para que os alunos das outras turmas, os professores, os funcionários e os responsáveis pelos alunos possam visitá-lo e também comentar as postagens.

2. Preparando os materiais para a campanha

Revisem e preparem os cartazes e os anúncios publicitários em tamanhos grandes para serem afixados nas paredes da escola ou carregados pelos alunos no dia de lançamento da campanha. Produzam faixas e fôlderes e reproduzam as cartas argumentativas de vocês em outros cartazes, que podem ser afixados nas paredes da escola. A carta aberta pode ser lida em voz alta no momento de lançar a campanha a toda a comunidade escolar.

Vocês ainda podem reproduzir, também em cartazes, trechos da Declaração *Universal dos Direitos Humanos*, do Estatuto da *Juventude*, do Acordo de Paris e outros documentos que considerarem importantes.

Marquem um dia para o lançamento da campanha. Divulguem a data em convites e no *blog* da turma.

3. Ato de lançamento da campanha de conscientização "Direitos humanos e juventude"

Escolham um dia para lançar a campanha. Geralmente, as campanhas de conscientização têm um período de vigência, em que diferentes ações acontecem. Nesse primeiro dia, promovam um **ato** na escola. Um dos alunos deve explicar ao público presente os objetivos da campanha. Distribuam folhetos, conversem com os outros alunos, professores e funcionários e mostrem como eles também podem participar da campanha.

4. Debatendo com a comunidade escolar

Planejem ações ao longo da semana. Uma das atividades pode ser a organização de debates regrados com outras turmas sobre os direitos humanos e o papel do jovem no mundo atual.

Outra opção é promover um debate sobre a possibilidade de criação de um grêmio estudantil na escola (caso ainda não haja) e sobre a participação política dos jovens da escola no bairro, na cidade ou mesmo no país e no mundo.

Aproveitem para finalizar a produção do abaixo-assinado da turma: busquem assinaturas e enviem-no às autoridades responsáveis.

Ricardo Borges/Folhapress

Sharomka/Shutterstock

Kmpzzz/Shutterstock

3 CAMPO JORNALÍSTICO-MIDIÁTICO

> "Trata-se de ampliar as possibilidades de participação dos jovens nas práticas relativas ao trato com a informação e opinião, as quais estão no centro da esfera jornalística/midiática. Para além de consolidar habilidades envolvidas na escuta, leitura e produção de textos que circulam no campo, o que se pretende é propiciar experiências que mantenham os jovens interessados pelos fatos que acontecem na sua comunidade, na sua cidade e no mundo e que afetam as vidas das pessoas."
>
> (*Base Nacional Comum Curricular.*)

Nos dias atuais, uma infinidade de informações, locais e globais, nos chegam na velocidade de um toque na tela do celular. Também chegam a nós opiniões diversas sobre fatos públicos em textos produzidos por jornalistas profissionais, intelectuais, celebridades, políticos e pessoas comuns. Como participar do campo jornalístico-midiático de maneira crítica, engajada e bem-informada, em tempos de internet e de *fake news*? Qual é a importância de saber sobre os fatos de sua comunidade, de seu bairro e também sobre fatos ocorridos em outros Estados e em outros países? O que é divulgar informações de forma ética e responsável? Como contribuir para o debate público sobre fatos que repercutem na mídia?

FIQUE LIGADO! PESQUISE!

- *The Post – A guerra secreta*, de Steven Spielberg; *Spotlight: segredos revelados*, de Tom McCarthy; *O mercado de notícias*, de Jorge Furtado; *O abutre*, de Dan Gilroy; *Leões e cordeiros*, de Robert Redford; *A caçada*, de Richard Sheperd; *Capote*, de Bennet Miller; *Cidadão Kane*, de Orson Welles; *Nos bastidores da notícia*, de Janes C. Brooks; *O preço de uma verdade*, de Billy Ray; *O povo contra Larry Fynt*, de Milos Forman; *O informante*, de Michael Mann; *Todos os homens do presidente*, de Alan J. Pakula; *A testemunha ocular*, de Howard Franklin; *O jornal*, de Ron Howard; *Íntimo e pessoal*, de Jon Avnet; *Bom dia, Vietnã*, de Barry Levinsun. Sobre o cotidiano de jornalistas correspondentes de guerra: *Red*, de Warren Beatty; *Os gritos do silêncio*, de Roland Joffé.

Reprodução/Casa de Cinema de Porto Alegre

Cartaz do filme *O mercado de notícias*.

- *Pós-verdade – A nova guerra contra os fatos em tempos de fake news*, de Mathew D'Ancona (Faro); *Jornalismo on-line: modos de fazer*, organizado por Carla Rodrigues; *O grande livro do jornalismo*, de Jon E. Lewis (José Olympio); *Ética no jornalismo*, de Rogério Christofoletti (Contexto); *O prazer de ler jornal*, de Walter Galvani (Unisinos); *O destino do jornal*, de Lourival Sant'Anna (Record); *O que é ser jornalista* (Record) e *A arte de fazer um jornal diário* (Contexto), de Ricardo Noblat; *Jornal, história e técnica – As técnicas do jornalismo*, de Juarez Bahia (Ática), *O texto da reportagem impressa – Um curso sobre sua estrutura*, de Oswaldo Coimbra (Ática); *Manual de redação e estilo de O Estado de S. Paulo* (Moderna); *Projeto gráfico – Teoria e prática da diagramação*, de A. C. Collaro (Summus); *Comunicação e culturas do consumo*, de Maria Aparecida Baccega (Atlas); *Consumidor versus propaganda*, de Gino Giacomini Filho (Summus); *A linguagem da propaganda*, de Antonio José Sandmann (Contexto); *Propaganda e marketing para vestibulandos*, de Anderson Rafael (Novas Ideias); *De reclame à comunicação – Pequena história da propaganda no Brasil*, de Ricardo Ramos (Atual); *Linguagem autoritária, televisão e persuasão*, de Maria Tereza Fraga Rocco (Brasiliense); *Os mitos da publicidade*, de Gerard Lagneau e outros (Vozes); *Propaganda*, de André Carvalho (Lê); *Videologias*, de Eugênio Bucci e Cláudio Júlio Tognoli (Scipione); *Manual da falta de estilo*, de Josué Machado (Best Seller); *Manual do telespectador insatisfeito*, de Wagner Bezerra (Summus).

Reprodução/Editora Faro Editorial

- "Admirável chip novo", de Pitty; "Televisão", da banda Titãs; "O primeiro jornal", de Suely Costa e Abel Silva; "Notícia de jornal", de Luís Reis e Haroldo Barbosa; "Página de jornal"; da banda Cidade Negra; "Jornal", de Gilberto Gil; "De frente pro crime", de João Bosco e Aldir Blanc; "Jornal de serviço", de Adriana Calcanhotto.

- https://brasil.elpais.com/
- https://www.estadao.com.br/
- https://www.em.com.br/
- https://www.cartacapital.com.br/
- https://veja.abril.com.br/
- https://istoe.com.br/
- https://www.andi.org.br/
- http://www.grim.ufc.br

Ponto final

Tempo de notícia e opinião

Confira, na p. 104, as atividades a serem realizadas e os textos que serão produzidos ao longo desta unidade, entre eles, notícia, reportagem, fotorreportagem, entrevista, editorial e artigo de opinião, para a organização de um jornal da turma.

CAPÍTULO

8 A notícia

Trabalhando o gênero

Este capítulo favorece o desenvolvimento das habilidades

EM13LGG104
EM13LGG105
EM13LGG201
EM13LGG301
EM3LGG402
EM13LGG703
EM13LP01
EM13LP02
EM13LP07
EM13LP11
EM13LP12
EM13LP13
EM13LP14
EM13LP15
EM13LP16
EM13LP17
EM13LP36
EM13LP37
EM13LP42
EM13LP44

Navio negreiro naufragado no século XVIII é encontrado na África do Sul

A embarcação deixou a África em 1794 com até 500 escravos que trabalhariam nos engenhos do Maranhão, mas afundou após 24 dias de viagem

Por **Da Redação** — 1º jun. 2015 [segunda-feira], 16h52

Pesquisadores encontraram no Cabo da Boa Esperança, região costeira da África do Sul, os vestígios de um navio negreiro português que naufragou com até 500 escravos a bordo. Nesta terça-feira, os membros do Museu de História e Cultura Afro-americanas da fundação Smithsonian, dos Estados Unidos, e do Museu Iziko, da África do Sul, realizarão uma cerimônia para confirmar a descoberta e honrar a memória dos 212 homens que morreram no acidente. Segundo os registros históricos, a embarcação havia partido de Moçambique no dia 3 de dezembro de 1794 rumo ao Estado do Maranhão, onde os negros cativos deveriam ser vendidos para trabalhar nos engenhos de açúcar. O barco, cujo nome era São José Paquete África, naufragou após 24 dias de viagem.

O achado, segundo o jornal *The New York Times*, é fruto de mais de uma década de trabalho de pesquisadores que almejavam encontrar restos de qualquer navio negreiro que pudessem ajudar a contar melhor a história das mais de 12 milhões de pessoas que foram capturadas no continente africano e vendidas como escravas nas colônias europeias. Após anos de pesquisas, a descoberta começou a tomar forma em 2011, quando foram encontrados arquivos em que o capitão português Manuel João detalhava o que havia acontecido com a embarcação. O documento mostra que o navio tentou se aproximar da costa sul-africana para fugir de fortes ventos em alto-mar, mas se chocou contra pedras e ficou preso entre dois corais. A tripulação, ciente de como escravos eram valiosos na época, tentou salvá-los, mas somente a metade foi retirada com vida do navio.

Iziko Museums-Smithsonian/AP Photo/Glow Images

akg-images/Album/Fotoarena

Barras de ferro encontradas no naufrágio de navio negreiro.

(Disponível em: https://veja.abril.com.br/mundo/navio-negreiro-naufragado-no-seculo-xviii-e-encontrado-na-africa-do-sul/. Acesso em: 11/3/2020.)

Construindo seu itinerário formativo

Gêneros e recursos linguísticos do campo jornalístico-midiático

Nesta unidade deste livro, você está iniciando o estudo dos seguintes gêneros do campo jornalístico-midiático:

- Notícia
- Artigo de opinião
- Reportagem e fotorreportagem
- Entrevista
- Editorial
- Anúncio publicitário

Além desses gêneros, há outros que circulam no campo jornalístico-midiático. Convidamos você a vivenciar novas experiências e ampliar seu repertório, neste minicurso disponível no Plurall, conhecendo outros gêneros:

- Crônica argumentativa
- Recursos linguísticos recorrentes nos gêneros do campo jornalístico-midiático

1. A notícia, assim como a entrevista, a reportagem e o editorial, é um gênero jornalístico.

a) Qual é o objetivo de uma notícia?

b) A que tipo de público uma notícia se dirige?

2. Entre os gêneros jornalísticos, há os que priorizam a informação e os que priorizam o comentário. Os textos que priorizam a informação se ocupam de divulgar um fato novo, um acontecimento; os textos que priorizam o comentário se ocupam de expressar uma opinião, um julgamento.

a) De que a notícia se ocupa: de informação ou de comentário?

b) A notícia em estudo confirma sua resposta à questão anterior?

3. Uma notícia geralmente compõe-se de duas partes: *lead* (lê-se "lide") e corpo. O *lead* consiste normalmente no primeiro parágrafo da notícia e é a parte que apresenta um resumo feito em poucas linhas, no qual são fornecidas respostas às questões fundamentais do jornalismo: **o quê** (fatos), **quem** (personagens/pessoas), **quando** (tempo), **onde** (lugar), **como** e **por quê**. Na notícia em estudo, identifique no primeiro parágrafo:

a) o fato principal;

b) as pessoas ou instituições envolvidas;

c) quando;

d) onde;

e) por que o fato aconteceu.

4. O corpo da notícia é a parte que apresenta o detalhamento do *lead*, fornecendo ao leitor novas informações em ordem cronológica ou de importância. Na notícia em estudo:

a) Que parágrafo constitui o corpo da notícia?

b) Que detalhes o corpo da notícia apresenta em relação a:

- tempo e finalidade da pesquisa?
- documentos de apoio?

5. Para ampliar o enfoque sobre o fato relatado, os jornalistas costumam entrevistar pessoas ou reproduzir informações de outras fontes. Na notícia em estudo:

a) Qual é a fonte utilizada pelo jornalista para dar a notícia?

b) O texto cita a informação de sua fonte de forma direta ou indireta? Com qual recurso de linguagem?

c) Qual é o papel do discurso citado nas notícias e nos textos jornalísticos em geral?

6. Observe a linguagem empregada no texto.

a) Que características ela apresenta? Escreva em seu caderno o item que a caracteriza melhor.

- impessoal, clara, objetiva, acessível ao leitor
- pessoal, indireta, emprega palavras de uso não corrente na língua
- coloquial e com o uso de gírias

b) Em que variedade linguística ela está?

c) Nas formas verbais, que tempo predomina?

7. Observe o título e o subtítulo da notícia em estudo.

a) Eles anunciam o assunto que será desenvolvido?

b) Qual é o enfoque dado, respectivamente, pelo título e pelo subtítulo na notícia em estudo?

c) Eles são objetivos ou subjetivos?

d) As palavras empregadas são fáceis de serem compreendidas pela maioria dos leitores?

e) Em que tempo e modo encontram-se os verbos empregados no título e no subtítulo?

8. Reúna-se com os colegas de grupo e, juntos, concluam: Quais são as características básicas da notícia? Respondam, considerando os seguintes critérios: finalidade do gênero, perfil dos interlocutores, suporte ou veículo, tema, estrutura, linguagem.

A linguagem jornalística: o mínimo de palavras e o máximo de informação

A linguagem jornalística adota a norma-padrão da língua, sem, contudo, perder de vista o universo vocabular do leitor. Exige o emprego do mínimo de palavras e do máximo de informação, correção, clareza e exatidão.

Para uma boa redação de textos jornalísticos:

- construa períodos curtos, evitando frases intercaladas ou ordem inversa desnecessária;
- adote como norma a ordem direta, elaborando frases cuja estrutura seja sujeito, verbo e complemento;
- empregue o vocabulário usual. Adote esta regra prática: nunca escreva o que você não diria. Termos técnicos ou difíceis devem ser evitados; se tiver que escrevê-los, coloque seu significado entre parênteses. Os termos coloquiais ou as gírias devem ser usados com parcimônia, apenas em casos especiais;
- nunca use duas palavras se puder usar uma só;
- evite os superlativos e os adjetivos desnecessários;
- empregue verbos de ação e prefira a voz ativa, que dinamizam mais a frase e estimulam o leitor.

(Adaptado de: Eduardo Martins. *Manual de redação e estilo de O Estado de S. Paulo*. São Paulo: Moderna, 1997.)

Estudar a notícia em tempo de *fake news*

Você certamente já ouviu falar em *fake news*, termo que, traduzido literalmente para o português, teria como equivalente a expressão *notícias falsas*. Embora receba esse nome, uma *fake news* não tem necessariamente o formato do gênero notícia, tal como você está estudando neste capítulo. Pelo contrário, geralmente notícias falsas têm tom alarmista e pouco objetivo, apesar de tentarem utilizar algumas características do texto da grande imprensa para conseguir alguma credibilidade. Pode ser, por exemplo, que algumas delas contenham nomes ou supostas falas de especialistas no assunto, ou ainda números de dados de pesquisas (ainda que sem menção a uma fonte exata), entre outros. Fique atento! Além do tom alarmista e das fontes imprecisas, é típico das *fake news* apresentar informações desencontradas, desvios de regras da norma-padrão em geral seguidas pela grande imprensa (como correção ortográfica ou concordância padrão), nomes de especialistas escritos de forma errada, menção a funções profissionais equivocadas, entre diversas outras características que indicam falta de correção, revisão e cuidado por parte de quem produziu o texto. As *fake news* são um fenômeno do mundo atual, têm um alto índice de circulação, pois são rapidamente replicadas em série pelos usuários das redes sociais, especialmente quando relacionadas a temas que despertam muita paixão e polêmica entre a população. Assim, por mais que nos identifiquemos com uma suposta notícia recebida pelas redes sociais, é extremamente importante verificar, em fontes confiáveis, a veracidade das informações antes de repassar esse tipo de conteúdo.

Produzindo a notícia

No final da unidade, você vai montar com os colegas um escolar. Para compor esse jornal, vocês vão produzir algumas notícias neste capítulo. Escolha ao menos uma das seguintes propostas para produzir sua notícia.

1. Escreva uma notícia sobre um fato ocorrido recentemente no Brasil ou no mundo. Ela pode se referir a um fato relacionado à política nacional ou internacional, à economia, ao meio ambiente, à saúde, à educação, aos esportes, às artes em geral, aos jovens, à violência urbana, etc.
2. Escreva uma notícia sobre um fato ocorrido recentemente em seu bairro ou em sua escola. Um fato referente ao bairro pode ser, por exemplo, uma campanha de entidade filantrópica, um movimento cultural, um passeio ciclístico, um evento promovido por uma sociedade de amigos de bairro, a inauguração de um centro esportivo ou cultural, a abertura de um estabelecimento comercial, uma festa de rua, etc. Um fato referente à escola pode ser uma formatura de alunos, uma campanha, uma feira de livros, uma mostra de cinema, uma feira científica, uma apresentação teatral, uma comemoração cívica, um campeonato esportivo, a aquisição de jornais, revistas ou livros para a biblioteca, uma festa beneficente, uma excursão, etc.

©Open Road Films/Courtesy Everett Collection/Fotoarena

Cena do filme *Spotlight — Segredos revelados*, que aborda o jornalismo.

Loucos por notícias e jornais

Para aqueles que são aficionados dos gêneros jornalísticos ou pretendem adotar o jornalismo por profissão, sugerimos a leitura de: *A arte de fazer um jornal diário*, de Ricardo Noblat (Contexto); *Jornal, história e técnica — História da imprensa brasileira* e *Jornal, história e técnica — As técnicas do jornalismo*, de Juarez Bahia (Ática); *O texto da reportagem impressa — um curso sobre sua estrutura*, de Oswaldo Coimbra (Ática). Leia também os poemas "Poema tirado de uma notícia de jornal", de Manuel Bandeira, e "Jornal, longe", de Cecília Meireles. E ouça a canção "Notícia de jornal", de Luís Reis e Haroldo Barbosa, cantada por Chico Buarque (CD *Chico Buarque & Maria Bethânia ao vivo*).

Planejamento do texto

- Leia jornais e revistas; depois, converse com seus pais, professores, colegas e vizinhos sobre o assunto escolhido, procurando obter o maior número possível de informações.
- Escreva com simplicidade, na ordem direta (sujeito, verbo e complemento); sempre que possível, empregue uma palavra em vez de duas ou mais; use frases curtas, com duas ou três linhas no máximo, e parágrafos com poucas frases; empregue um vocabulário acessível; evite palavras difíceis, termos coloquiais, gírias, superlativos e adjetivos desnecessários; procure responder às perguntas que um leitor faria: "o quê?, quem?, quando?, onde?, como?, por quê?".
- Pense no perfil dos leitores — outros alunos, professores e funcionários da escola — e empregue uma linguagem adequada ao gênero e a esse público.
- Comece seu texto pela informação que considerar a mais interessante ou esclarecedora para o leitor; use no relato verbos em 3ª pessoa; limite-se a informar, não dando sua opinião sobre o fato, e empregue a norma-padrão da língua. Dê a sua notícia um título curto e sugestivo e que sirva para anunciar ao leitor o assunto que será desenvolvido.

Revisão e reescrita

Antes de fazer a versão final da notícia que você escreveu, releia-a, observando:

- se ela apresenta título, *lead* e corpo;
- se o *lead* menciona a maior parte das informações essenciais relacionadas ao fato ocorrido: *o quê*, *quem*, *quando*, *onde*, *como* e *por quê*;
- se o corpo contém o detalhamento do *lead*;
- se a linguagem empregada é impessoal e segue a norma-padrão.

Faça as alterações necessárias e passe o texto a limpo.

A notícia em várias mídias: notícias em áudio e audiovisuais

O jornal impresso foi o primeiro suporte de notícias, surgido no século XIX. Hoje, os gêneros jornalísticos são produzidos para diferentes mídias: jornal impresso, portal de notícias na internet, jornal radiofônico, jornal televisivo. Com a internet, os textos da esfera jornalística transitam em diferentes suportes: uma mesma notícia publicada no jornal impresso também aparece no *site* do jornal ou em seu aplicativo; uma notícia produzida para ir ao ar em uma estação de rádio vai para a internet em formato de *podcast*; uma notícia que vai ao ar no jornal televisivo depois é postada nas redes sociais da emissora ou em seu *site* oficial.

Assim, as notícias são lidas, ouvidas e vistas na palma da mão, em *tablets* e *smartphones*. Além de acelerar a divulgação de acontecimentos do mundo todo em diferentes formatos, as novas tecnologias também disseminam mais facilmente os boatos ou as *fake news*, o que torna o jornalismo profissional de qualidade cada vez mais relevante em nossa sociedade.

Em grupos, analisem uma notícia de jornal televisivo e uma notícia de jornal radiofônico. Você pode acessá-las pela TV, rádio ou pelos *sites* de emissoras de televisão e de estações de rádio para revê-las ou escutá-las novamente.

Roteiro de estudo de notícia em jornal televisivo

- Qual é o título da notícia? Quem anuncia o título?
- Qual é o principal fato noticiado?
- Informações que costumam constar no *lead* são ditas no início da notícia?
- Quais são as imagens que constituem a notícia?

— Cenas em que o repórter aparece, falando parte do texto?

— Cenas de locais, pessoas, objetos relacionados ao assunto da notícia, acompanhadas de narração do repórter?

— Cenas de pessoas entrevistadas, com trechos do que disseram?

DW labs Incorporated/Shutterstock

— Há imagens de gráficos, tabelas e outros recursos imagéticos e gráficos? Que tipo de informação esses recursos veiculam?

— Caracterize a imagem dos jornalistas no que se refere a: postura corporal, movimentos e gestualidade, expressão facial.

— Detalhe quais são as imagens que compõem a notícia audiovisual, quem são os entrevistados e sua relação com o fato noticiado.

- Examine o texto oral da notícia:

— Caracterize a fala do repórter e do âncora no que diz respeito a: altura, intensidade e ritmo da voz; mudanças no tom de voz; respiração; entonação.

— O texto parece espontâneo ou soa como um texto planejado?

— O texto da notícia é iniciado com *lead* e depois o fato é detalhado, exemplificado e ampliado?

— A linguagem utilizada segue a norma-padrão?

— A linguagem é semelhante à da notícia escrita, ou seja, com características como: concisão, objetividade, impessoalidade? Se não, em que diferem?

Roteiro de estudo de notícia em jornal radiofônico

- Qual é o título da notícia? Quem anuncia o título?
- Qual é o principal fato noticiado?
- Informações que costumam constar no *lead* são ditas no início da notícia?
- O jornalista que narra a notícia entrevista outras pessoas? Se sim, quem? Qual é a relação dos entrevistados com o fato noticiado?
- Examine o texto oral da notícia:

— O texto parece espontâneo ou soa como um texto planejado?

— O texto da notícia é iniciado com *lead* e depois o fato é detalhado e ampliado?

— A linguagem utilizada segue a norma-padrão?

— A linguagem é semelhante à da notícia escrita, ou seja, com características como: concisão, objetividade, impessoalidade? Se não, em que diferem?

— Caracterize a fala do repórter e do âncora quanto a: altura, intensidade e ritmo da voz; mudanças no tom de voz; respiração; entonação.

Produzindo a notícia em *podcast* e em vídeo

Transformem as notícias produzidas por vocês em notícias em formato de áudio — um *podcast* — e em formato audiovisual. Para isso, a notícia escrita não deve ser simplesmente lida, e sim adaptada ao novo formato.

Michael Dechev/Shutterstock

Organizem um roteiro para os diferentes formatos. No caso da notícia em vídeo, ao elaborar o roteiro, considerem as seguintes questões e orientações:

- Haverá âncora?
- Quais partes do texto serão ditas pelo âncora?
- Onde serão gravadas as cenas? Sempre relacionem os ambientes ao fato noticiado.
- Quem será entrevistado? Quais perguntas serão feitas?
- Qual será a ordem das cenas? A cada cena, qual trecho do texto será gravado em áudio?
- Haverá o uso de outros recursos gráficos, como esquemas, gráficos, infográficos, fotografias, mapas?
- Revisem os textos para que estejam de acordo com as características básicas da notícia.
- Planejem também a entonação e o ritmo da fala.
- Planejem o posicionamento dos alunos que aparecerão nas cenas e sua gesticulação.
- Gravem as cenas; confiram se o áudio está com qualidade suficiente para ser bem ouvido pelos espectadores.
- Façam a edição das cenas, dos recursos gráficos e dos áudios, ordenando-os conforme o roteiro.
- Planejem também o figurino dos alunos que atuarão como âncoras e repórteres.

No caso da notícia em áudio, sigam as mesmas orientações, com exceção dos pontos sobre cenas, gestos, figurinos e recursos gráficos.

CAPÍTULO 9

A entrevista

Trabalhando o gênero

Leia esta entrevista feita com o cantor e compositor Martinho da Vila:

Este capítulo favorece o desenvolvimento das habilidades

EM13LGG104

EM13LGG105

EM13LGG201

EM13LGG301

EM13LGG701

EM13LGG703

EM13LP01

EM13LP12

EM13LP13

EM13LP14

EM13LP15

EM13LP16

EM13LP17

EM13LP44

Samba da lusofonia

Martinho da Vila fala da paixão pelos países **lusófonos** e da carreira de escritor

Por **Guilherme Bryan**

Marcello Dias/Futura Press

Martinho da Vila é autor vulcânico. Seus 11 livros, de infanto-juvenis a romances, são para ele tão vitais quanto os 48 discos lançados desde os anos 60. Garante que costuma criar um álbum de canções como se escrevesse um livro e recomenda que todo mundo tire um dia da semana para ouvir as faixas de um bom CD só para ler as letras.

Martinho da Vila é compositor da **lusofonia**. Fez um disco, Rosa do Povo, só com os poemas do livro homônimo de Carlos Drummond de Andrade. E transita por países africanos de fala portuguesa a pesquisar raízes e falares com que alimenta sua obra. Tem em Vila Isabel sua sede. O bairro carioca deve a Noel Rosa a fama **cosmopolita** de seu samba. [...]

Martinho José Ferreira nasceu na cidade fluminense de Duas Barras, em 12 de fevereiro de 1938. Foi para a capital aos 4 anos. Chamou a atenção do público em 1967, no III Festival da Record, com "Menina Moça". Mas o primeiro sucesso veio no ano seguinte, com "Casa de Bamba". Ele é bamba. Sua relação com a escola de samba Unidos de Vila Isabel é de 1965. Criou o samba-enredo "Kizomba: a Festa da Raça", de 1988, para os cem anos da Lei Áurea. Dez anos depois, retomaria o tema no romance autobiográfico *Kizombas, Andanças e Festanças*. Nesta entrevista, Martinho comenta a relação do samba com a língua portuguesa, seu carinho pela lusofonia e seu processo criativo de carpintaria literária.

Qual a importância de ter a obra revisitada por artistas tão variados?

Para um compositor, é uma honraria muito grande e gostei mais do projeto, sinceramente, porque é muito importante para o samba e não só para mim. Em quase todos os projetos do gênero, em geral se faz algo muito transado, mas o samba sempre fica para o final. O samba nunca teve um produto como esse, tão bem-feito, tão bem-armado.

O samba carioca tem uma maneira própria de lidar com o uso das palavras?

A letra do samba é como poesia. Naturalmente, está bem ligada às palavras. O compositor que é bem-cuidado prima pela língua. Enriquece a língua, porque, quando vai compor, fica buscando palavras para não ficar repetitivo. Fazer letra é mais difícil do que a música, inclusive. Volta e meia, o poeta, o compositor redescobre uma palavra e até cria palavras. Esse é o caso de "requenguela" e "kizomba", que estão na minha obra. Não existiam no dicionário brasileiro.

Como compõe? Primeiro cria a melodia?

Parto principalmente do tema para criar uma música. Preciso ter uma motivação do que vou falar. Então, descubro um assunto. Se já foi muito comentado, busco outra maneira de tratar dele. Ou me concentro numa frase e começo a desenvolver, criando a letra. Depois faço a música. Outras vezes, ocorre uma célula musical na cabeça, começo a repeti-la, desenvolvê-la e crio a música. Depois penso numa temática para criar a letra. Com os parceiros, com alguns fiz melodia, com outros, a letra. [...]

cosmopolita: cidadão do mundo, internacional.
lusofonia: o conjunto de povos e países de língua portuguesa.
lusófono: pessoa que fala português.

Há liberdade maior no manejo da língua ao se escrever letra de música do que um livro?

Nas canções é mais complicado, porque temos de resumir uma ideia e um tema. Para fazer um samba-enredo, há um tema e é preciso resumir aquilo em poucas linhas. Ele não pode ser demasiadamente grande. A música tem um limite já determinado. Não há uma canção de duas folhas, de 30 linhas (risos). Na literatura, há mais liberdade. O livro não tem um limite. Pode escrever um pouco, voltar, reescrever, trocar. É muito mais trabalhoso. Mas há responsabilidade maior com a literatura. Na música, embora o compositor tenha um compromisso com a língua, com a ideia, com a verdade e a cultura — há muita responsabilidade —, ela é vista como algo de artista, para ser cantada. Às vezes, a pessoa não gosta muito da letra, mas da melodia. O livro não. O compromisso do escritor é muito grande, porque é algo que fica para sempre e que será consultado e reeditado. É complicada a literatura. É dolorido escrever (risos).

É dolorido fazer música?

A música é chata, dolorida, porque começo a fazer uma melodia e fico com ela o dia inteiro na cabeça. Às vezes, dou entrevista, e aquela música ali, na minha cabeça (risos). É algo terrível.

Ao cantar, você se preocupa com a dicção?

Isso é muito importante. Antigamente, não articulava muito bem. Eu me preocupava mais com o som apenas. Hoje, como me sinto mais cantor, procuro articular melhor as palavras, para ficar bem inteligível e claro. Mas a gente também tem de usar a articulação de maneira que não fique pedante. Às vezes, é muito melhor o "pra" do que o "para" (risos).

Devagar, devagarinho é o seu tratado de dicção?

Nela, a palavra certa não é "devagarinho", mas "devagarzinho". Só que "devagar, devagarzinho" não soa bem no meu ouvido. "Devagarinho" é muito mais tranquilo. Às vezes, a gente prefere não usar a palavra exatamente como ela é escrita ou deveria ser pronunciada, por causa do resultado. Nós temos uma liberdade poética. É algo permitido. E também, com o uso, a palavra vai sendo aceita de duas maneiras, tanto "devagarzinho", quanto "devagarinho", assim como "butiquim". "Botequim" é complicado (risos). "Fui ao botequim" na música não fica bonito.

[...]

Você encara um disco como se fosse um livro?

A maioria das pessoas só escuta música que toca no rádio ou é divulgada, mas há muita gente que pega um disco, bota para ouvir, pega as letras e aí entende que é como se estivesse lendo um livro. Todo mundo devia tirar um dia ou uma hora pelo menos por semana para ouvir música. Pegar um disco, começar a ouvir e ler as letras todas. É um hábito muito bom, mas quase ninguém tem.

Você fez um disco para Noel. Vê semelhanças entre a sua obra e a dele?

Noel Rosa é importante para o samba, até na postura. Tudo o que ele fez é tão forte que ninguém supera. O samba deve muito a ele, mas nunca fui muito um pesquisador do Noel, não. Como todo mundo em Vila Isabel é Noel Rosa fanático (risos), quando cheguei lá tratei de entender um pouco mais dele e ver sua grandeza. Sempre há coisas que nos identificam, mas ele viveu numa época diferente demais.

Morreu num ano e eu nasci no outro. Para Vila Isabel, a importância dele é ter divulgado o bairro. Para mim, é mais a escola de samba Unidos de Vila Isabel, que, no tempo dele, não existia. Se existisse, ele seria um grande compositor de samba-enredo.

Agatha Gameiro/Futura Press

Por que musicou poemas de Drummond?

Num ano, a Unidos de Vila Isabel escolheu como tema-enredo não a vida do Carlos Drummond de Andrade, mas uma poesia dele, "Sonho de um Sonho". É difícil fazer enredo e samba por uma poesia, mas consegui. O Drummond achou muito interessante e falou comigo. Como essa poesia está no livro *Rosa do Povo*, eu o li inteiro, fiquei encantado e resolvi fazer um disco com esse título. No meu samba-enredo, traduzi o poema; no disco, o livro. A música "João e José" eu fiz com João Nogueira. É um dos meus discos mais interessantes. Há quem diga que é o melhor (risos).

Sua relação com o folclore é forte. Por quê?

Fiz um disco todo baseado no folclore, *O Canto das Lavadeiras*, de 1989. A literatura brasileira, de maneira geral, está envolvida pelo folclore. Há músicos eruditos que abominam o popular e o folclore. Estão errados, porque tudo vem daí.

Você é autor do livro Os Lusófonos. O que o atrai nos países de língua portuguesa?

Portugal é minha outra pátria. Lá eu sou como aqui. As pessoas me tratam como aqui e há uma identificação muito grande. Já fui muitas vezes a Portugal. Em todos os anos, eu vou uma ou duas vezes. Gosto muito da música portuguesa. Já gravei fados à minha moda e eles gostam muito. A minha música é muito difundida por lá. Às vezes, há uma identificação com um país e o porquê a gente não sabe muito bem. Mas é um país lindo de que gosto muito. Todo brasileiro que puder fazer uma viagem internacional tem de ser a Portugal.

Interessa a você o modo como nossa língua é falada em outros países?

Cada um deve falar o português à sua maneira, mas creio que o jeito brasileiro acabará predominando, porque somos um país grande e com muito mais gente. Vamos acabar dominando ou influenciando na maneira de falar dos países africanos de língua portuguesa.

(*Língua Portuguesa*, ano 8, n. 93.)

Noel Rosa, também conhecido como "o poeta da Vila", foi a grande expressão musical da Vila Isabel, antes de Martinho da Vila.

1. As entrevistas publicadas em jornais e revistas apresentam diferentes objetivos, dependendo do tipo de informação que veiculam e do público que pretendem atingir. A entrevista em estudo foi publicada na revista *Língua Portuguesa*. Com que tipo de pessoa e com que finalidade a entrevista foi feita? Responda em seu caderno.

a) Foi entrevistada uma autoridade (reitor, delegado, general, ministro, etc.) conhecida do público da revista, com o fim de obter sua opinião sobre um fato em destaque no momento.

b) Foi entrevistado um especialista (pesquisador, professor, médico, psicólogo, etc.) em certo assunto, com o objetivo de explicar um fato de interesse científico, suscetível de descrição ou explicação. O especialista é desconhecido do público em geral e, por esse motivo, antes da entrevista propriamente dita há um texto introdutório que o apresenta.

c) Foi entrevistada uma pessoa pública (político, ator ou atriz, músico, cineasta, figura de destaque na sociedade e na mídia, etc.), com o objetivo de apresentar suas ideias, promovê-la (ou ao grupo ou entidade que ela representa) ou levar o público da revista a conhecê-la melhor.

2. Em toda entrevista, uma (ou mais de uma) pessoa faz perguntas, e outra (ou outras) responde. Na entrevista em estudo, quem é o entrevistado?

3. Embora conste nas entrevistas (no início ou no fim) o nome de quem fez as perguntas, raramente ele é usado no corpo do texto. Algumas publicações usam o próprio nome antes das perguntas, em vez do nome do entrevistador. Outras diferenciam perguntas e respostas por meio de recursos gráficos (como negrito ou itálico), sem identificar explicitamente os participantes. Na entrevista que você leu:

a) Em que parte aparece o nome do jornalista que a realizou, isto é, o crédito do entrevistador? Qual é o nome dele?

b) Como são diferenciadas as falas do entrevistador e do entrevistado?

c) Levante hipóteses: Qual seria a razão da não identificação de entrevistador e entrevistado?

4. Observe o título da entrevista. Considerando que a revista *Língua Portuguesa* é dirigida principalmente a um público com acesso a produtos culturais, mais especificamente com interesse no estudo de nosso idioma, responda:

a) A escolha do título está relacionada ao perfil do público-alvo?

b) O que, à primeira vista, o título sugere?

c) Qual é, de fato, o assunto da entrevista?

5. Antes da entrevista propriamente dita, abaixo do subtítulo, há um texto que a introduz. Qual é a finalidade desse texto introdutório?

6. Observe o modo como o entrevistador faz as perguntas a Martinho da Vila.

a) Há, nas perguntas, indícios de que o entrevistador as preparou previamente? Por quê?

b) Considerando-se que o público leitor da revista é formado por pessoas interessadas em cultura e em língua portuguesa, o modo como o entrevistador conduziu as perguntas foi apropriado?

7. Observe as respostas do entrevistado.

a) Elas revelam segurança em relação ao assunto?

b) As respostas dele são direcionadas exclusivamente a um público especializado no assunto tratado? Justifique sua resposta.

8. Em uma entrevista, quem controla a interação entre os participantes é o entrevistador, uma vez que cabe a ele fazer as perguntas. O entrevistado, porém, pode enfatizar um aspecto da pergunta e ignorar outros ou dar à resposta um rumo que lhe seja mais conveniente. Identifique, na entrevista lida, trechos em que se verificam iniciativas como essas.

9. Observe a linguagem empregada pelo entrevistador e pelo entrevistado.

a) Que variedade linguística foi empregada por eles?

b) Que forma de tratamento foi usada pelo entrevistador para dirigir-se ao entrevistado?

c) Essa forma de tratamento proporciona maior ou menor formalidade à interação entre entrevistador e entrevistado?

10. Quando falamos, é comum suspendermos o pensamento, deixando frases incompletas, assim como empregarmos gestos no lugar de frases, rirmos de alguma ideia engraçada, usarmos expressões que retomam ideias anteriores, como *então*, *aí* ou *como eu dizia*, etc., ou expressões como *né*, *hum*, *pois é*, etc.

a) Na entrevista lida, há alguma marca de oralidade desse tipo?

b) Deduza: Por que isso acontece?

11. Reúna-se com os colegas de grupo e, juntos, concluam: Quais são as características básicas da entrevista? Respondam, considerando os critérios a seguir: finalidade do gênero, perfil dos interlocutores, suporte ou veículo, tema, estrutura, linguagem.

Produzindo a entrevista

No capítulo **Ponto final** desta unidade, você vai montar com os colegas um jornal. Para compor o jornal, você vai produzir também entrevistas. Reúna-se com os colegas de grupo para, juntos, produzirem uma entrevista. A pessoa a ser entrevistada pode ser um profissional de uma área pela qual alguns de vocês têm interesse, uma pessoa conhecida na cidade, um diretor de uma ONG, um empresário, um comerciante, um escritor, um professor, um jornalista, um atleta, um ex-aluno da escola, um colecionador de selos ou de revistas em quadrinhos, um músico, um ator, um *youtuber*, etc. Como o jornal a ser produzido será destinado à comunidade escolar, selecionem um entrevistado com um papel social que possa ser do interesse do público-alvo. Da mesma forma, procurem fazer um recorte temático para a entrevista, selecionando um tópico também relevante para o público.

O que é um "papel social"?

Papel social é como um personagem que encarnamos ao atuarmos em diferentes contextos sociais em nosso dia a dia. O diretor da escola, por exemplo, exerce esse papel na escola. Em casa, pode exercer o papel social de marido, filho, pai, dono de casa. No estádio de futebol, é o torcedor. Na cidade, é cidadão; no trânsito, motorista, pedestre ou usuário do transporte público.

Planejamento do texto

Preparando e realizando a entrevista

- Procurem conhecer a pessoa que será entrevistada e o assunto que será o foco da entrevista. Assim, se a pessoa for, por exemplo, um profissional de uma área pela qual o grupo tem interesse, procurem informações sobre ele, onde trabalha, há quanto tempo, se participa de alguma entidade filantrópica, etc.
- Considerando esse suporte, pensem no perfil dos leitores — lembrando que podem ser jovens como vocês e adultos — e empreguem uma linguagem adequada ao gênero e a esse público.
- Façam um roteiro de perguntas. Se o escolhido para ser entrevistado for um profissional, vocês podem perguntar, por exemplo, que pessoas ou fatos tiveram influência na sua escolha profissional; qual foi o processo de escolha da profissão; que fator teve mais influência na escolha: o lado econômico ou a realização profissional; qual

a importância de ser ou não realizado profissionalmente; quais os prós e os contras da profissão escolhida; que importância a atualização constante tem na formação profissional; que conselhos daria para um jovem indeciso quanto à escolha profissional, etc.

- Façam perguntas curtas e objetivas. Procurem prever possíveis respostas e preparem novas perguntas considerando essas possíveis respostas.
- Ao entrevistar, não confiem na memória: levem um gravador ou uma câmera de vídeo.
- Apresentem uma pergunta de cada vez e saibam ouvir. Fiquem atentos às respostas, pois vocês podem aproveitar um comentário do entrevistado e improvisar uma pergunta que resulte em uma resposta interessante.

Transcrevendo a entrevista

- Com a gravação em mãos, transcrevam a entrevista, passando-a para o papel.
- Escolham uma frase significativa do entrevistado para servir de título ou criem um título com base no assunto tratado.
- Escrevam uma introdução, apresentando o entrevistado e o assunto da entrevista.
- Coloquem o nome do entrevistador (ou o nome do grupo ou do jornal) antes de cada pergunta e o nome do entrevistado antes das respostas. Ou, para diferenciar as perguntas das respostas, empreguem recursos gráficos.
- Reproduzam o diálogo mantendo a linguagem empregada pelo entrevistado, mas evitando as marcas da linguagem oral.

Revisão e reescrita

Antes de fazer a versão final da entrevista, releiam-na, observando:

- se ela veicula informações suficientes a respeito do assunto abordado;
- se a sequência de perguntas e respostas flui com naturalidade;
- se há título e texto de apresentação;
- se o nome do entrevistador (ou do grupo ou do jornal) e o nome do entrevistado estão colocados, respectivamente, antes das perguntas e das respostas, ou se as falas de um e outro são diferenciadas por meio de recursos gráficos;
- se a linguagem está adequada ao perfil dos leitores e ao gênero.

Façam as alterações necessárias e passem o texto para um suporte e formato adequados à situação de leitura em que ele será lido.

Entrevistas nas diversas mídias

Entrevistas podem ser feitas de diferentes maneiras e divulgadas em vários formatos: algumas entrevistas são realizadas a distância — o entrevistador envia perguntas por *e-mail* e as recebe respondidas pelo entrevistado, publicando-as por escrito; há programas de entrevista na televisão, em que entrevistador e entrevistado estão frente a frente e sua interação é vista e ouvida pelos telespectadores; há programas jornalísticos em que o entrevistado interage por meio de ferramentas de conversa pela internet (como Skype, FaceTime ou GoogleTalk); em aplicativos para *smartphone*, é possível ouvir entrevistas em *podcasts*, realizadas por pessoas que se reúnem para gravá-las ou que as fazem por telefone. Em canais de vídeo na internet, também podemos assistir a entrevistas audiovisuais. Em alguns *sites*, trechos da entrevista transcrita e adaptada são combinados a trechos em vídeo.

Fábio Rocha/Globo

O jornalista Pedro Bial entrevistando a atriz Fernanda Montenegro.

ESB Professional/Shutterstock

Dividam-se em grupos e pesquisem entrevistas em diferentes formatos. Vejam algumas sugestões:

- programa de entrevistas na televisão, do tipo *talkshow*;
- programa de entrevistas em estação de rádio;
- vídeo de canal de entrevistas no YouTube;
- programa de entrevista em *podcast*;
- *sites* em que são combinados trechos transcritos e trechos em vídeo.

Em cada um dos casos, procurem analisar as entrevistas a partir do seguinte roteiro:

1. Quem é o entrevistador? Qual papel social dele é colocado em destaque na entrevista?
2. Quem é o entrevistado? Qual papel social dele é colocado em destaque na entrevista?
3. Qual é o tema ou o motivo da entrevista?
4. Qual é o público-alvo da entrevista?
5. Onde a entrevista foi publicada ou como foi divulgada?
6. Há título e subtítulo? Se sim, qual(quais)?
7. Como a entrevista é iniciada? Há uma apresentação do entrevistado ou do motivo da entrevista?
8. O entrevistador parece seguir um roteiro de perguntas ou parece improvisar no momento de realizar os questionamentos?
9. Que variedade linguística é utilizada? Há marcas de oralidade?
10. A linguagem adotada por entrevistado e entrevistador é mais formal ou mais informal? Dê exemplos de trechos e expressões que comprovem sua resposta.
11. Há o uso de termos técnicos ou expressões especializadas? Qual é a relação desse uso com o papel social do entrevistado?
12. Como a entrevista é encerrada?

Após a análise, apresentem para a turma as características básicas da entrevista no formato escolhido por seu grupo. Vocês poderão escolher alguns desses formatos para realizar e divulgar entrevistas no jornal da turma, a ser produzido no capítulo **Ponto final**.

CAPÍTULO 10

O artigo de opinião

Trabalhando o gênero

No mundo em que vivemos, com frequência temos de nos posicionar sobre certos temas polêmicos que circulam socialmente. Por exemplo: Os médicos têm o direito de interromper o tratamento de um paciente em estado terminal? Os conteúdos dos programas de televisão devem ser submetidos a algum tipo de controle? Os governos têm o direito de invadir a privacidade dos internautas com o pretexto de fazer investigações policiais?

Para responder a essas e a outras questões, são publicados em jornais, revistas e em *sites* **artigos de opinião**, nos quais os autores expressam seu ponto de vista sobre certos temas.

Leia este artigo de opinião:

Este capítulo favorece o desenvolvimento das habilidades

EM13LGG102
EM13LGG202
EM13LGG302
EM13LGG303
EM13LGG701
EM13LGG703
EM13LP01
EM13LP03
EM13LP04
EM13LP05
EM13LP06
EM13LP07
EM13LP12
EM13LP15
EM13LP32
EM13LP43
EM13LP44
EM13LP45

Quantos likes vale a revolta?

Prender-se somente ao que agrada fragiliza e esvazia o discurso

Rawpixel.com/Shutterstock

Nos últimos anos temos nos deparado com um esvaziamento de conceitos transformadores.

Há uma tentativa de tornar superficial para que se retire o potencial revolucionário de lutas importantes. Por exemplo, em vez de se dizer que empoderamento é organização coletiva para transformação social, vemos propagandas vendendo empoderamento ligando-o ao consumo.

Não quero ser aquela pessoa que dita as coisas, nem a chata nostálgica. Entendo que é preciso, para muitos, ganhar dinheiro com as redes. Porém é preciso conhecer o caminho percorrido por aquelas que nos antecederam. Aprender com mulheres que desafiaram seu tempo e construíram um legado e chão batido para que outras pudessem caminhar. Com as redes sociais, muitas pessoas querem falar sobre tudo, sem necessariamente ter compromisso ou base para isso. Daí vemos o movimento feminista ser uma espécie de "lifestyle": ativistas comprando seguidores, temas importantes sendo tratados de forma superficial. Do mesmo modo, não há espaço para o diálogo e a criticidade, mas para frases feitas, concordância absoluta sob o risco de "cancelamento", ofensas e hostilidade.

Com isso, podemos cair num discurso raso que tende somente a agradar, mesmo quando pretendíamos falar sobre assuntos espinhosos. A preocupação com curtidas se torna maior do que o compromisso com a verdade. Em "Erguer a Voz" (ed. Elefante, 376 págs.), a feminista negra Bell Hooks traz um alerta muito importante sobre a necessidade de estabelecer diálogos com o público com o qual se fala — falar com, e não falar para. Ao ouvir as respostas, segundo Hooks, é possível compreender se nossas palavras agem para resistir, transformar e realmente mudar.

"Em uma cultura consumista na qual somos todos levados a acreditar que o valor de nossa voz não é determinado pela sua capacidade de desafiar ou possibilitar uma reflexão crítica, mas pelo nível em que é apreciada (às vezes até por nós), é difícil manter uma mensagem libertadora. É difícil manter um senso de direção, uma estratégia para a fala libertadora, se não desafiamos constantemente esses padrões de valorização", afirma Hooks.

Prender-se somente ao que agrada, para não perder seguidores, fragiliza e esvazia o discurso. Há também aqueles que falam de temas pretensamente transformadores, mas que em nada incomodam o *status quo*. Geralmente, essas pessoas usam muitos pontos de exclamação na frase, falam com muita ênfase pseudorrevoltada, mas o conteúdo em si não desafia; ao contrário, só serve para inflar o ego. É uma espécie de firula, uma revolta enganadora que pode impressionar os desatentos.

[...]

O movimento feminista [...] é um movimento político por libertação. Como afirma Amelinha Teles, ser feminista é assumir uma postura incômoda. Lembro de ter sido agredida verbalmente muitas vezes por apresentar pontos discordantes de uma questão e provocar o dissenso. Já me irritei muito com isso, até internalizar que "é preciso entender que a voz libertadora irá necessariamente confrontar, incomodar, exigir que ouvintes até modifiquem as maneiras de ouvir e de ser".

Só a partir de uma reflexão crítica honesta e profunda sobre a sociedade, a relação entre dominados e subalternizados e as estruturas de opressão, é que podemos avançar para uma prática transformadora. Por mais que precisemos pagar nossas contas, não podemos perder a coerência política.

"É importante para aqueles que permanecem em solidariedade conosco compreender que encontrar uma voz é parte essencial da luta libertadora — um ponto de partida necessário para o oprimido, o explorado —, uma mudança em direção à liberdade. Aquela conversa que nos identifica como descompromissados, sem consciência crítica — que significa uma condição de opressão e exploração —, é absolutamente transformada quando nos engajamos em uma reflexão crítica e quando agimos para enfrentar a dominação. Só estamos preparados para lutar pela liberdade quando essa base está estabelecida."

Djamila Ribeiro

Mestre em filosofia política pela Unifesp e coordenadora da coleção de livros Feminismos Plurais.

(Disponível em: https://www1.folha.uol.com.br/colunas/djamila-ribeiro/2020/03/quantos-likes-vale-a-revolta.shtml. Acesso em: 5/4/2020.)

1. Após o texto do artigo de opinião, há informações a respeito da autora.

a) Qual é a relação entre essas informações e o tema abordado no artigo?

b) Troque ideias com os colegas e o professor: Qual é a relevância de termos informações pessoais e profissionais do autor de um texto de opinião?

Valdir Oliveira/Fotoarena

A filósofa Djamila Ribeiro, autora do texto e também de obras como *Lugar de fala (feminismos plurais)* e *Pequeno manual antirracista*.

2. A autora introduz o tema e seu ponto de vista sobre ele por meio de uma apresentação breve e direta.

a) Qual é o tema do artigo de opinião lido?

b) Qual é o ponto de vista da autora sobre o tema?

3. Para defender seu ponto de vista e iniciar sua argumentação, a autora apresenta um exemplo no segundo parágrafo e, no terceiro parágrafo, refuta um possível contra-argumento ao exemplo dado.

a) Qual é o exemplo?

b) Qual é o contra-argumento que a própria autora levanta a respeito de seu posicionamento?

c) Como a autora refuta esse contra-argumento?

4. A articulista, para desenvolver sua argumentação, se apoia nas ideias de uma obra específica.

a) Qual é a obra e quem é a autora?

b) Qual é a principal tese da obra citada, segundo a articulista?

c) Qual é a importância, para a construção do texto, de citar as ideias dessa autora?

5. Num texto de opinião, o autor geralmente fundamenta seu ponto de vista em verdades e opiniões (leia o boxe "Fato, verdade e opinião"). Identifique no texto:

a) exemplos de fatos que podem ser facilmente comprovados;

b) opiniões da autora.

Fato, verdade e opinião

Nos gêneros argumentativos em geral, o autor sempre tem a intenção de convencer seus interlocutores. Para isso, precisa apresentar bons argumentos: fatos relevantes que estão acontecendo ou já tenham acontecido, exemplos particulares que sejam passíveis de alguma generalização, afirmações que sejam consensualmente consideradas verdades irrefutáveis e opiniões de pessoas que sejam referência no assunto (pesquisadores, estudiosos, cientistas, profissionais da área, etc.).

Consideram-se fatos situações que estão ocorrendo ou sendo noticiadas pela grande imprensa (por exemplo, publicidades de marcas comerciais que utilizam conceitos feministas, ou uma pandemia que leva milhares de pessoas à morte). Verdades irrefutáveis são afirmações universalmente aceitas porque já foram comprovadas ao longo da história (por exemplo: a Terra gira em torno do Sol, a poluição prejudica o meio ambiente e a saúde humana) e dados científicos em geral (como estatísticas, resultados de pesquisas sociais ou de laboratório). Já as opiniões são fundamentadas em impressões pessoais do autor do texto e, por isso, são mais fáceis de contestar.

Os bons textos argumentativos geralmente fazem um uso equilibrado dos três tipos de argumento.

6. Releia estes trechos do texto:

- "Daí vemos o movimento feminista ser uma espécie de "lifestyle": ativistas comprando seguidores, temas importantes sendo tratados de forma superficial."
- "Com isso, podemos cair num discurso raso que tende somente a agradar, mesmo quando pretendíamos falar sobre assuntos espinhosos. A preocupação com curtidas se torna maior do que o compromisso com a verdade."
- "Prender-se somente ao que agrada, para não perder seguidores, fragiliza e esvazia o discurso. Há também aqueles que falam de temas pretensamente transformadores, mas que em nada incomodam o *status quo*."

a) Identifique as estratégias de impessoalização utilizadas pela autora nesses trechos.

b) Que efeito esses recursos têm sobre o texto e sobre o seu propósito de ser convincente?

7. Num texto de opinião, a ideia principal defendida pelo autor precisa ser fundamentada com bons **argumentos**, isto é, com razões ou explicações.

a) Que argumento de causa e consequência a autora usa para convencer o leitor de seu posicionamento a respeito do tratamento de alguns conceitos nas redes sociais?

b) Um dos argumentos contrasta noções de diálogo. Explique as duas noções e a conclusão a que chega a autora com esse argumento.

c) A articulista usa sua experiência pessoal como argumento. Qual é essa experiência?

8. Releia o seguinte trecho:

"Há também aqueles que falam de temas pretensamente transformadores, mas que em nada incomodam o *status quo*. Geralmente, essas pessoas usam muitos pontos de exclamação na frase, falam com muita ênfase pseudorrevoltada, mas o conteúdo em si não desafia; ao contrário, só serve para inflar o ego. É uma espécie de firula, uma revolta enganadora que pode impressionar os desatentos."

a) Quais são os motivos, apontados pela autora, que esvaziam discursos transformadores?

b) Justifique o título do artigo de opinião com base nesse trecho.

9. A conclusão é apresentada nos dois últimos parágrafos do texto.

a) De quem é a voz em cada um dos parágrafos?

b) Qual é o argumento que fecha o penúltimo parágrafo? Qual é a origem desse argumento: fato, verdade ou opinião?

c) Que estratégia a autora utiliza na construção do último parágrafo do texto?

10. Observe a linguagem do texto.

a) Que variedade linguística foi empregada?

b) Considerando-se o tema, o veículo em que o texto foi publicado e o perfil do público leitor, pode-se considerar que a escolha dessa variedade linguística foi adequada? Por quê?

11. Reúna-se com os colegas de grupo e, juntos, concluam: Quais são as características básicas do artigo de opinião? Respondam, considerando os seguintes critérios: finalidade do gênero, perfil dos interlocutores, suporte ou veículo, tema, estrutura, linguagem.

Produzindo o artigo de opinião

E você, o que pensa das discussões via redes sociais na internet? É possível construir diálogos construtivos ou tudo se resume a ganhar ou perder seguidores?

Prepare-se para produzir um artigo de opinião sobre nossos comportamentos em redes sociais. Os artigos serão publicados no jornal que a turma irá produzir no capítulo **Ponto final**. Para isso, leia o painel de textos a seguir e confronte-os quanto às ideias, pois eles servirão de base para você aguçar sua reflexão sobre o tema.

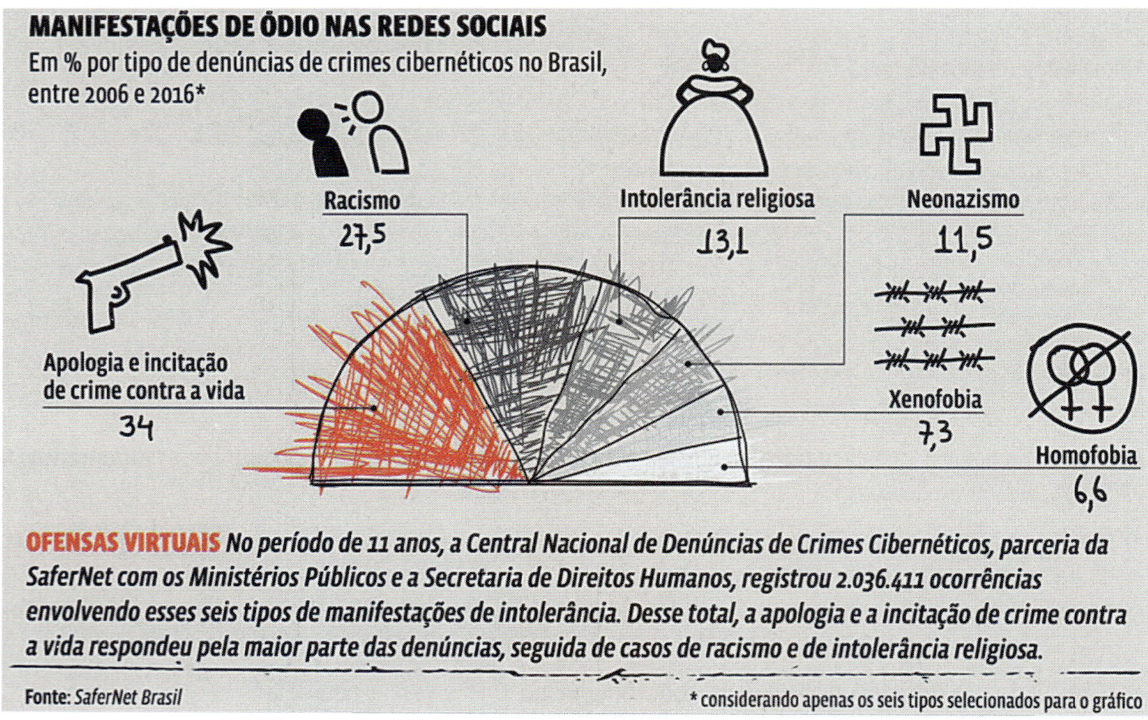

(Disponível em: https://abrilguiadoestudante.files.wordpress.com/2018/06/ge-info-2.png. Acesso em: 5/4/2020.)

Todo mundo está de mal: o que a cultura do cancelamento diz sobre nós

Luiza Pollo — Da agência Eder Content, colaboração para o TAB, em São Paulo
20/09/2019 04h00

[...]

As redes sociais cancelam pessoas a valer. Anitta, Taylor Swift e Nego do Borel já foram alvo da chamada cultura do cancelamento. O termo se refere ao boicote a um artista ou celebridade que tenha dito ou feito algo considerado moralmente errado — ou politicamente incorreto — pelos padrões de determinado grupo.

[...]

É fácil achar um novo cancelado por dia, mesmo que sejam figuras de nicho, como cantores de K-Pop ou youtubers. Depois de um ou dois dias em alta no Twitter, as hashtags costumam perder força e os cancelados seguem suas vidas e carreiras.

magic pictures/Shutterstock

Essa é uma das grandes críticas nas redes à cultura do cancelamento: ela não parece surtir tanto efeito assim. Veja o caso do youtuber PewDiePie: mesmo depois de fazer comentários racistas em seus vídeos e ser "cancelado" (a segunda onda está apenas começando), seu canal no YouTube é o segundo maior do mundo em número de inscritos, mais de 101 milhões.

O mesmo não aconteceu com a banda brasileira Carne Doce, que tem sofrido ataques recorrentes desde o fim de 2018. Tudo começou quando uma mulher revelou ter sido abusada por um integrante do grupo. Em resposta, os membros da banda afirmaram ter expulsado o baterista ainda antes de a denúncia vir a público. Só que o cancelamento à banda não parou aí: em agosto de 2019, a cantora Letrux, que faria uma turnê com o Carne Doce, decidiu atender aos pedidos de boicote por parte do público e cancelou a turnê conjunta.

A especialista em direitos da mulher Loretta Ross não é contra apontar ações e discursos preconceituosos. Ela só acredita que o linchamento virtual (antigamente, público e figurado) não é a melhor maneira de apontar erros alheios. Em um texto de opinião intitulado (em tradução livre) "Eu sou uma feminista negra. Eu acho que a cultura do cancelamento é tóxica", publicado no jornal New York Times, ela argumenta que há maneiras melhores de se fazer justiça social.

[...]

Por que cancelamos

"Em termos de comportamento de grupo, toda vez que a gente aponta alguém e a coloca em situação de evidência, despersonaliza essa pessoa", afirma Fabiane Friedrich Schütz, doutora em psicologia pela Universidade Federal do Rio Grande do Sul [...]. Expor e xingar alguém em massa seria, portanto, um reflexo disso. Esquecemos que aquela figura pública é, no fim das contas, gente como a gente, e temos mais dificuldade de empatizar.

Essa prática vem desde antes da internet, como observa Loretta, mas é ampliada pelas novas formas de participação nas discussões sociais, avalia André Luiz Maranhão de Souza Leão, professor e pesquisador do programa de pós-graduação em Administração da Universidade Federal de Pernambuco e coordenador do grupo de pesquisa Círculo de Estudos de Fãs, Mídia e Entretenimento.

"O ser humano, em toda a sua história, sempre usou pessoas públicas e renomadas como uma referência de comportamento", observa. "Você soma o fato de a vida social ser mais participativa e engajada a um relacionamento diferente com as celebridades. Nas redes sociais elas se colocam de forma mais próxima do público, mais vulnerável", avalia Leão.

[...]

Em defesa do cancelamento

Se por um lado prolifera o movimento contra o cancelamento sob o pretexto de que ele não serve para educar alguém que fez um comentário preconceituoso, há quem defenda que a prática é importante para estabelecer limites publicamente.

"É inevitável que a redenção chegará para o cancelado. Mas, antes disso, a melhor ferramenta continua sendo que a corte da opinião pública exija um pedido de desculpas e use as redes sociais para cobrar responsabilidade, criando um exemplo para as pessoas do entretenimento que realmente se importam com as comunidades que consomem seu conteúdo", escreve a autora Shamira Ibrahim na Vice, no texto "Em defesa da cultura do cancelamento". Em outras palavras, ela acredita que o puxão de orelha em público ajuda a prevenir futuros deslizes de outras celebridades.

Leão, da UFPE, concorda com esse ponto. "Gera uma situação de cuidado com certas opiniões que são emitidas, coisas que falamos às vezes por impulso e no fundo revelam certos princípios e valores que nem sempre vão ao encontro de certos grupos que precisam ser respeitados."

"Por outro lado, me preocupa a tendência do oba-oba. Quando a coisa é feita com base numa reflexão, numa discussão, quando se trata do levantamento de uma agenda importante em termos de representatividade, acho que é relevante. Mas às vezes a pessoa simplesmente falou algo que não agrada e se cria esse cavalo de batalha", avalia o professor. Entre "cancelar o cancelamento" ou manter tudo como está, há espaço para questionar atitudes preconceituosas e gerar debates construtivos.

(Disponível em: https://tab.uol.com.br/noticias/redacao/2019/09/20/todo-mundo-ta-de-mal-o-que-a-cultura-do-cancelamento-diz-sobre-nos.htm. Acesso em: 5/4/2020.)

© Duke/Acervo do cartunista

Charge publicada no *Jornal Folha de S.Paulo*, em 17 de outubro de 2018, em alusão à polarização política mais raivosa presente no país.

(Disponível em: https://domtotal.com/charge/1869/2017/04/a-polarizacao-no-brasil/. Acesso em: 5/4/2020.)

Planejamento do texto

Twin Design/Shutterstock

- Pense no perfil do seu leitor: você vai escrever para jovens como você e para adultos da comunidade escolar, que terão acesso ao jornal da turma. A linguagem deve estar, portanto, adequada ao gênero e ao perfil desse público leitor.
- Selecione um tema relacionado aos textos lidos anteriormente. Veja algumas sugestões:
  — As redes sociais têm aumentado ou diminuído as possibilidades de diálogo?
  — Nas redes sociais, convivemos com a diversidade ou criamos bolhas de opinião?
  — A busca por *likes* e por seguidores é uma maneira de criar vínculos, fornecer informações e gerar renda ou uma redução do diálogo e uma busca inconsequente por lucro?
  — É possível encontrar, em redes sociais, informações confiáveis e perfis que buscam a verdade?
  — O "cancelamento" é uma maneira de chamar as pessoas a suas responsabilidades sobre o que postam ou é uma nova maneira de realizar linchamentos?
- Anote as ideias e os argumentos dos textos lidos que podem ser úteis para fundamentar o ponto de vista que você pretende desenvolver.
- Pense em um enunciado (uma ou mais frases) que possa cumprir o papel de introduzir o texto e, ao mesmo tempo, expressar a ideia principal que pretende defender (a síntese de seu ponto de vista) e anote-o.
- Entre os argumentos que anotou, escolha aqueles que podem fundamentar de modo mais consistente a ideia principal do texto. Prefira qualidade e profundidade à quantidade dos argumentos. Se achar conveniente, acrescente novos argumentos.
- Pense na melhor forma de concluir seu texto: retomando o que foi exposto, confirmando a ideia principal ou fazendo uma citação de algum escritor ou alguém importante na área do tema debatido. Não introduza ideias novas (não discutidas ao longo do texto) no último parágrafo.
- Dê ao texto um título que desperte a curiosidade do leitor.
- Lembre-se de que o artigo de opinião tem uma estrutura convencional e linguagem objetiva, de acordo com a norma-padrão.
- Se digitar o texto, formate-o em colunas. Faça as alterações necessárias e passe seu artigo de opinião para o suporte final.

Revisão e reescrita

Antes de fazer a versão final do seu artigo de opinião, releia-o, observando:

- se seu posicionamento sobre o tema está claro;
- se o texto apresenta uma ideia principal que resume seu ponto de vista;
- se a ideia principal é fundamentada com argumentos claros e consistentes;
- se os argumentos estão bem-desenvolvidos;
- se a conclusão retoma e confirma o ponto de vista defendido;
- se o título dado ao texto é, além de atraente, coerente com as ideias desenvolvidas;
- se o texto como um todo é persuasivo;
- se a linguagem está de acordo com a norma-padrão da língua e com um grau de formalidade adequado ao público-alvo e ao veículo em que será publicado.

CAPÍTULO 11

O editorial

Trabalhando o gênero

Leia este editorial:

A velha mácula das "fake news"

Escrito por **Redação**, 25 de outubro de 2018.

gguy/Shutterstock

O País está às vésperas de encerrar mais uma disputa eleitoral — como todas as demais, importantíssima nas condições de baliza da democracia e de fator da determinação das vontades do povo. Mas essa, em especial, traz a mácula das notícias falsas, ou "fakenews", expressão em inglês já consagrada para designar um preocupante fenômeno da comunicação que se estende para a política.

É válido, primeiramente, lembrar que as *fake news* permeiam a história mundial. Podem ser identificadas desde o Império Romano, passando pela Primeira e pela Segunda Grande Guerra, pela Guerra Fria e pelas turbulências e inovações dos anos 1960 e 1970 na Europa e na América Latina. Estiveram também nos tempos do Brasil Império, do Estado Novo, do regime militar e da redemocratização.

Atualmente, porém, encontraram na tecnologia da Internet e dos telefones móveis espetaculares campos de disseminação. E, nesse cenário, ganharam uma perigosíssima dimensão, capaz de abalar as estruturas da democracia a partir da deformação de fatos ou mesmo da criação de mentiras.

Este capítulo favorece o desenvolvimento das habilidades

EM13LGG101
EM13LGG102
EM13LGG103
EM13LGG104
EM13LGG302
EM13LGG303
EM13LP01
EM13LP02
EM13LP05
EM13LP06
EM13LP07
EM13LP12
EM13LP15
EM13LP35
EM13LP36
EM13LP38
EM13LP39
EM13LP40

Mas que ninguém se engane ou se dê por vencido pela característica endêmica das fake news. Essas permanência e persistência não lhes podem servir como autorização ou, no limite da análise, como simples justificativa para existirem. Afinal, são crimes e como crimes devem ser repudiados, combatidos e exemplarmente punidos. É preciso, à frente de tudo, ter recursos que as previnam.

É necessário destacar que não são exclusivamente os pleiteantes de cargos públicos os atingidos. As instituições públicas também terminam vitimadas — o que também se pode dizer dos interesses do cidadão em dispor de mecanismos eficientes para a distribuição de informações e opiniões bem apuradas e, por isso, confiáveis.

A sociedade civil, a partir de seus mecanismos de organização e de seus instrumentos de funcionamento, finda igualmente fragilizada. Há um "efeito dominó" extremamente negativo que alcança a tudo e a todos.

A Imprensa, ao final, se torna refém, uma vez que restam desconsideradas as mais legítimas ferramentas de apuração de fatos, documentos e declarações, todas aprimoradas ao longo de séculos pela experiência e pelos meios acadêmicos.

Vale, nesse sentido, ter como referência a sequência de ataques que o Poder Judiciário e os magistrados têm sofrido, golpes que vêm acusando repetidamente. Não são apenas análises ou repercussões que extrapolariam as fronteiras, mas ameaças covardes e notícias falsas que, grosso modo, visam a sustentar a argumentação **deletéria**.

A hostilidade tenta pôr em xeque até mesmo a eficiência do sistema de urnas eletrônicas, o qual vem funcionando sem sobressaltos há 22 anos e assegurando à democracia brasileira a vanguarda na captação e na apuração de votos. Sobre isso, o presidente do Supremo Tribunal Federal precisou se manifestar: "As urnas eletrônicas são totalmente confiáveis. Os sistemas são abertos para auditagem, a todos os partidos políticos", explicou o ministro Dias Toffoli, deixando escapar uma farpa de ironia em direção aos que questionam as urnas. "Tem gente que acredita em Saci Pererê".

Costuma-se, enfim, atribuir ao político alemão Joseph Goebels (1897-1945), ministro da Propaganda de Adolf Hitler, uma frase tão desprovida de caráter quanto de moral ou ética, posto que se revela como um ensinamento contrário à tão necessária verdade: "Uma mentira repetida mil vezes torna-se verdade". Em pleno século XXI, deve-se avaliar com extrema apreensão que o mau instinto nazista, condenável sob quaisquer aspectos, emerge em meio à modernidade da tecnologia.

(Disponível em: https://diariodonordeste.verdesmares.com.br/editorias/opiniao/editorial-a-velha-macula-das-fake-news-1.2017419. Acesso em: 25/3/2020.)

deletéria: prejudicial; que causa destruição; que é nocivo; degradante; que leva ao que é imoral ou corrupto; que corrompe.

1. Os editoriais geralmente abordam um tema do momento que está em discussão na sociedade.

a) Qual é o tema abordado pelo editorial em estudo?

b) Por que esse tema estava sendo debatido no Brasil no momento da publicação do editorial?

2. Por meio dos editoriais, os jornais e as revistas expressam seu ponto de vista sobre o tema abordado, seja para fazer uma crítica ou um elogio a algo ou a alguém, seja para fazer sugestões ou estimular a reflexão. No editorial lido, qual é o posicionamento do jornal em relação ao tema abordado?

F22design/Shutterstock

3. O texto procura demonstrar de que forma as *fake news* afetam diferentes setores da sociedade.

a) Segundo o texto, quais setores são prejudicados pelas *fake news*?

b) Por que o texto associa os efeitos das *fake news* a um "efeito dominó"?

c) Por que a imprensa é profundamente prejudicada com as *fake news*?

Finevector/Shutterstock

4. Os editoriais quase sempre seguem uma estrutura padrão:

- a *ideia principal* (tese), que expressa no(s) primeiro(s) parágrafo(s) o ponto de vista do jornal ou revista sobre o tema;
- o *desenvolvimento*, constituído por parágrafos que fundamentam a ideia principal;
- a *conclusão*, geralmente formulada no último parágrafo do texto.

a) Observe os três parágrafos iniciais do texto. Que relação há entre eles?

b) Em qual deles a ideia principal é explicitamente apresentada?

5. O editorial é um texto que pertence ao grupo dos gêneros argumentativos, ou seja, aqueles que têm a finalidade de persuadir o leitor e, portanto, precisam apresentar argumentos consistentes, como relações de causa e consequência, comparações, exemplificação, depoimentos de autoridades, dados estatísticos de pesquisa, etc.

Identifique no desenvolvimento do editorial lido:

a) relações de causa e consequência;

b) vozes de autoridade;

c) exemplificação.

6. Nos editoriais, a conclusão geralmente ocorre no último parágrafo e costuma apresentar uma síntese das ideias expostas ou uma sugestão ou proposta para a solução do problema abordado.

De que tipo é a conclusão do editorial lido?

7. Com editoriais, as empresas jornalísticas buscam participar do debate social sobre temas relevantes e atuais. Você tem o hábito de ler o editorial de algum veículo de comunicação?

Converse com os colegas e o professor sobre o assunto abordado no editorial em estudo. Qual é a sua maneira de se informar sobre fatos do Brasil e do mundo? Você acha que já recebeu e disseminou *fake news*? Você já usou serviços de checagem de informação? Se sim, compartilhe com a turma quais ferramentas ou *sites* checadores de informação você utilizou.

8. Como os editoriais expressam um ponto de vista institucional do jornal ou revista, e não a opinião pessoal de um jornalista em particular (como ocorre em um artigo de opinião), é comum não haver neles a identificação de quem os escreveu. Além disso, esse gênero privilegia a impessoalidade, isto é, o autor aborda o tema de modo distanciado, sem colocar explicitamente a sua voz no texto. Observe a linguagem empregada no texto, inclusive os verbos e os pronomes. No editorial lido:

a) Que pessoa verbal predomina? O uso dessa pessoa contribui para impessoalizar o texto? Por quê?

b) Em que tempo estão as formas verbais, predominantemente? Qual é o efeito de sentido que resulta do emprego desse tempo verbal?

c) Foi empregada uma variedade linguística de acordo com a norma-padrão? O registro é mais formal ou mais informal? Essa variedade linguística está de acordo com o suporte/veículo do texto e com a situação? Por quê?

9. Reúna-se com os colegas de grupo e, juntos, concluam: Quais são as características básicas do editorial? Respondam considerando os seguintes critérios: finalidade do gênero, perfil dos interlocutores, suporte ou veículo, tema, estrutura, linguagem.

Produzindo o editorial

A seguir, você vai ler três textos que abordam a (des)valorização da ciência nos dias atuais, tema do editorial a ser produzido neste capítulo.

Em meio a campanhas de desinformação, a escola precisa defender a ciência

Professores devem seguir a base nacional curricular e reforçar importância dos estudos científicos

29 jan. 2020

ProStockStudio/Shutterstock

Em 2019, o jovem norte-americano Jerome Kunkel, 18, ganhou as manchetes do noticiário mundo afora quando decidiu processar a escola onde estudava. O motivo: ele havia sido suspenso por se recusar a tomar vacina contra catapora. Em meio a um surto do vírus na região, o adolescente de Walton, estado de Kentucky (EUA), afirmou que o procedimento de imunização iria contra as suas convicções religiosas.

Um mês depois de ter entrado com a ação judicial (que foi indeferida), como uma piada de mau gosto do destino, Kunkel contraiu catapora. Mesmo assim, ele afirmou não ter mudado de posicionamento: segundo sua crença, as vacinas derivariam de "fetos abortados".

O episódio reflete, dentro do ambiente escolar, a adesão crescente aos movimentos antivacinas, considerados pela Organização Mundial de Saúde (OMS) uma das principais ameaças à saúde global no ano passado.

De acordo com números da própria entidade, os casos de sarampo, doença outrora erradicada em diversas localidades, aumentaram em 300% no mundo nos primeiros três meses de 2019 em comparação ao mesmo período de 2018.

É sabido que o descrédito na eficácia dos processos de imunização não é novidade, mas a proporção que o tema tomou com as redes sociais é imensurável, uma vez que essas plataformas propiciaram a organização de indivíduos e grupos que defendem tais ideias e, consequentemente, facilitaram a disseminação desses boatos em escala exponencial.

Em tempos de pós-verdade, a questão específica da vacinação enquadra-se em um contexto muito mais amplo: o da deslegitimação da ciência. Não se trata de críticas ou questionamentos, e sim da desqualificação de tudo aquilo que se baseia em métodos, leis, teorias e pesquisas científicas, desenvolvidos ao longo dos séculos.

O desprezo pelo saber acumulado e organizado pela humanidade, conhecimento muitas vezes incompreensível para quem não é cientista, soma-se a crenças próprias, opiniões pessoais e argumentos simplórios, sem comprovação alguma, mas que parecem fazer sentido. As suposições em torno do aquecimento global, da teoria da evolução humana e da esfericidade do planeta são outros exemplos de temas ***sub judice*** do achismo das redes sociais.

[...]

Se não há confiança sobre as conclusões da ciência, então esses consensos universais testados e comprovados podem ser facilmente trocados por crenças populares e posicionamentos pessoais — e, mesmo a curto prazo, as consequências desse processo podem ser irreversíveis.

A escola precisa combater essa tendência, mostrando que o conhecimento científico traz, além de explicações sobre o mundo, inúmeros benefícios para vida individual e coletiva, que não podem ser destruídos por meras opiniões postadas na internet.

Isabella Galante
Jornalista do Instituto Palavra Aberta
Mariana Mandelli
Coordenadora de comunicação do Instituto Palavra Aberta

(Disponível em: https://www1.folha.uol.com.br/educacao/2020/01/em-meio-a-campanhas-de-desinformacao-a-escola-precisa-defender-a-ciencia.shtml. Acesso em: 25/3/2020.)

sub judice: o que se encontra sob a análise de um juiz ou de um tribunal; o que está aguardando julgamento.

Os cientistas no imaginário dos brasileiros

Como mudou a percepção das pessoas sobre os pesquisadores na última década no país

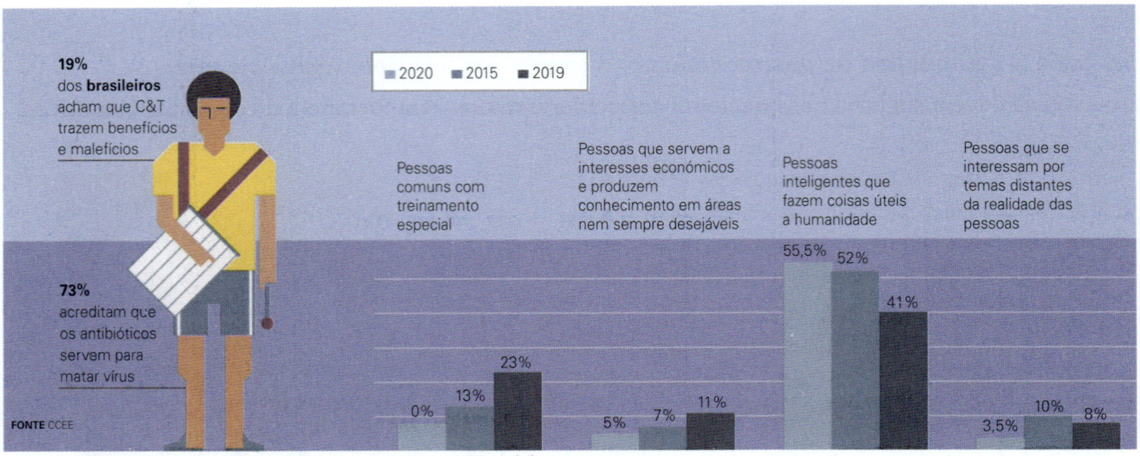

Alexandre Affonso/Pesquisa Fapesp

Alexandre Affonso/Pesquisa Fapesp

(Disponível em: https://revistapesquisa.fapesp.br/2019/10/04/resistencia-a-ciencia/. Acesso em: 25/3/2020.)

C&T: Ciência e Tecnologia.

Perguntas para Sabine Righetti, Pesquisadora da Unicamp em cultura científica

Que fatos mostram a força da produção científica brasileira?

O Brasil está entre os 15 países que mais produzem ciência no mundo. No ano passado, foram em média 230 novos artigos científicos por dia e 170 capítulos de livro. Isso é muita coisa. São 400 novos achados por dia de nossos cientistas, em todas as áreas do conhecimento. Se a gente considerar que nossas instituições que fazem pesquisa são extremamente jovens, esse número fica ainda mais impressionante. A USP, nossa melhor universidade, é de 1934. Os cientistas da USP “competem” internacionalmente com cientistas de universidades centenárias com orçamentos milionários. E, mesmo assim, temos trabalhos de impacto mundial.

[...]

Keiny Andrade/Folhapress

Sabine Righetti, Pesquisadora da Unicamp.

Como uma possível recuperação da economia pode ajudar a fortalecer a ciência no Brasil?

Temos áreas com excelência nas quais o Brasil se destaca e são essenciais para o desenvolvimento econômico do País, como o agronegócio. Dou como exemplo uma pesquisa relacionada à soja, feita pela pesquisadora Johanna Döbereiner, que sozinha elaborou um projeto que fixou o nitrogênio na planta e rende R$ 20 bilhões por ano ao Brasil. Não podemos esperar que a economia se desenvolva para colocar dinheiro em pesquisas em áreas como essa, pois elas "alavancam" o País. A lógica é: se queremos que a economia se recupere, devemos colocar dinheiro na ciência. Do contrário, não conseguiremos desenvolver medicamentos e tecnologias e teremos de importar tudo.

(Disponível em: https://educacao.estadao.com.br/noticias/geral,um-futuro-para-se-viver-da-ciencia,70003124272. Acesso em: 25/3/2020.)

Alexandre Campbell/Folhapress

Johanna Döbereiner (1924-2000) foi uma engenheira agrônoma brasileira pioneira em biologia do solo.

Como você já sabe, ao final desta unidade você e os colegas vão produzir um jornal. É importante, portanto, que vocês escrevam um editorial com o posicionamento do jornal sobre um tema relevante da atualidade.

Para ajudá-los na escrita/nesta produção, após ler os textos, discuta as questões a seguir com os colegas e o professor e, depois, com base nas informações dos textos e nas ideias discutidas, produzam o editorial.

- Estamos vivendo um processo de desconfiança de descobertas da ciência?
- Por que os conhecimentos científicos não são acessíveis à sociedade em geral?
- De que modo a sociedade deve agir para preservar direitos e conquistas alcançados com base na ciência?

Planejamento do texto

- Pense na estruturação do texto: Qual será a ideia principal, quais serão os argumentos e qual será a conclusão.
- Apresente a ideia principal no primeiro parágrafo, deixando claro seu ponto de vista.
- Desenvolva argumentos que ampliem a ideia principal. Você pode fazer coincidir o número de argumentos com o número de parágrafos do desenvolvimento. Por exemplo, se escolher três argumentos, desenvolva-os em três parágrafos.
- Reserve o último parágrafo para a conclusão. Defina de que tipo ela será: se do tipo resumo, que retoma as ideias apresentadas anteriormente, se do tipo proposta, que apresenta uma ou mais saídas para a questão enfocada.

Revisão e reescrita

Antes de finalizar seu editorial e passá-lo para o suporte final, releia-o, observando:

- se ele expressa com clareza a opinião da turma a respeito da questão abordada;
- se ele é capaz de convencer o leitor por meio de bons argumentos;
- se ele apresenta uma ideia principal e fundamenta-a com argumentos consistentes;
- se ele contém uma ou mais voz(es) de autoridade para fundamentar suas afirmações;
- se ele apresenta uma conclusão coerente com a ideia principal e com o desenvolvimento;
- se os verbos estão predominantemente no presente do indicativo;
- se a linguagem é impessoal, se segue a norma-padrão e está adequada ao suporte e ao perfil do público.

Faça as alterações necessárias e publique o editorial no jornal da turma.

CAPÍTULO 12

A reportagem e a fotorreportagem

A reportagem

Trabalhando o gênero

Leia o texto a seguir.

Este capítulo favorece o desenvolvimento das habilidades

EM13LGG101
EM13LGG102
EM13LGG103
EM13LGG104
EM13LGG105
EM13LGG201
EM13LGG202
EM13LGG301
EM13LGG302
EM13LGG701
EM13LGG703
EM13LP01
EM13LP02
EM13LP04
EM13LP05
EM13LP07
EM13LP12
EM13LP14
EM13LP15
EM13LP16
EM13LP18
EM13LP36
EM13LP37
EM13LP39
EM13LP41
EM13LP45

Smartphone: o novo cigarro

4 bilhões de pessoas têm um — e o tiram do bolso mais de 200 vezes por dia. Não por acaso. Entenda como as gigantes da tecnologia usam estratégias da psicologia, da neurologia e até dos cassinos para transformar o celular no objeto mais viciante que já existiu.

Texto: Bruno Garattoni e Eduardo Szklarz | Design: Yasmin Ayumi | Ilustrações: Denis Freitas

Rawpixel.com/Shutterstock

Fumar era normal. As pessoas acendiam o primeiro cigarro logo ao acordar, e repetiam o gesto dezenas de vezes durante o dia, em absolutamente todos os lugares: lojas, restaurantes, escritórios, consultórios, aviões (tinha gente que fumava até no chuveiro). Ficar sem cigarro, nem pensar — tanto que ir sozinho comprar um maço para o pai ou a mãe, na padaria da esquina, era um rito de passagem para muitas crianças.

O cigarro estava na TV, nos filmes, na música, na propaganda (nos EUA, ficou famoso um anúncio que dizia: “Os médicos preferem Camel”). 30% a 40% da população, dependendo do país, fumava. O cigarro foi, em termos absolutos, a coisa mais viciante que a humanidade já inventou. Hoje ele é execrado, com razão, e cenários assim são difíceis até de imaginar. Olhamos para trás e nos surpreendemos ao perceber como as pessoas se deixavam escravizar, aos bilhões, por algo tão nocivo. Enquanto fazemos isso, porém, vamos sendo dominados por um vício ainda mais onipresente: o smartphone.

Quatro bilhões de pessoas, ou 51,9% da população global, têm um, de acordo com uma estimativa da empresa sueca Ericsson. E o pegam em média 221 vezes por dia, segundo uma pesquisa feita pela consultoria inglesa Tecmark. O número de toques diários no aparelho é ainda mais impressionante: são 2.600, segundo a empresa de pesquisa Dscout Research.

O smartphone já vicia mais gente, e de forma mais intensa, do que o cigarro. Vivemos grudados em nossos smartphones porque eles são úteis e divertidos. Mas o que pouca gente sabe é o seguinte: por trás dos ícones coloridos e apps de nomes engraçadinhos, as gigantes da tecnologia fazem um esforço consciente para nos manipular, usando recursos da psicologia, da neurologia e até dos cassinos. “O smartphone é tão viciante quanto uma máquina caça-níqueis”, diz o americano Tristan Harris. E o caça-níqueis, destaca ele, é o jogo que mais causa dependência: vicia três a quatro vezes mais rápido que outros tipos de aposta.

Yasmin Ayumi/Denis Freitas/© Abril Comunicações S.A.

O celular mostra 63,5 notificações por dia, em média. A maioria não tem importância — mas mexe com o cérebro.

Harris trabalhou quase cinco anos no Google, primeiro como programador e depois como "especialista em ética de design": a pessoa encarregada de garantir que os apps e serviços do Google não fossem manipulativos ou viciantes. Em 2016, saiu da empresa para criar uma ONG, que se chama Center for Human Technology e reúne programadores alarmados com o impacto da indústria da tecnologia. "Estamos colocando toda a humanidade no maior experimento psicológico já feito, sem nenhum controle. A internet é a maior máquina de persuasão e vício já construída", diz o programador Aza Raskin.

Você provavelmente nunca ouviu falar dele, mas Raskin é famoso no Vale do Silício. Isso porque, em 2006, ele inventou o que viria a se tornar um dos elementos mais fundamentais (e viciantes) dos smartphones: a "rolagem infinita". Sabe quando você vai descendo pela tela e o conteúdo nunca termina, pois vai aparecendo mais? Trata-se da rolagem infinita, que torna mais prático o uso do smartphone — mas também mexe com a sua cabeça. "Se você não dá tempo para o seu cérebro acompanhar os seus impulsos, simplesmente continua rolando para baixo", diz Raskin.

Ele não imaginava o poder viciante de sua criação, e hoje se arrepende dela — tanto que é um dos fundadores do Center for Human Technology. "A pergunta que nós nos fazemos no Vale do Silício é: estamos programando apps ou pessoas?", diz. [...]

Você deve estar pensando: será que não tem um certo exagero nisso? Afinal, você controla o uso que faz do smartphone, e pode tranquilamente deixá-lo de lado, certo? Mais ou menos. Primeiro, você provavelmente é bem mais dependente dele do que imagina [...]. Segundo, na prática é difícil conter o uso do celular. Foi o que constatou uma pesquisa feita pela consultoria Deloitte com 2 mil brasileiros. 30% das pessoas disseram que têm problemas com o uso excessivo do smartphone, como dificuldade de concentração ou insônia, e 32% já tentaram maneirar — sem sucesso. Uma pesquisa do Hospital Samaritano de São Paulo revelou que oito em cada dez motoristas usam celular enquanto dirigem, embora 93% deles reconheçam que isso é perigoso.

É por isso que boa parte das pessoas está sempre com a cara enterrada na tela, mesmo nos momentos mais impróprios para isso: atravessando a rua, na praia, num show, etc. "Está havendo um sequestro da atenção, da consciência, da perspectiva de você se conectar com o mundo à sua volta. Uma epidemia da distração", diz o psicólogo Cristiano Nabuco de Abreu, coordenador do Grupo de Dependência Tecnológica do Hospital das Clínicas (USP).

Estudos mostram que o uso excessivo de smartphone está ligado ao aumento das taxas de ansiedade, depressão e déficit de atenção, inclusive com alterações na estrutura do cérebro. Os sintomas começam a se manifestar quando a pessoa gasta mais de três horas por dia no celular, e nós já passamos disso: o brasileiro gasta em média 3h10 diárias nessa atividade, segundo o relatório *State of Mobile 2019*, da empresa americana App Annie.

A chave de tudo isso está na chamada *user experience* ("experiência do usuário"), ou simplesmente UX. Essa área, que cuida da interação das pessoas com apps, sites e plataformas digitais, explodiu nos últimos anos: 87% das empresas, segundo uma pesquisa feita pela Adobe, pretendem contratar mais especialistas em UX — carreira que paga os maiores salários do setor de software. [...]

Recompensa variável

Burrhus Frederic Skinner era um sujeito espertinho. Na faculdade que ele entrou, a Hamilton College, em Nova York, o trote universitário consistia em amarrar o calouro a um poste e deixá-lo lá durante a noite. "B.F.", como se tornaria conhecido, teve a ideia de esconder uma gilete dentro do sapato, que usou para cortar a corda. Ele queria ser escritor, mas acabou se formando em psicologia e virou professor da Universidade Harvard. Skinner acreditava que todos os pensamentos e comportamentos de um indivíduo, sem exceção, são determinados pelas experiências que ele já teve — e, portanto, podem ser condicionados. Para tentar provar isso, Skinner fez uma série de experiências com ratos de laboratório nos anos 1950. Colocou ratos em gaiolas com uma alavanca que, quando pressionada, liberava comida.

Mas havia um porém. Ao acionar a alavanca, os animais às vezes ganhavam um prêmio grande, ou seja, várias guloseimas. Às vezes ganhavam um prêmio mixuruca (pouca comida), e às vezes não ganhavam nada. Skinner fez vários ajustes nessa proporção, para tentar entender como ela influenciava o comportamento de vários grupos de ratos. E aí veio a descoberta: os ratos que tocavam a alavanca com mais avidez não eram aqueles que mais ganhavam guloseimas, e sim aqueles que recebiam o prêmio de forma inconstante. Quanto mais variável a programação, e mais incerto o prêmio, maior era a compulsão. Skinner batizou o fenômeno de "programação variável de recompensas".

As máquinas de caça-níqueis funcionam exatamente assim. A pessoa puxa a alavanca e às vezes ganha moedas, outras vezes nada. Isso aumenta o desejo de continuar jogando. Com o smartphone, a lógica é a mesma: porque você nunca sabe ao certo quantas unidades de conteúdo (posts, fotos, likes etc.) irá receber. "Para maximizar o vício, tudo o que os designers de apps precisam fazer é vincular uma ação do usuário a uma recompensa variável", diz Tristan Harris.

Quando você entra no Instagram, por exemplo, pode receber várias fotos novas dos seus amigos; ou nenhuma. No Facebook, pode encontrar novos likes e comentários naquele seu post... ou nada. Essa alternância maximiza a dependência. "Quando desbloqueamos o celular e deslizamos o dedo para atualizar nosso e-mail ou ver a foto seguinte numa rede social, estamos jogando caça-níqueis com o smartphone", afirma Harris.

"As recompensas variáveis parecem manter o cérebro ocupado, desarmando suas defesas e criando uma oportunidade para plantar as sementes de novos hábitos. Estranhamente, nós percebemos esse estado de transe como divertido", diz o desenvolvedor Nir Eyal no livro Hooked: How to Build Habit-Forming Products ("Fisgado: como construir produtos que formam hábitos", inédito no Brasil). "Isso acontece porque nosso cérebro está programado para procurar incessantemente pela próxima recompensa." [...].

Daqui a alguns anos, talvez olhemos para nosso uso do smartphone com a mesma incredulidade que hoje dedicamos ao tabagismo desenfreado de antigamente ("sério que as pessoas faziam *isso*?"). Mas não é garantido. Pode ser que tudo continue como está. E vivamos como o Sísifo da mitologia grega, condenado pelos deuses a rolar uma pedra até o alto da montanha (assim que ele chegava ao topo, a pedra caía, obrigando-o a recomeçar a tarefa). Hoje, essa pedra é a telinha que você leva no bolso. Uma tela eterna, cuja rolagem nunca termina.

Adendo: como se defender

Podemos estar viciados em nossos smartphones, mas não somos escravos deles; veja o que fazer para retomar o controle.

A. Desligue as notificações

Vale a pena manter as notificações do Gmail, do WhatsApp e dos aplicativos de táxi e comida. Mas dá tranquilamente para desativar todas as demais. Não fazem falta.

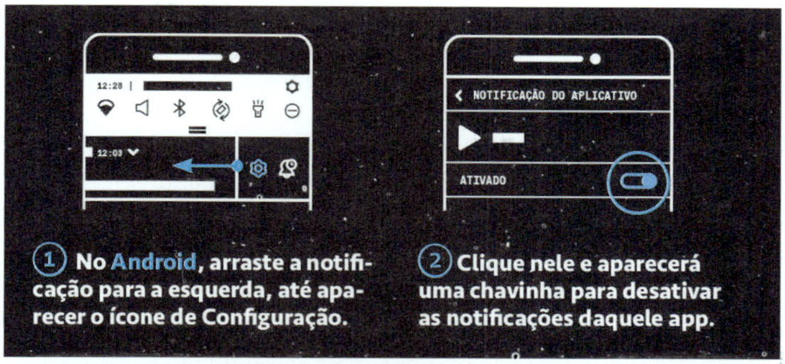

Yasmin Ayumi/Denis Freitas/Abril Comunicações S.A.

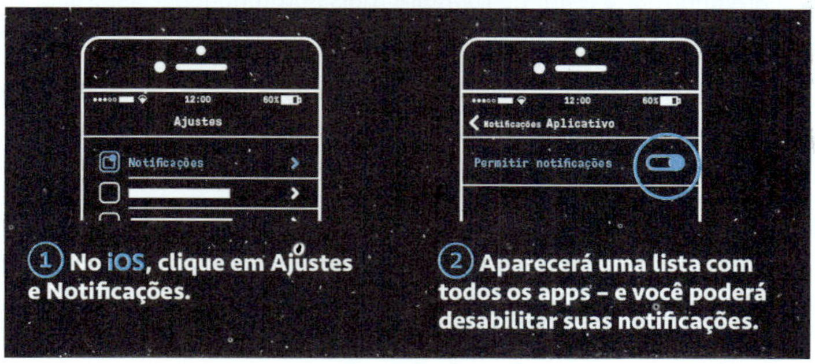

Yasmin Ayumi/Denis Freitas/Abril Comunicações S.A.

B. Use outras ferramentas do celular

Em suas versões mais recentes, tanto o iOS quanto o Android oferecem recursos para você ver quanto tempo está passando no smartphone — e, se for o caso, restringir isso.

Yasmin Ayumi/Denis Freitas/Abril Comunicações S.A.

(Disponível em: https://super.abril.com.br/especiais/smartphone-o-novo-cigarro/. Acesso em: 10/4/2020.)

1. Como a notícia, a reportagem também é um gênero jornalístico. Em que suportes você observa a ocorrência de reportagens?

2. Diferentemente da notícia, o título da reportagem não busca resumir o principal fato noticiado e informar o leitor.

a) Qual é o título da reportagem lida?

b) Que efeito um título como esse causa sobre o leitor?

c) Releia o subtítulo da reportagem. Qual é a relação entre as informações do subtítulo, o título e o corpo do texto?

3. Os itens que seguem apresentam alguns dos objetivos das reportagens em geral. Identifique, na reportagem lida, trechos e situações correspondentes a cada um.

a) Tratar do fato com mais profundidade, apresentando pesquisas, dados estatísticos e pontos de vista de especialistas (vozes de autoridade) a respeito do assunto.

b) Ampliar o enfoque dado ao fato apresentando conteúdo não verbal complementar, como mapas, gráficos, infográficos, fotografias com legendas, etc.

c) Dar a conhecer o ponto de vista que o autor da reportagem tem sobre o fato.

4. Como vimos anteriormente, entre os gêneros jornalísticos há aqueles que priorizam a informação e os que priorizam o comentário. Quanto à reportagem, ela é considerada um gênero que se ocupa desses dois aspectos. Localize na reportagem lida:

a) trechos nos quais a informação é privilegiada;

b) trechos nos quais comentários do autor e de outras pessoas citadas no texto ganham destaque.

5. Para informar o leitor de maneira mais aprofundada e dar maior credibilidade ao conteúdo, a reportagem costuma trazer a voz de especialistas no assunto abordado.

a) Quais especialistas foram consultados e qual é a relação deles com o assunto abordado?

b) Os especialistas Harris e Raskin saíram de seus trabalhos para fundar a ONG Center for Human Technology. Levante hipóteses: Qual deve ser o objetivo da ONG?

6. A reportagem também busca explicar termos técnicos e conceitos ao público em geral. Encontre exemplos no texto das seguintes estratégias para explicar conceitos.

- Usar a experiência pessoal do leitor.
- Traduzir e explicar o termo técnico.
- Exemplificar.

Notícia ou reportagem?

No texto a seguir, o estudioso Juarez Bahia comenta as diferenças entre notícia e reportagem. Veja quais são elas.

Enquanto a notícia nos diz no mesmo dia ou no seguinte se o acontecimento entrou para a história, a reportagem nos mostra como é que isso se deu. Tomada como método de registro, a notícia se esgota no anúncio; a reportagem, porém, só se esgota no desdobramento, na pormenorização, no amplo relato dos fatos.

O salto da notícia para a reportagem se dá no momento em que é preciso ir além da notificação — em que a notícia deixa de ser sinônimo de nota — e se situa no detalhamento, no questionamento de causa e efeito, na interpretação e no impacto, adquirindo uma nova dimensão narrativa e ética.

Porque com essa ampliação de âmbito a reportagem atribui à notícia um conteúdo que privilegia a versão. Se a nota é geralmente a história de uma só versão [...], a reportagem é por dever e método a soma das diferentes versões de um mesmo acontecimento.

[...] É fundamental ouvir todas as versões de um fato para que a verdade apurada não seja apenas a verdade que se pensa que é e sim a verdade que se demonstra e tanto que possível se comprova.

(*Jornal, história e técnica — As técnicas do jornalismo.* 4. ed. São Paulo: Ática, 1990. v. 2, p. 49-50.)

7. Além de informar o leitor, uma reportagem também pode apresentar sugestões para solucionar um problema ou enfrentar uma situação.

a) A reportagem apresenta alguma sugestão? Qual é ela?

b) Qual recurso é utilizado na reportagem para orientar o leitor?

c) No adendo, o autor afirma "Podemos estar viciados em nossos smartphones, mas não somos escravos deles". O que está pressuposto nessa afirmação sobre o uso de *smartphones* pelos leitores?

8. A reportagem termina com uma comparação entre o uso do *smartphone* e um mito grego. Explique a relação entre o tema da reportagem e o personagem da mitologia grega.

9. Em alguns momentos, o autor da reportagem se dirige diretamente ao leitor.

a) Identifique trechos em que isso acontece.

b) Qual é o efeito de sentido desse recurso linguístico?

10. Observe a linguagem empregada na reportagem em estudo.

a) Entre as opções a seguir, indique, em seu caderno, a que reúne características apresentadas por ela.

- Clara, objetiva, direta, impessoal e visando à neutralidade jornalística.
- Pessoal e extremamente coloquial, com uso de gírias e expressões típicas de determinado grupo social, com o posicionamento exclusivo da revista.
- Clara, objetiva, direta, pessoal, com abertura para a presença de diferentes vozes e pontos de vista e acessível à maioria dos leitores.
- Poética, com uso de alegorias e emprego de palavras pouco usuais na língua, sem um posicionamento claro a respeito do tema abordado.

b) Que variedade linguística ela adota?

c) Em que pessoa estão as formas verbais empregadas pelo autor da reportagem?

d) Levante hipóteses: Por que essa pessoa gramatical predominou na reportagem lida?

11. Reúna-se com os colegas de grupo e, juntos, concluam: Quais são as características básicas da reportagem? Respondam, levando em conta os seguintes critérios: finalidade do gênero, perfil dos interlocutores, suporte ou veículo, tema, estrutura, linguagem.

Produzindo a reportagem

Ao final desta unidade, você e sua turma produzirão um jornal. Por isso, neste capítulo escreverão reportagens e fotorreportagens que vão compor esse jornal. Escolha, com os colegas de grupo, um dos seguintes assuntos, ou outro, para produzirem uma reportagem.

- Um grande evento nacional ou internacional, como eleições, Copa do Mundo, Olimpíadas, etc.
- As bandas musicais e os estilos de música apreciados pela população jovem.
- As formas de lazer dos jovens da sua cidade.
- O primeiro emprego.
- As profissões do momento.
- O vestibular na vida dos alunos do ensino médio.
- Violência urbana.
- Internet.

Planejamento do texto

- Façam uma reunião para decidir a divisão de tarefas entre os integrantes do grupo. Essas tarefas consistirão em: entrevistar pessoas que possam falar ou opinar a respeito do assunto; procurar e reunir informações, textos, curiosidades, dados estatísticos, fotos, etc.
- Organizem o material obtido e selecionem o que avaliarem como mais importante.
- Considerando o espaço que o jornal deverá ocupar, façam um esboço da reportagem, decidindo se haverá subtítulos ou divisões, boxes, tabelas, gráficos, etc.
- Decidam se o texto será mais objetivo ou se vocês querem expressar pontos de vista do grupo, mas lembrem-se de apresentar o assunto sob diferentes perspectivas.
- Ao escrever, procurem empregar uma linguagem adequada ao gênero, ao suporte, ao perfil dos interlocutores e à situação.

Revisão e reescrita

Dean Mitchell/Thinkstock

Antes de finalizar a reportagem e passá-la para o suporte final, revejam o material que o grupo produziu e reuniu, observando:

- se o texto está redigido e estruturado de acordo com a situação de comunicação;
- se a linguagem está adequada ao perfil dos leitores e ao gênero;
- se o texto apresenta diferentes pontos de vista sobre o assunto;
- se a escolha quanto a maior ou menor objetividade na linguagem foi mantida ao longo do texto;
- se as imagens estão identificadas e acompanhadas por legendas;
- se as imagens, gráficos, tabelas e boxes contribuem para enriquecer o conteúdo da reportagem, complementando as ideias nela apresentadas, e trazem informações corretas, de acordo com as que são apresentadas no texto.

Refaçam o que for necessário e organizem o material, deixando-o pronto para ser publicado no jornal.

A fotorreportagem

Trabalhando o gênero

Leia a fotorreportagem a seguir.

Em parceria com Pulitzer, A Lente apresenta "A guerra invisível na Amazônia"

23 de março de 2020

Seringueiros e indígenas resistem às margens do Rio Roosevelt contra a devastação da floresta

Texto: Ahmad Jarrah e Juliana Palmo

Fotos: Ahmad Jarrah

Fotos Aéreas: Caio Mota

Há um suspense que escapa à narrativa jornalística e se esconde por debaixo das árvores da Amazônia, um duelo entre o medo e a bravura. Ao largo dos noticiários policiais que registram eventualmente os grandes massacres na região norte de Mato Grosso, na tríplice fronteira com Amazonas e Rondônia, coberta pelas matas amazônicas, existe a luta para preservar e converter a floresta.

Ahmad Jarrah/A Lente

Cachoeiras Dardanelos e Salto das Andorinhas, onde está instalada uma hidrelétrica em Aripuanã-MT. O local era terra indígena da etnia Cinta Larga. Foto: Ahmad Jarrah.

O início dessa jornada é Aripuanã, um fértil e rico local, onde já é possível dimensionarmos a vegetação nativa da região amazônica e nos deslumbrarmos com a grandeza de seus recursos naturais. Além das belezas, na cidade é possível percebermos como a cobiça do capitalismo predatório leva a um enredo de mortes e destruição.

Ahmad Jarrah/A Lente

Cachoeira Dardanelos, em Aripuanã-MT. Um dos locais sagrados para a etnia indígena Cinta Larga, expulsa do território para instalação de uma hidrelétrica. Foto: Ahmad Jarrah.

[...] Depois de anos de embate, uma hidrelétrica e uma pequena central hidrelétrica (PCH) tomaram por completo a antiga terra indígena, deslocando o povo Cinta Larga para casas improvisadas na cidade. Desde então, os Cinta Larga não retornam mais para as cachoeiras. Seus antigos cemitérios acabaram dinamitados durante a construção dos projetos de geração de energia e agora sua mitologia sagrada cedeu lugar a uma guarita.

Caio Mota/Proteja Amazônia

Vista aérea da PCH instalada na cachoeira Dardanelos. Foto: Caio Mota.

Ahmad Jarrah/A Lente

Criança Cinta Larga em frente à sua casa, no município de Aripuanã. A etnia teve sua terra indígena tomada com a instalação da PCH Dardanelos. Foto: Ahmad Jarrah.

Ahmad Jarrah/A Lente

Caminhão transporta troncos de árvores pela avenida principal do Distrito de Guariba. A região é dominada por madeiras e pela retirada e comércio, legal e ilegal, de madeira. Foto: Ahmad Jarrah.

[...] As terras sob jurisdição do Estado Brasileiro também estão sob outros ataques. A máquina do desmatamento torna as derrubadas na região duplamente lucrativas. Por um lado, os grandes troncos de madeira são vendidos em um mercado bastante valorizado. Já o que sobra na terra é queimado para dar lugar ao pasto ou ao plantio de soja transgênica.

Ahmad Jarrah/A Lente

Área desmatada recentemente dentro da reserva extrativista Guariba Roosevelt. Foto: Ahmad Jarrah.

Ahmad Jarrah/A Lente

Castanheira solitária sobreviveu ao desmatamento pela proibição legal. Ao seu redor, apenas soja seca uniformemente com agrotóxico que acelera a colheita, próximo a Colniza-MT. Foto: Ahmad Jarrah.

(Disponível em: http://alente.com.br/2020/03/23/guerra-invisivel-na-amazonia/. Acesso em: 7/5/2020.)

1. As fotorreportagens, assim como as reportagens, apresentam um tema principal, título e subtítulo.

a) Qual é o tema da fotorreportagem?

b) Sabendo que "A Lente" é o nome de um *site* que reúne produções de fotógrafos e documentaristas do Brasil, privilegiando as imagens como linguagem, e Pulitzer é uma instituição norte-americana relacionada ao jornalismo, explique o título da fotorreportagem.

c) Qual é a relação do subtítulo com o título da reportagem?

2. Observe os nomes e as funções dos autores da fotorreportagem.

a) Qual é a função de cada um deles na produção do texto?

b) Levante hipóteses: Por que a função de cada um é explicitada na fotorreportagem?

3. Como você estudou, a reportagem retrata, de maneira mais detalhada, os desdobramentos de fatos de interesse público.

a) Qual história real é contada na fotorreportagem?

b) A ordem em que as fotografias foram publicadas contribui para contar a história ou a ordem é aleatória? Justifique sua resposta.

c) Compare as duas primeiras fotografias com as demais. O que é possível afirmar sobre elas?

Planos e ângulos em fotografias

Os planos fotográficos são baseados na distância entre a câmera e a cena fotografada. Em uma mesma fotografia, podemos ter elementos em diferentes planos, porém ela será classificada no plano em que está o assunto principal.

- *Grande plano geral*: utilizado para evidenciar um cenário como elemento principal. A área enquadrada é preenchida pelo ambiente.
- *Plano geral*: o objeto ocupa a maior parte da imagem. O objeto aparece em sua totalidade; o espaço também aparece, com menor destaque.
- *Plano médio*: geralmente utilizado para fotografar pessoas, esse enquadramento engloba desde os pés até a cabeça, podendo variar até o enquadramento cuja linha inferior da fotografia faz um corte na cintura da pessoa. Nesse caso, o assunto ocupa a maior parte da área enquadrada.
- *Primeiro plano*: utilizado para destacar expressões, semblantes, gestos, fisionomias e emoções. A pessoa fotografada é enfocada, sem importar o ambiente em que se encontra. Popularmente chamado de *close*.
- *Plano de detalhe*: utilizado para enfocar os detalhes do assunto — parte do rosto ou corpo (mãos, olhos), ou mesmo partes de objetos ou itens da natureza.

Os chamados *ângulos* têm a ver com o nível do fotógrafo em relação ao assunto ou objeto. Os ângulos da câmera são subdivididos em: baixo, nível dos olhos e alto. Cada um deles oferece aspectos distintos e perspectivas diferentes para as suas fotos.

- *Ângulo baixo*: a câmera é posicionada em um nível abaixo do centro do objeto.
- *Ângulo ao nível dos olhos*: o espectador é colocado na mesma altura do tema principal da foto.
- *Ângulo alto*: a foto é tirada em um nível mais elevado do que o assunto.

4. A opção por registrar um assunto por meio de fotografias não é aleatória. Observe a fotografia do caminhão levando troncos de árvores.
   a) Descreva a fotografia, detalhando tudo o que aparece na imagem, o que é enfocado e de que maneira.
   b) Qual é o efeito de sentido da composição descrita?
5. Observe a foto da menina em frente à sua casa.
   a) O fotógrafo optou por mostrar uma parte da frente da casa e a menina (e não somente a menina, ou somente a casa). Que sentido é construído pela composição mostrada?
   b) Levante hipóteses: Por que a menina é registrada sozinha, encolhida, tampando o próprio rosto?
6. Algumas informações estão em texto verbal, em parágrafos e legendas.
   a) Releia o primeiro parágrafo. O que ele informa ao leitor?
   b) Que tipo de informação é fornecida pelos parágrafos escritos?
   c) Qual é o papel das legendas na fotorreportagem?
7. Em cada uma das duas últimas fotos, podemos observar duas paisagens diferentes em contato.
   a) Quais são essas paisagens?
   b) Qual é o sentido construído pelas fotografias ao registrarem as duas paisagens juntas e nesses planos?
8. Na última foto, a legenda caracteriza a plantação que faz parte da paisagem.
   a) Por que a legenda se inicia com a expressão *castanheira solitária*? Que relação essa expressão tem com a foto como um todo.
   b) Copie o trecho em que a plantação é caracterizada.
   c) Por que essas informações são relevantes para contar a história enfocada na reportagem?
9. A fotorreportagem apresenta um posicionamento em relação ao desmatamento e à expulsão do povo Cinta Larga de seu local de origem, ou apresenta os fatos de maneira neutra e imparcial? Justifique sua resposta com termos e expressões do texto.
10. Reúna-se com os colegas de grupo e, juntos, concluam: Quais são as características básicas da fotorreportagem? Respondam, levando em conta os seguintes critérios: finalidade do gênero, perfil dos interlocutores, suporte ou veículo, tema, estrutura, linguagem.

Produzindo a fotorreportagem

Além das reportagens, o jornal da turma organizado por vocês no capítulo **Ponto final** pode conter também fotorreportagens. Para produzi-las, retorne ao grupo formado anteriormente na escrita das reportagens. Vocês podem abordar o mesmo tema ou outro tema de interesse do grupo.

Planejamento do texto

- Delimitem o tema, escolhendo os aspectos que querem desenvolver.
- Pensem em que locais, pessoas, objetos, etc., relacionados ao tema, poderiam ser registrados nas imagens.
- Planejem os locais e horários em que realizarão as fotografias. Procurem tirá-las durante o dia ou em locais bem-iluminados porque a iluminação é muito importante para a qualidade das imagens.
- Chequem os recursos disponíveis para a realização das fotografias: câmeras fotográficas, câmeras de aparelhos celulares, equipamentos de iluminação, *flash*.
- Procurem pensar na relação das imagens com o tema e na relação das imagens entre si, para que cada uma mostre um aspecto relevante do fato ou da história retratada, contribuindo de forma mais eficaz para complementar a narrativa.

- Procurem tirar mais de uma fotografia de cada cena planejada para selecionar a melhor. Pensem no melhor tipo de plano e de ângulo para cada situação.
- Tenham em mente o leitor da fotorreportagem — colegas, professores e funcionários da escola, familiares e amigos.
- Montem a fotorreportagem, decidindo sobre a ordem mais adequada em que as fotografias devem aparecer para contar a história em foco.
- Escrevam as legendas de maneira clara, objetiva e breve, complementando a imagem com informações essenciais para a compreensão do leitor.
- Deem um título atraente à fotorreportagem. Se necessário, criem também subtítulos.

Revisão e reescrita

Concluída a produção da fotorreportagem, releiam-na, observando:

- se ela apresenta imagens que mostram diferentes aspectos do tema e se eles correspondem à finalidade principal da fotorreportagem, ou seja, denunciar, divulgar, homenagear, etc.;
- se há conexão entre as imagens e os textos verbais, entre as próprias imagens e entre esse conjunto e o tema;
- se os planos escolhidos para cada imagem mostram elementos suficientes para a compreensão da ação ou da cena retratada;
- se as legendas e os subtítulos estabelecem uma relação de complementação com as imagens e estão escritos de maneira clara e objetiva;
- se o título é atraente.

Guardem a versão final da fotorreportagem para publicar no portal de notícias digital da turma, que será produzido junto com o jornal no capítulo **Ponto final**.

A reportagem em diferentes mídias

As reportagens podem ser produzidas, assim como as notícias, em diferentes formatos e veiculadas em diferentes mídias. Além da reportagem escrita e da televisiva, as reportagens multimídia — com uma combinação de texto escrito, vídeo, fotografias, infográficos — disponíveis em *sites* se tornam cada vez mais comuns. Outro formato é a reportagem em *podcast*. Semelhante às reportagens radiofônicas, são produzidas em áudio e disponibilizadas em aplicativos. Veja um exemplo de busca do termo *reportagem* em um aplicativo de música e *podcast*:

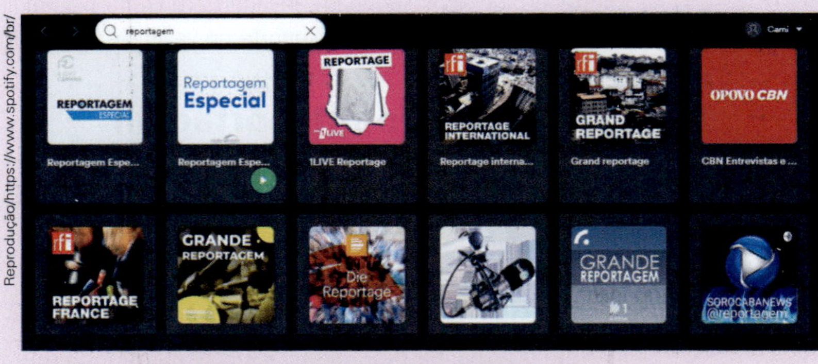

Reprodução/https://www.spotify.com/br/

Reprodução/Estadão/https://www.spotify.com/br/

"Crianças que leem" é uma reportagem em áudio postada pelo jornal *Estadão*, descrita da seguinte maneira: "Apresentada por Renata Cafardo, minissérie em quatro episódios apresenta como se aprende a ler e a escrever nos melhores exemplos de escolas públicas e particulares brasileiras. Durante três meses, a reportagem visitou diversas escolas pelo Brasil e conversou com alunos, pais, professores e especialistas".

CAPÍTULO 13

O anúncio publicitário

Trabalhando o gênero

Leia o anúncio publicitário abaixo.

(*35º Anuário da Criação Publicitária*, p. 158.)

Este capítulo favorece o desenvolvimento das habilidades

EM13LGG103
EM13LGG104
EM13LGG105
EM13LGG204
EM13LGG301
EM13LGG304
EM13LGG305
EM13LGG701
EM13LGG703
EM13LP01
EM13LP02
EM13LP05
EM13LP06
EM13LP13
EM13LP14
EM13LP15
EM13LP17
EM13LP18

1. O anúncio publicitário é um gênero textual que tem a finalidade de promover uma ideia, a marca de um produto ou uma empresa. Os anúncios mais conhecidos são os comerciais, que circulam na TV, no rádio, em jornais, revistas e em *sites* da internet.

a) O anúncio lido promove uma ideia ou a marca de um produto? Qual?

b) Quem é o locutor?

2. O anúncio publicitário geralmente é constituído de linguagem verbal e de linguagem não verbal. Que relação há entre a imagem e o enunciado verbal do anúncio?

3. O anúncio publicitário é um texto que pertence ao grupo dos gêneros argumentativos, pois tem a finalidade de convencer o leitor a consumir determinado produto ou aderir a uma ideia.

a) Qual é o principal argumento utilizado para convencer o leitor?

b) Na sua opinião, esse argumento é suficientemente forte para persuadir o leitor?

4. O anúncio publicitário não tem uma estrutura rígida. Contudo, geralmente apresenta um **título**, às vezes seguido de um **subtítulo**, o **corpo do texto**, que amplia o argumento do título, e a **assinatura**, **logotipo** ou **marca** do anunciante.

a) O anúncio em estudo não apresenta alguns desses elementos. Quais?

b) No anúncio lido, o enunciado verbal disposto sobre a imagem constitui o corpo do texto. Qual é a função desse enunciado?

5. O anúncio cita efeitos ambientais catastróficos e sugere a necessidade de medidas urgentes. Troque ideias com a turma:

a) Sua região já sofre esses efeitos?

b) A quem cabe tomar providências?

6. Leia o que o publicitário Jairo Lima, em entrevista, comenta sobre os recursos da linguagem publicitária:

> A campanha pode ser pensada em termos de hipérbole, pleonasmo, metonímia ou metáfora. Após a escolha, sigo o caminho traçado: o do exagero ou da repetição, ou da parte pelo todo, ou da simbologia. Quanto à escolha do vocabulário, a nível dos signos, deve ser simples, com os termos conhecidos e corriqueiros. O que vai valorizá-los e ampliá-los será as relações que se estabelecem: a polissemia, a oposição, o duplo sentido ou, às vezes, um novo sentido para um termo bastante conhecido.
>
> (*In*: Nelly de Carvalho. *Publicidade — A linguagem da sedução*. São Paulo: Ática, 1996. p. 29.)

a) A parte verbal do anúncio corresponde ao que o publicitário afirma quanto à escolha do vocabulário?

b) Na parte visual, qual recurso foi empregado no anúncio: o exagero, a parte pelo todo ou o contraste?

7. No anúncio publicitário, a linguagem geralmente se adapta ao perfil do público e frequentemente apresenta verbos no imperativo e no presente do indicativo.

a) No anúncio em estudo, que variedade linguística foi empregada?

b) O texto usa as formas verbais *estão avançando*, *forem* e *serão*. O que explica o emprego das formas do futuro, respectivamente do subjuntivo e do indicativo, *forem* e *serão*?

c) Como se explica a ausência de verbos no imperativo?

8. Reúna-se com os colegas de grupo e, juntos, concluam: Quais são as principais características do anúncio publicitário? Respondam, considerando os seguintes critérios: finalidade do gênero, perfil dos interlocutores, suporte ou veículo, tema, estrutura, linguagem.

Produzindo o anúncio publicitário

Leia os textos a seguir.

16 pequenas ações para mudar o mundo

Como dizem por aí: A mudança começa por cada um de nós!

Por **Colaboração: Isa Bruder, ex-Galera CAPRICHO**

Publicado em 12 ago 2016, 11h40

Todos os dias você, provavelmente, escuta alguém reclamando do mundo. É violência sem limites, políticos corruptos, preconceito, desperdício, crueldade... Realmente, há muita coisa a ser mudada. Algumas delas fogem do controle, mas outras podem ser feitas por cada um, no dia a dia, e a diferença vai começando a acontecer. Você mesma pode mudar alguns hábitos e ações que têm impacto, quer ver?

1. Adotar um animal

Ao invés de comprar um cachorro ou gato, que tal salvar uma vida? Existem muitos bichinhos precisando de um lugar para morar, além de comida e, é claro, cuidado e carinho. Lembrando que cuidar de uma vida é muita responsabilidade! Se você tem interesse em adotar, existem muitas ONGs, como a *Amigos de São Francisco*, que trabalham com essas fofuras! É só pesquisar a mais próxima de você!

VILevi/Shutterstock

2. Diminuir seu consumo de carne

Você sabia que, de acordo com a *Water Footprint Network*, para produzir um quilo de carne bovina são necessários 15.400 litros de água? Muitos optam por consumir menos carne pelo seu impacto ambiental, benefícios à saúde e questões morais. Não precisa nem virar vegetariana, mas você já tentou passar um dia da semana sem carne? Já faz uma bela diferença.

3. Usar frente e verso das folhas do caderno

Parece bobo, mas são as pequenas ações. Já imaginou quanto papel você economizaria se usasse frente e verso? É basicamente duplicar o uso de cada folha! Escrever no verso pode não ser tão legal quanto escrever em uma nova folha limpinha e sem dobras, mas é o correto.

4. Tomar banhos mais rápidos

Nosso suprimento de água é finito, gente, e precisamos de água para viver. Muitas cidades já conheceram e ainda conhecem o que é racionamento. Economizar para não faltar, hein?

5. Fazer uma gentileza ou ajudar pelo menos uma pessoa por dia

Pessoas mais felizes, um mundo mais tolerante. Imagina quantas guerras, quantas doenças mentais, quanta tristeza pode ser evitada com mais gentileza?! É simples e não custa nada.

6. Não usar cosméticos testados em animais

Teste em animais é algo bem controverso, mas vamos combinar que, pelo menos, para maquiagem, algo completamente desnecessário para nossa saúde, usar animais não é necessário. Procure comprar de marcas *cruelty-free*. Há muitas opções!

7. Fechar a torneira quando escovar os dentes

Esse é de deixar qualquer pessoa louca! Água limpa descendo pelo ralo? Aaaah, nããão!

8. Se informar sobre assuntos antes de discutir sobre eles

Ser mais informada e culta não faz mal a ninguém, mas imagina as brigas desnecessárias que você evita fazendo isso.

9. Não jogar lixo na rua

Por favor, né? Não tem uma lixeira por perto? Pergunte a alguém onde é o lixo mais próximo ou guarde a sua sujeirinha até chegar em casa ou achar um lugar de descarte. Ah! Vale a pena lembrar que contribuir para a reciclagem e jogar lixo tóxico em lugares apropriados é essencial.

Aleksandra Suzi/Shutterstock

10. Demonstrar preocupação com seus amigos

Às vezes, é bom perguntar: "E aí, como você está?". Todos passamos por momentos difíceis e precisamos de carinho. Quando estamos nos sentindo mal, muitas vezes, não sabemos como falar isso para alguém. Inicie a conversa, vai que você descobre algo que não sabia antes sobre seu amigo que parecia bem?

11. Oferecer seu assento e lugar na fila para uma pessoa mais velha, grávida ou deficiente

Educação e cortesia, minha gente! Não somente porque é o certo a fazer, mas porque um dia você também será alguém precisando de um lugar para sentar e descansar! Já pensou nisso?

12. Dizer "por favor" e "obrigada"

Seja grato, isso muda não somente seu olhar, mas sua relação com pessoas!

13. Ler um livro para uma criança

Como uma pessoa mais velha, você serve de exemplo para muitas crianças. Seja um exemplo positivo, traga cultura e a magia das palavras para a vida dos pequenos. Por que não?

14. Fazer elogios honestos

Porque o mundo precisa de mais autenticidade e amor! Sem ficar mentindo, sendo “fofa falsa”. Elogie quando você realmente acredita no que está falando — e elogie mesmo! Afinal, quem não gosta de receber um elogio?

15. Procurar entender o ponto de vista dos outros

Se você não concorda, respeite a cultura e opinião dos outros. Menos intolerância mudaria tanta coisa neste mundão...

16. Fazer algo que você ama

Quando uma pessoa ama muito o que faz, esse amor é perceptível e encoraja os outros a fazer o mesmo! É lindo ver os olhos de alguém brilhar quando fala sobre suas paixões. A partir do momento em que pessoas começarem a fazer coisas por amor ao invés de razões mais superficiais, com certeza todos serão mais felizes. Tipo um efeito dominó da felicidade! hehe

Claro, uma lista de coisas boas nunca será definitiva. **São inúmeras ações que fazem toda a diferença, mas começar por essas 16 já é ótimo**. Sua idade, seu sexo, sua situação financeira, onde você mora? Nada disso importa. Você tem o poder de fazer o mundo melhor!

(Disponível em: https://capricho.abril.com.br/vida-real/16-pequenas-acoes-para-mudar-o-mundo/. Acesso em: 4/4/2020.)

Reprodução/Instituto Akatu

(Disponível em: https://catracalivre.com.br/cidadania/7-atitudes-aquecimento-global/. Acesso em: 4/4/2020.)

Que tal você e os colegas produzirem anúncios publicitários para promover ideias que contribuam para um mundo melhor? Selecionem atitudes do dia a dia que podem ser adotadas pelas pessoas em geral, dividam-se em grupos e produzam os anúncios para divulgar as ideias. Os temas são variados. Por exemplo, vocês podem produzir anúncios de combate às *fake news*, de redução de lixo plástico ou de promoção da gentileza, os quais serão veiculados no jornal da turma. Além de um anúncio manuscrito ou impresso, criem também um anúncio audiovisual, para ser postado como vídeo no *blog* da turma, que vai virar um portal de notícias.

Planejamento do texto

- Pensem no perfil dos leitores, lembrando que podem ser jovens, como vocês, e adultos.
- Criem um título ou uma frase interessante e, a seguir, o corpo do anúncio. Explicitem o que está sendo promovido, com que finalidade, de que modo participar, etc. Informem um número de telefone ou um endereço para contato.
- Empreguem uma linguagem adequada ao tema e ao perfil do público. Recursos como ambiguidades, trocadilhos, sonoridades, metáforas, metonímias, oposições, etc. são bem-vindos nesse gênero textual.
- Avaliem a conveniência de empregar ou não verbos no imperativo, considerando o objetivo e o perfil dos leitores.
- Criem ou pesquisem uma imagem que possa dar sustentação ao texto verbal.
- Criem um logotipo (com ou sem palavras) que identifique o grupo responsável pelo anúncio.

Revisão e reescrita

Antes de concluir o anúncio, releiam o texto verbal e examinem a imagem, observando:

- se fica claro quem é o locutor;
- se há um título ou uma frase principal que atrai a atenção dos leitores;
- se fica claro o objetivo do anúncio: o que ele promove, a quem se dirige, as informações complementares, etc.;
- se a linguagem é adequada ao perfil do público e ao tema do anúncio;
- se a linguagem verbal e a linguagem não verbal se complementam.

Façam as alterações necessárias e montem o anúncio.

Gravando o anúncio audiovisual

Com uma montagem de imagens e textos, combinada a uma narração, vocês podem produzir anúncios publicitários em vídeos. Vejam duas opções:

- Gravar anúncio publicitário com os alunos sendo os atores do vídeo e em algum cenário montado pela turma.

— Nesse caso, planejem um roteiro para o anúncio, com as falas detalhadas de cada ator, seus posicionamentos e movimentações. As falas, o posicionamento dos corpos e seus movimentos devem estar relacionados ao objetivo do anúncio.

— O anúncio deve ser um vídeo curto, de 30 segundos a 1 minuto de duração.

— Escolham ou montem um cenário que tenha relação com o tema do anúncio: um muro com grafite ao fundo ou ainda a sala de aula ou algum outro espaço escolar.

SDI Productions/Getty Images

— Ensaiem antes de gravar.

— É interessante que haja mais de uma câmera (que pode ser de celular) para fazer diferentes tomadas dos atores e depois editar.

— Após a gravação, assistam ao vídeo e chequem a qualidade das imagens e do áudio.

— Usem programas de edição para fazer a versão final do anúncio publicitário audiovisual.

- Fazer uma animação ou montagem de imagens. Vocês podem fazer um vídeo com animação simples em programas de computador — como o Power Point, o Photoshop, o Pivot Animator e o Canva — ou ainda baixar aplicativos de animação pelo celular.

— Assistam a tutoriais sobre como fazer vídeos com animação com programas de computador ou aplicativos de celular.

— Elaborem um roteiro, planejando o que o anúncio deve conter e lembrando que o vídeo deve ser curto.

— Escolham imagens que possam ser usadas no vídeo ou produzam as imagens que serão utilizadas.

— Digitem os textos que vão compor o anúncio.

— Façam a animação de acordo com o roteiro.

Ponto final

Este capítulo favorece o desenvolvimento das habilidades

EM13LGG103	EM13LGG104	EM13LGG201	EM13LGG202	EM13LGG203	EM13LGG301	EM13LGG302	EM13LGG603	EM13LGG701	EM13LGG702
EM13LGG703	EM13LGG704	EM13LP11	EM13LP12	EM13LP15	EM13LP16	EM13LP18	EB13LP32	EM13LP35	EM13LP36
EM13LP37	EM13LP38	EM13LP39	EM13LP40	EM13LP41	EM13LP42	EM13LP43	EM13LP44	EM13LP45	

TEMPO DE NOTÍCIA E OPINIÃO

Nos capítulos desta unidade, você leu e produziu textos do campo jornalístico-midiático — fotorreportagens, textos informativos, opinativos e publicitários — a fim de compor um jornal da turma. Agora chegou a hora de reunir esse material e construir o jornal. Para produzir o jornal da turma, você e os colegas também deverão fazer curadoria de informação, isto é, pesquisar e selecionar textos que possam alimentar a publicação de vocês, que pode ter uma periodicidade determinada.

Organizem uma versão do jornal impressa e uma versão digital, semelhante aos grandes portais de notícia.

GoodStudio/Shutterstock

1. Reunindo e organizando os textos

Geralmente, jornais são organizados por cadernos: cadernos de notícias locais e globais; de notícias sobre economia, esporte, cultura. Também há uma seção para os textos de opinião: editoriais, artigos e charges. As fotorreportagens muitas vezes ganham um caderno especial. Analisem alguns jornais impressos e digitais e escolham como irão categorizar e organizar os textos produzidos pela turma.

Decidam também o nome do jornal.

2. Selecionando mais textos jornalísticos de interesse da escola

Para alimentar o jornal da turma e o portal de notícias, é possível buscar e selecionar textos de interesse do público leitor: alunos, professores, funcionários da escola e familiares dos alunos. Além de jornalistas, vocês atuarão como curadores de informação (leiam o boxe "Curadoria de informação").

Busquem textos jornalísticos na internet que possam compor o jornal. Além dos gêneros estudados, vocês podem incluir resenhas, charges, ou outro que julgarem pertinente.

Ao pesquisar textos, analisem e discutam como a mídia cobriu dado acontecimento, comparando diferentes enfoques e perspectivas para, então, selecionar aqueles considerados confiáveis e adequados à finalidade do jornal escolar. A turma pode se dividir em grupos para selecionar textos jornalísticos, cada grupo com um tema: política, economia, esportes, arte e cultura, cotidiano, saúde, meio ambiente, etc. Lembrem-se de checar se os textos contêm informações verdadeiras, verificando o veículo em que foram publicados, data e local da publicação, autoria, URL (endereço em que se encontra um arquivo ou dispositivo de computador), formatação (usem ferramentas e *sites* checadores de informação, etc.), para evitar a proliferação de *fake news*. Também registrem sempre a fonte dos textos reproduzidos no jornal que não sejam da autoria dos próprios alunos.

Curadoria de informação

As tecnologias digitais nos proporcionam um acesso cada vez mais fácil e constante a informações. Mas essa grande quantidade de conteúdo que nos chega, principalmente por meio dos *smartphones*, precisa de uma leitura atenta e de uma seleção criteriosa. O curador de conteúdos ou curador de informações, humano ou automático, oferece um percurso de leitura ao usuário/leitor ao hierarquizar, priorizar e localizar o que de fato é de seu interesse. O curador de conteúdo tenta encontrar, entre a vasta quantidade de informações da internet, aquela que é realmente relevante aos usuários/leitores.

3. Diagramação do jornal impresso

Busquem editores de texto para diagramar e organizar os textos no jornal impresso. Alguns já apresentam opções direcionadas para a confecção de jornais. Os textos de jornal geralmente são dispostos em colunas abaixo do título.

Escolham uma identidade visual para o jornal: que estilo de letra será usado no nome do jornal, se haverá cor, logotipo, etc.

Caso não haja a possibilidade de imprimir o jornal, façam um jornal mural: em um amplo cartaz, colem os textos produzidos por vocês. Com alguma periodicidade (diário, semanal, quinzenal), troquem os textos. Nesta opção, os textos devem ser impressos ou escritos com letras em tamanho maior para que o leitor possa visualizar com facilidade.

Sol de Zuasnabar Brebbia/Getty Images

4. Criação do portal de notícias

Ao longo da unidade, você produziu textos jornalísticos e publicitários em diferentes formatos e mídias: textos escritos, vídeos, áudios, imagens. Para reunir esses textos, criem um portal de notícias da turma. Para isso, uma ferramenta de criação de *blog* pode ser usada. Caso haja possibilidade, a turma pode criar um *site* próprio.

Analisem grandes portais de notícias brasileiros (como UOL, G1, Terra, R7, entre outros) para planejarem como será o portal da turma. Pensem nas seções do portal, o que estará em destaque, o que será fixo, o que será renovado de tempos em tempos. Utilizem no portal a mesma identidade visual que vocês criaram para o jornal impresso, fazendo as adaptações e os acréscimos necessários.

Reprodução/https://www.nexojornal.com.br

Além dos textos produzidos por vocês, selecionem conteúdos interessantes da internet para disponibilizar ao público leitor, lembrando-se sempre de indicar a fonte completa de onde eles foram extraídos. Antes de publicar conteúdos da internet, sempre façam uma análise atenta. No caso de conteúdos das páginas de redes sociais, observem o *feed* do perfil encontrado, comparando-o a outros com a mesma finalidade e trazendo diversidade de pontos de vista ao portal.

Divulguem o endereço virtual do portal de notícias em toda a escola. O portal de notícias pode, assim como os jornais de grande circulação, apresentar perfil de rede social. Planejem como construir um *feed* de um perfil de empresa jornalística. Analisem alguns *feeds* e iniciem as postagens do jornal da turma.

EM DIA COM O ENEM E O VESTIBULAR

1. (UNICAMP-SP)

Considere a seguinte situação: uma postagem recente em uma rede social de uma mensagem de ódio contra os nordestinos foi foco de intensa discussão. Dada a repercussão do caso, o jornal de maior circulação de sua cidade resolveu fazer um caderno especial sobre o tema "Liberdade de Expressão". Leitores de diferentes perfis foram convidados a se manifestar e você foi o estudante escolhido. Para atender a esse convite, você deverá escrever um artigo de opinião em que discutirá a seguinte questão: "Há limite para a liberdade de expressão?".

No seu artigo de opinião, você deve:

a) identificar e explicitar os **dois** principais posicionamentos sobre a questão tratada;

b) assumir **um** desses dois posicionamentos e sustentá-lo com argumentos.

Seu texto deverá considerar as seguintes citações:

"Liberdade de expressão é a possibilidade de as pessoas se manifestarem sobre fatos e ideias sem interferências externas, sobretudo do Estado. Discurso de ódio é uma tentativa de desqualificar e excluir do debate grupos historicamente vulneráveis, seja por religião, cor da pele, gênero, orientação sexual ou qualquer traço utilizado com o objetivo de inferiorizar pessoa ou grupo." (Luís Roberto Barroso, Ministro do STF.)

"A frase 'eu discordo do que dizes, mas defenderei até a morte o teu direito de dizê-lo' talvez seja a melhor definição para a liberdade de expressão. Afinal, é muito fácil conceder a liberdade de expressão às ideias com que concordamos; muito mais difícil é aceitar a manifestação de ideias que desgostamos. O que se tem visto no Brasil nos últimos tempos, no entanto, é uma crescente vontade de reprimir formas de expressão que sejam consideradas desrespeitosas e preconceituosas. A iniciativa, embora tenha como pano de fundo uma intenção nobre, tem gerado situações desproporcionais, limitando o direito à livre expressão e violando a Constituição Federal." (Bruno de Oliveira Carreirão, advogado.)

"Liberdade de expressão é poder se manifestar sobre aquilo que não ofenda ou ataque o sentimento íntimo das pessoas. Discurso de ódio é o que tem por objetivo incitar, criar beligerância e promover animosidades contra esses sentimentos pessoais." (Marcelo Itagiba, ex-deputado.)

"As grandes sociedades se caracterizam pela pluralidade de valores, alguns excludentes. A liberdade de expressão é ligada à liberdade em si, mas há o valor da luta contra o preconceito. Como lidar com o conflito de valores? Os EUA optaram pela liberdade de expressão. O Brasil optou por uma legislação protetiva. Isso guarda um certo paternalismo, mas expressa respeito. (Fernando Schüler, cientista político.)

"É necessário entender a ideia de identidade e de alteridade. Por uma questão de sobrevivência, nos sentimos seguros quando próximos de algo com que nos identificamos. Queremos sempre que o outro seja igual a nós e, se não for, talvez tenhamos que destruí-lo. Este é um pressuposto fundamental para o surgimento do discurso de ódio." (Izidoro Blikstein, professor da FGV e especialista em Análise do Discurso.)

"Liberdade de expressão é o direito de expor a opinião e exercitar a divergência sem ser perseguido ou condenado. O discurso de ódio é um conceito um tanto abstrato e elástico. Para uns, é a expressão da verdade desnuda do politicamente correto; para outros, é a tentativa abjeta de difamar seu interlocutor." (Rachel Sheherazade, jornalista e apresentadora de TV.)

"O discurso de ódio aparece quando você acha que seu modo de ser e estar no mundo deve ser um modelo com o qual outras pessoas têm que se conformar. Se isso não acontecer, o discurso de ódio vem para deslegitimar a sua vivência, para fazer com que pareça que sua vida não merece ser vivida." (Linn da Quebrada, cantora.)

"Liberdade de expressão não é um direito absoluto, nem pode ser. As pessoas têm dificuldade de entender que vivem em sociedade, que existem regras e que a gente precisa delas, sobretudo no que diz respeito à vida do outro." (Djamila Ribeiro, ativista dos movimentos negro e feminista e ex-Secretária Adjunta de Direitos Humanos da prefeitura de São Paulo.)

(Adaptado de http://temas.folha.uol.com.br/liberdade-de-opiniao-x-discurso-de-odio/o-que-e-o-que-e/personalidades-discutem-o-que-e-liberdade-de-opiniao-e-discurso-de-odio.shtml. Acessado em 13/11/2017.)

2. (UNICAMP-SP)

Você é um(a) estudante do Ensino Médio na rede pública estadual e soube de um acontecimento revoltante na sua escola: sua professora de Filosofia recebeu ofensas e ameaças anônimas por suposta tentativa de doutrinação política, ao ter iniciado o curso sobre as origens da Cidadania e dos Direitos Humanos modernos com o texto a seguir:

Teócrito e o pensamento

A ninguém, nem aos deuses nem aos demônios, nem às tiranias da terra nem às tiranias do céu, foi dado o poder de impedir aos homens o exercício daquele que é o primeiro e o maior de seus atributos: o exercício do pensamento.

Podem amarrar as mãos de um homem, impedindo-lhe o gesto. Podem atar-lhe os pés, impedindo-lhe o andar. Podem vazar-lhe os olhos, impedindo a vista. Podem cortar-lhe a língua, impedindo a fala. O direito de pensar, o poder de pensar, porém, estão acima de todas as violências e de todas as repressões, que nada podem contra seu exercício. (...) Parece claro que não há abuso mais abominável que o de tentar impor limitações ao pensamento de qualquer pessoa.

Pretender suprimir o pensamento de quem quer que seja é o maior dos crimes. Pois não é apenas um crime contra uma pessoa, mas contra a própria espécie humana, uma vez que o pensamento é o atributo que distingue o ser humano dos demais seres criados sobre a face da terra. (...)

Na vida na cidade, se um homem neutraliza dentro de si o direito de pensar, a cidade pode ser tomada e dominada pela ferocidade de um tirano, cujo despotismo levará o povo à morte pela fome, pela crueldade ou por outras formas de injustiça e prepotência. E se não o povo todo, pelo menos uma parte do povo, certamente, será arrastada à opressão, à tortura, ao cárcere ou a qualquer outra forma de perdição. Os tiranos não gostam que as pessoas pensem.

(Teócrito de Corinto, filósofo grego, século II d.C.)

A direção da escola ainda não se manifestou publicamente sobre o episódio. Indignado(a) com a tentativa de censura que a professora sofreu por propor aos alunos reflexões fundamentais à formação cidadã, você decidiu escrever o texto de um abaixo-assinado encaminhado à direção da escola, em nome dos estudantes, no qual deve: a) reivindicar que a escola se posicione publicamente em defesa da professora; b) reivindicar a manutenção de aulas de Filosofia que tematizem os Direitos Humanos; e c) justificar suas reivindicações. Para tanto, você deve levar em conta tanto o texto acima quanto os excertos abaixo.

1. A instrução será orientada no sentido do pleno desenvolvimento da personalidade humana e do fortalecimento do respeito pelos direitos humanos e pelas liberdades fundamentais. A instrução promoverá a compreensão, a tolerância e a amizade entre todas as nações e grupos raciais ou religiosos, e coadjuvará as atividades das Nações Unidas em prol da manutenção da paz.

(*Declaração Universal dos Direitos Humanos*, Artigo XXVI, item 2, 1948.)

2.

© Armandinho, de Alexandre Beck/ Acervo do cartunista

(Alexandre Beck. Disponível em pa.unicamp.br/direitos-humanos-armandinho-na-upa. Acessado em 24/11/2018.)

3. No que toca aos direitos humanos, a filósofa Hannah Arendt identificou na ruptura trazida pela experiência totalitária do nazismo e do stalinismo a inauguração do *tudo é possível*, que levou pessoas a serem tratadas como supérfluas e descartáveis. Tal fato contrariou os valores consagrados da Justiça e do Direito, voltados a evitar a punição desproporcional e a distribuição não equitativa de bens e situações. Arendt propõe assegurar um mundo comum, marcado pela pluralidade e pela diversidade, o qual, através do exercício da liberdade, impediria o ressurgimento de um novo estado totalitário de natureza. No mundo contemporâneo, continuam a persistir situações sociais, políticas e econômicas que, mesmo depois do término dos regimes totalitários, contribuem para tornar os homens supérfluos e sem lugar num mundo comum, como a ubiquidade da pobreza e da miséria, a ameaça do holocausto nuclear, a irrupção da violência, os surtos terroristas, a limpeza étnica, os fundamentalismos excludentes e intolerantes.

(Adaptado de Celso Lafer, A reconstrução dos direitos humanos: a contribuição de Hannah Arendt. *Estudos Avançados*, v. 11, n. 30, São Paulo, p. 55-65, maio/ago. 1997.)

4. O bicho está pegando na educação. Fico pensando em que mundo vivem os que acham que as escolas brasileiras sofrem de "contaminação político-ideológica" comandada por "um exército organizado de militantes travestidos de professores". É uma baita contradição para quem diz defender a "pluralidade", e é o caminho oposto dos países de alto desempenho em educação: Estados Unidos (em que alguns Estados oferecem educação sexual desde o século XIX), Nova Zelândia, Suécia, Finlândia e França. No Brasil, querem interditar o debate. Mesma coisa com os estudos indígenas e africanos, classificados aqui como porta de entrada para favorecer "movimentos sociais". Já na Noruega, o currículo é generoso com o povo sami, habitantes originais do norte da Escandinávia. "Doutrinação", por lá, chama-se respeito à diversidade e às raízes da história do país. Para piorar, o principal evangelista dessa "Bíblia do Mal" seria Paulo Freire. Justo ele, pacifista convicto e obcecado pela ideia de que as pessoas deveriam pensar livremente. Presos na cortina de fumaça da suposta doutrinação, empobrecemos um pouco mais o debate sobre educação.

(*Adaptado de Blog do Sakamoto.* Disponível em https://blogdosakamoto.blogosfera.uol.com.br. Acessado em 05/07/2018.)

Sua professora de Geografia abriu um fórum no ambiente virtual da disciplina para discutir o tópico "IDH e crescimento do PIB como indicadores de desenvolvimento" e propôs as seguintes questões: a) Observe a classificação do Brasil nos *rankings* apresentados nos gráficos 1 e 2; b) Interprete os textos 3, 4 e 5; e c) Indique se haveria diferenças no desenvolvimento social do Brasil caso o país optasse por uma política econômica que tenha como consequência uma melhor classificação no ranking do IDH ou no *ranking* do crescimento do PIB.

Publique uma postagem nesse fórum, na qual, a partir da leitura dos textos indicados abaixo, você deve: a) apontar em qual *ranking* o Brasil subiria se privilegiasse os aspectos qualidade de vida e igualdade no desenvolvimento social; b) apresentar as consequências de priorizar o consumo para o desenvolvimento social; e c) argumentar em favor do seu ponto de vista.

1.

PIB significa Produto Interno Bruto, medida que representa a soma, em valores monetários, de todos os bens e serviços finais produzidos numa determinada região, durante um determinado período.

(Dados disponíveis em https://economia.estadao.com.br/noticias/geral,brasil-fica-em-ultimo-em-ranking-de-crescimento-com-47-paises,70002481872. Acessado em 28/06/2018.)

2.

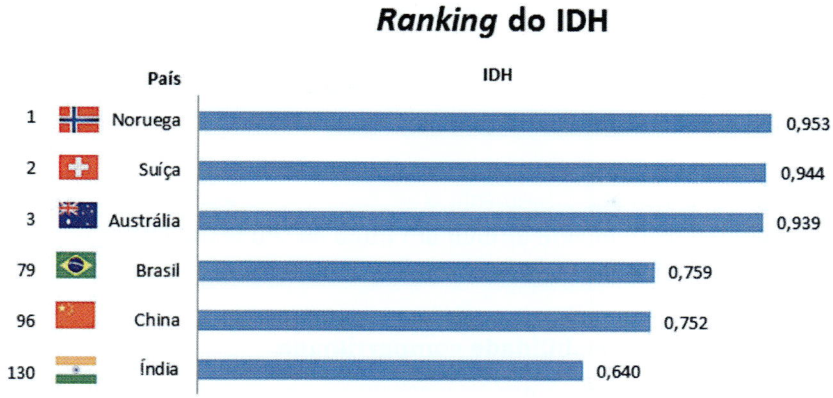

IDH significa Índice de Desenvolvimento Humano, medida concebida pela ONU (Organização das Nações Unidas) para avaliar a qualidade de vida e o desenvolvimento econômico de uma população.

(Fonte: PNUD, ed. 14 de setembro de 2018. *Human Development Indices and Indicators* — 2018 Statistical Update.)

3. Um breve conjunto de informações para nos fazer repensar as relações de consumo:

- A indústria da moda é a segunda maior consumidora de água no mundo. Só perde para a do petróleo.
- Estima-se que 17% a 20% da poluição da água industrial vem de tingimento e tratamento têxtil.
- Cerca de 15% a 20% de tecido é desperdiçado a cada peça cortada. E tecido não é reciclável.
- Estima-se que 10% das emissões de gases de efeito estufa provêm da indústria da moda.
- As fábricas de moda consomem mais de 130 milhões de toneladas de carvão/ano para gerar energia.
- Para suprir a demanda do consumo, quase toda matéria-prima utilizada na moda resulta em problema: do algodão, cheio de pesticidas, ao poliéster, oriundo da exploração do petróleo.
- Operários da indústria têxtil em países como China, Índia e Bangladesh trabalham mais de 12 horas por dia e ganham menos do que 100 dólares por mês.
- Cerca de 80% da mão de obra deste mercado são mulheres. E menos de 2% ganham o suficiente para viver em condições dignas. Para ganhar mais, elas chegam a trabalhar mais de 75 horas por semana.

E tem quem ache que o consumismo é um problema individual que só diz respeito à própria conta bancária...

(Adaptado de Nina Guimarães, O consumismo destrói o meio ambiente e incentiva o trabalho escravo. Metrópoles, 19/04/2017.)

4. As principais redes de varejo de moda do país associadas à ABVTEX (Associação Brasileira do Varejo Têxtil) já notam a melhora no ânimo dos consumidores. "O cenário é mais favorável, a partir do momento em que há maior disponibilidade de crédito; a inflação está abaixo do esperado, com aumento no poder de compra; e há uma leve redução do desemprego. Esses fatores somados ajudam a elevar a intenção de compra", aponta Lima, diretor executivo da ABVTEX. A FGV estima que, em 2018, o PIB cresça 2,5%. Esse crescimento deve permanecer liderado pelo consumo.

(Adaptado de Em 2018, crescimento permanecerá liderado pelo consumo, diz FGV. Disponível em http://www.abvtex.org.br/. Acessado em 04/05/2018.)

5. Pelo 12º ano consecutivo, só deu ela: a Noruega foi novamente eleita pela ONU como o melhor país do mundo para se viver. Segundo Jens Wandel, diretor do departamento administrativo do Programa de Desenvolvimento da ONU, o sucesso do país consiste em combinar o crescimento de renda com um elevado nível de igualdade. "Ao longo do tempo, a Noruega conseguiu aumentar sua renda e, ao mesmo tempo, garantir que os rendimentos sejam distribuídos de modo uniforme".

(Adaptado de Índice de Desenvolvimento Humano: o que faz da Noruega o melhor lugar para se viver? *Huffpost Brasil*, 17/12/2015.)

3. (UNICAMP-SP)

Coloque-se na posição de um **jornalista** que, com base na leitura do texto abaixo, deverá escrever um **editorial**, isto é, um artigo jornalístico opinativo, para um importante jornal do país, discutindo o **crescimento do e-lixo** no Brasil. Seu texto deverá, necessariamente:

- abordar **dois dos problemas** relacionados ao crescimento do e-lixo no Brasil levantados pelo texto abaixo;

e

- apontar **uma forma** possível de enfrentar esse crescimento.

Atenção: Por se tratar de um editorial, você deverá atribuir um título ao seu texto. Lembre-se de que não deverá recorrer à mera colagem de trechos do texto lido.

Aumento na geração de e-lixo e responsabilidade compartilhada

Quando você descarta um equipamento eletrônico, você está gerando o que se conhece como "e-lixo". São materiais tais como pilhas, baterias celulares, computadores, televisores, DVD's, CD's, rádios, lâmpadas fluorescentes e muitos outros que, se não tiverem uma destinação adequada, vão parar em aterros comuns e contaminar o solo e as águas, trazendo danos para o meio ambiente e para a saúde humana. Com a rápida modernização das tecnologias, os aparelhos tornam-se ultrapassados em uma velocidade assustadora. Na composição dos equipamentos eletrônicos existem substâncias tóxicas como mercúrio, chumbo, cádmio, belírio e arsênio — altamente perigosos à saúde humana.

A Organização das Nações Unidas (ONU) pediu em 22 de fevereiro de 2010 medidas urgentes contra o crescimento exponencial do lixo de origem eletrônica em países emergentes como o Brasil. O Programa das Nações Unidas para o Meio Ambiente (Pnuma) apresentou um relatório que ressalta a urgência de estabelecer um processo ambicioso e regulado de coleta e gestão adequada do lixo eletrônico uma vez que a geração desse lixo cresce mundialmente a uma taxa de cerca de 40 milhões de toneladas por ano.

Casemiro Tércio Carvalho, coordenador de planejamento ambiental da Secretaria do Meio Ambiente de São Paulo, credita a posição do Brasil à ampliação da inclusão digital no país e ao aumento do poder aquisitivo das classes C, D e E. Para o professor Fernando S. Meirelles, da FGV (Fundação Getúlio Vargas), a questão do lixo eletrônico no Brasil não é necessariamente um problema de governo. "É um fator cultural. O mercado de reciclados ainda é muito incipiente e não há coletores suficientes."

Embora ainda tramite no Senado o projeto de lei da Política Nacional de Resíduos Sólidos — PNRS (aprovado pela Câmara dos Deputados em março de 2010 após 19 anos de tramitação), é possível fazer alguns comentários sobre o conjunto de obrigações legais que estruturarão juridicamente, no Brasil, a Logística Reversa (o retorno do equipamento usado para o fabricante ou comerciante), que tem como implicação a Responsabilidade Compartilhada entre os Produtores/Fabricantes, os Comerciantes e Distribuidores, e os Consumidores. Está visto que não adianta a boa vontade dos consumidores se não existir uma infraestrutura de recolha do lixo eletrônico. É essa falta de estrutura que representa o grande entrave na política de gestão prevista na PNRS. Não podemos ignorar que a nossa cultura de gestão de resíduos é "zero". Daí porque o planejamento de política pública é o ponto inicial para qualquer medida que pretenda ser eficaz nessa área.

(Adaptado das seguintes fontes: http://www.e-lixo.org/elixo.html (acessado em abril de 2010), www.uol.com.br por Juan Palop (publicada em 22.02.2010) e http://lixoeletronico.org por Diogo Guanabara (publicado em 20.04.2010)).

4. (UENP-PR)

Produza um *artigo de opinião*, assumindo o papel social de um leitor de jornal que intenciona publicar seu ponto de vista em relação à questão: *Até que ponto pequenos atos, como assinar a lista de presença para o colega que faltou ou colar em avaliações, devem ser considerados corruptos e corruptíveis? Há um limite entre o que é considerado tradicionalmente como corrupção — por exemplo aquela praticada por políticos — e o famoso "jeitinho brasileiro"?*

Não se esqueça de que o artigo de opinião é um texto argumentativo, por isso, além de se posicionar frente à questão exposta, é preciso selecionar bons argumentos para a defesa da sua tese.

Os textos/trechos textuais a seguir discorrem sobre a questão apresentada. Mas lembre-se de que eles podem ser usados apenas como suportes para a sua argumentação e nunca copiados deliberadamente. Você será avaliado pelo grau de autoria do texto!

TEXTO 1

Corrupção (cor.rup.ção)

sf.

1. Ação ou resultado de corromper(-se).

2. Adulteração das características originais de algo; DESVIRTUAÇÃO; DETURPAÇÃO: *corrupção do sentido de uma frase.* [Antôn.: conservação, manutenção.]

3. Decomposição orgânica; DETERIORAÇÃO; PUTREFAÇÃO [Antôn.: conservação, preservação.]

(AULETE DIGITAL. *Corrupção.* Disponível em: <http://www.aulete.com.br/corrupcao>. Acesso em: 29 set. 2015.)

TEXTO 2

Origem da palavra "Corrupção"

Antes de designar a venda ilegal de favores por representantes do poder público, corrupção é deterioração, decomposição física, apodrecimento. "Corrupto" vem do latim corruptus, particípio de "corromper": é o corrompido, o podre, o que se deixou estragar.

(DICIONÁRIO ETIMOLÓGICO: origem das palavras. *Origem da palavra corrupção.* Disponível em: http://www.dicionarioetimologico.com.br/corrupcao/. Acesso em: 29 set. 2015.)

5. (UEM-PR)

TEXTO 1

Rio de Janeiro é primeira capital brasileira a proibir canudos plásticos

(Vanessa Barbosa)

O Rio de Janeiro é a primeira capital brasileira a banir o uso de canudos plásticos em quiosques, bares restaurantes. O prefeito da cidade Marcelo Crivella sancionou o projeto de lei que proíbe a distribuição de canudinhos plásticos em estabelecimentos alimentícios. A medida foi publicada no Diário Oficial da cidade do Rio nesta quinta-feira. O projeto havia sido aprovado na Câmara Municipal no mês passado. Ainda falta determinar o prazo para a entrada em vigor da medida. De autoria do vereador Jairinho (MDB), o projeto estipula multa de até 3 mil reais aos estabelecimentos que descumprirem a lei, valor que pode ser multiplicado em caso de reincidência. Em vez de plástico, o projeto determina o uso de canudos feitos de materiais biodegradáveis. Segundo seu artigo primeiro, a lei sancionada "obriga restaurantes, lanchonetes, bares e similares, barracas de praia e vendedores ambulantes do Município do Rio de Janeiro a usarem e a fornecerem a seus clientes apenas canudos de papel biodegradável e/ou reciclável individualmente e hermeticamente embalados com material semelhante". Centenas de milhares de cariocas apoiaram a causa por meio de uma petição online criada pela ONG Meu Rio, apoiadora do projeto. [...] O projeto de lei aprovado vai ao encontro de um crescente movimento global de combate ao lixo plástico, um dos principais vilões da poluição marinha. Segundo a ONU, ao menos 50 países têm propostas nessa seara.

Texto adaptado de https://exame.abril.com.br/brasil/rio-de-janeiro-eprimeira-cidade-brasileira-a-proibir-canudos-plasticos/. Acesso em 13 set 2019.

TEXTO 2

Especialistas falam sobre o impacto do banimento dos canudos plásticos

Os canudos plásticos estão sendo banidos em diversos municípios do Brasil em decorrência da aprovação de leis que proíbem o seu uso. Nossa reportagem ouviu alguns especialistas nesse tema para saber as suas opiniões. Veja abaixo o que eles nos disseram.

Opinião de Alexander Turra, professor titular do Instituto Oceanográfico da USP.

O banimento dos canudos parece ser uma ação assertiva, mas possui peculiaridades que não podem ser desconsideradas. O banimento, diferentemente de campanhas de conscientização, não cria o nexo entre o não uso do canudo e seu eventual benefício ambiental. A população precisa ter a oportunidade de compreender a questão para poder se posicionar de forma madura e responsável. O banimento também é baseado no pressuposto de que o canudo utilizado não encontra um sistema de coleta e destinação de resíduos sólidos adequado, o que deveria ser garantido pelos municípios. Canudo é um item icônico para o diálogo sobre o lixo. Embora o canudo seja um item icônico para o diálogo sobre a temática, a importância de seu banimento como estratégia de combate ao lixo no mar é questionável. Os canudos não correspondem aos itens mais abundantes no lixo encontrado no mar. Dentre as principais fontes de lixo estão as áreas de ocupação irregular em morros, várzeas e manguezais, um problema socioambiental decorrente da pobreza e da falta de ordenamento territorial e de saneamento básico. Não tem lógica investir esforços e capital político no banimento como ação pirotécnica e midiática sem desenvolver estratégicas estruturantes para o combate ao lixo no mar, como a educação ambiental e a gestão de resíduos descartados pela população.

Opinião de Pedro Cortez, professor do programa de Pós-Graduação em Ciência Ambiental da USP.

Nesta terça-feira, 25 de junho, Bruno Covas, prefeito da cidade de São Paulo, sancionou uma lei que proíbe o fornecimento de canudos plásticos em estabelecimentos comerciais da cidade. O governador do Estado de São Paulo, João Dória, promete fazer, em breve, o mesmo para todo oestado de São Paulo. Tanto o estado quanto a sua capital seguem, de maneira tardia, a esteira de outras cidades brasileiras que já baniram os canudinhos plásticos. O Rio de Janeiro fez isso há um ano. São Paulo perde a oportunidade de estabelecer o protagonismo na gestão de resíduos e no desenvolvimento de políticas ambientais mais avançadas. Poderia aproveitar e banir o uso de descartáveis plásticos (não apenas dos canudinhos), pois esses demoram muito tempo para serem degradados pelo meio ambiente e, em muitos casos, acabam poluindo rios e oceanos. Há alternativas melhores. A cidade poderia assumir uma posição de destaque com políticas ambientais inovadoras, servindo de (bom) exemplo para outras cidades no Brasil e também no exterior. Afinal, são 12 milhões de habitantes apenas na capital. [...] No estado do Rio de Janeiro, lei estadual recentemente aprovada obriga as lojas de varejo a trocarem as sacolas de plástico por modelos elaborados com material renovável. Seguindo a tendência, podemos esperar que apenas em 2020 São Paulo faça o mesmo. Não antes disso.

Texto adaptado de: https//sustentabilidade.estadao.com.br/noticias/geral,analise-so-acao-midiatica-sobre-canudos-nao-adianta,70002888325.amp. Acesso em 13 set 2019.

TEXTO 3

Texto adaptado de http://twitter.com/hastag/canudosplásticos. Acesso em13 set 2019.

GÊNERO TEXTUAL - CARTA ABERTA

Contexto e comando de produção: A Câmara Municipal de **Mundolândia**, cidade onde você reside há anos, está em fase de discussão de um projeto de lei denominado **"Canudo Zero"**, que proíbe o uso de canudos plásticos em restaurantes, lanchonetes, padarias, bares. Você é um(a) estudante consciente das questões que envolvem a proteção do meio ambiente e, a partir da leitura dos textos 1, 2 e 3, e de seus conhecimentos sobre o assunto, decide redigir uma CARTA ABERTA, que será publicada no jornal **Folha de Mundolândia**, destinada aos vereadores de sua cidade, posicionando-se de forma favorável ou contrária a esse projeto de lei. O seu intuito é o de influenciar a decisão da Câmara e a opinião pública de sua cidade sobre o assunto. Considerando esse contexto de produção, redija o texto solicitado com o mínimo de 15 e o máximo de 22 linhas. Caso queira assinar seu texto, utilize APENAS **Custódio** ou **Custódia**.

6. (UEL-PR)

Leia os textos a seguir.

Desigualdade Social

A desigualdade social e a pobreza são problemas sociais que afetam a maioria dos países, na atualidade. A pobreza existe em todas as nações, pobres ou ricas, mas a desigualdade social é um fenômeno que ocorre principalmente em países não desenvolvidos. O conceito de desigualdade social é um guarda-chuva que compreende diversos tipos de desigualdades. De modo geral, a desigualdade econômica – a mais conhecida – é chamada imprecisamente de desigualdade social, dada pela distribuição desigual de renda. No Brasil, a desigualdade social tem sido um cartão de visita para o mundo, pois é um dos países mais desiguais.

Adaptado de: CAMARGO, Orson. Desigualdade social.brasilescola.uol.com.br

Infográfico sobre a distribuição de renda por faixas salariais.

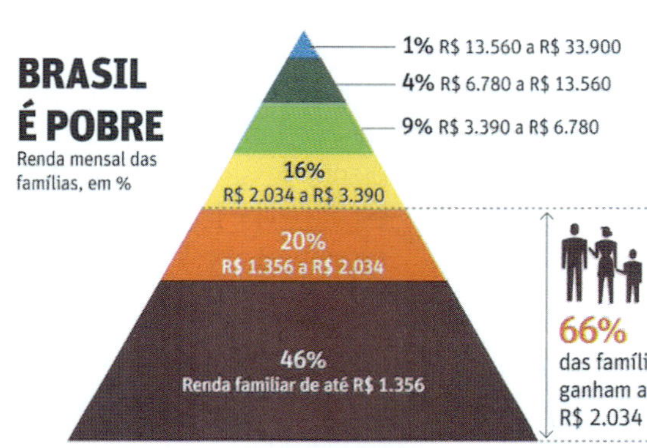

www.coladaweb.com

Rafael Georges, coordenador de campanhas da Oxfam Brasil (organização que tem por objetivo combater a pobreza, as desigualdades e as injustiças em todo o mundo), em entrevista à Rádio CBN, em 13/08/2018:

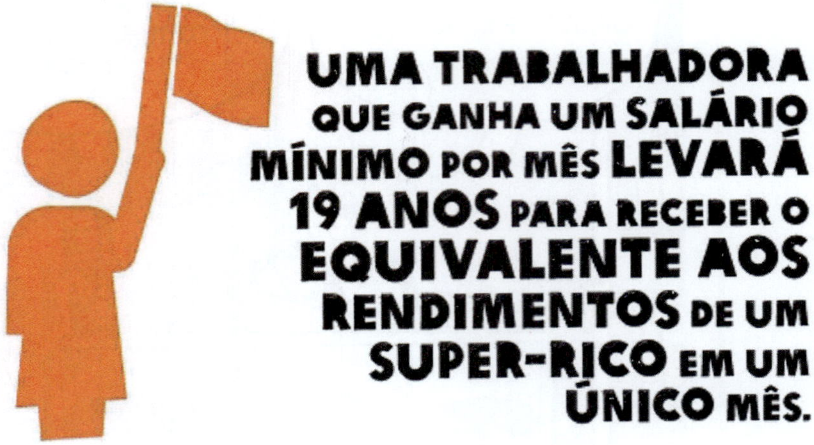

Reprodução/UEL-PR, 2020.

"Hoje, uma pessoa que ganha um salário mínimo levaria 19 anos trabalhando para ganhar o que o 0,1% mais rico ganha em um mês. O Brasil é o décimo país mais desigual do mundo, segundo o último levantamento do Programa das Nações Unidas para o Desenvolvimento (PNUD) e, ao mesmo tempo, é uma das dez maiores economias do planeta. Nosso PIB per capita não é tão alto, ele é baixo quando a gente compara, por exemplo, com países da Organização para a Cooperação e Desenvolvimento Econômico (OCDE), o que mostra que a gente ainda tem, sim, o desafio de crescimento. Mas hoje essa encruzilhada em que as eleições nos colocam, esse crescimento tem que ser pensado com redistribuição. A ideia de que tem que crescer o bolo para depois repartir já está vencida. Ou a gente cresce redistribuindo ou a nossa economia fica frágil e agente sai e mergulha na pobreza de tempos em tempos e, nesse momento, estamos vivendo justamente isso".

www.oxfam.org.br

Com base na coletânea de textos e no infográfico, elabore um texto no qual apresente o seu ponto de vista a respeito das causas e consequências da desigualdade social no Brasil. Para a abordagem do tema, utilize dados da realidade para, a partir deles, convencer o leitor. O texto deverá ter de 12 a 14 linhas e não deverá trazer assinatura.

7. (UECE-CE)

Prezado(a) candidato(a),

Sabe-se que os brasileiros estão vivenciando, atualmente, uma crise econômica que tem impactos na vida do trabalhador. Segundo dados do Instituto Brasileiro de Geografia e Estatística (IBGE), no segundo trimestre de 2019, eram 12,6 milhões de desempregados no país. Certamente, você conhece ou já ouviu falar em alguém que está à procura de emprego. Diante dessa questão, escolha UMA das propostas a seguir e redija o seu texto em norma escrita culta, tendo como base seu conhecimento de mundo e sua experiência de vida, bem como os 3 (três) textos motivadores dispostos em seguida:

Proposta 1:

Imagine que você está à procura de emprego e algo inusitado aconteceu em sua busca. Conte essa narrativa através de um relato pessoal, que será publicado em uma revista de grande circulação na seção que trata de empregos. Esse é um gênero que conta um acontecimento marcante na vida de alguém, situando esse fato no tempo e no espaço. O relato pessoal é escrito em primeira pessoa, no entanto, você não deve se identificar. Para iniciar seu texto, apresente brevemente as principais ideias que você quer relatar. Em seguida, desenvolva essas ideias, narrando os acontecimentos para, posteriormente, apresentar o desfecho da história. Nesse gênero, geralmente, aparece a descrição dos sentimentos do(a) autor(a).

Proposta 2:

Você foi escolhido(a) para ser o(a) orador(a) de sua turma de conclusão do Ensino Médio, portanto, será de sua responsabilidade o discurso de formatura. A temática do seu discurso será a questão das perspectivas profissionais impactadas pela falta de oportunidades de emprego, devido ao contexto social, político e econômico vigente. Saiba que o discurso de formatura é um gênero que, embora seja oralizado, ele foi previamente escrito seguindo os parâmetros da norma culta. Para iniciar seu texto, agradeça aos presentes e apresente a temática, preparando o público para as ideias centrais. Em seguida, descreva situações que corroboram para a construção da adesão do público para a temática. Nesse momento, predominam argumentos que ilustram e reforçam a tese defendida durante todo o discurso. Para a conclusão, faça uma prospecção para o futuro profissional dos formandos.

Desemprego é maior entre jovens, mulheres e trabalhadores sem ensino superior

A crise no mercado de trabalho atinge, de forma desigual, diferentes grupos sociais e regiões do Brasil. O índice de desemprego no país é de 11,8%, mas a taxa é maior para mulheres, jovens e pessoas com baixa escolaridade. É o que mostram os dados do quarto trimestre de 2017 da Pesquisa Nacional por Amostra de Domicílios (PNAD), divulgada nesta sexta-feira (23), pelo Instituto Brasileiro de Geografia e Estatística (IBGE). Além dos desempregados, esses grupos também são os mais afetados entre os trabalhadores subutilizados, contingente que soma 26 milhões de pessoas no Brasil. (...)

Entre as mulheres, o índice de desemprego fechou o ano em 13,4%, contra 10,5% entre os homens. Havia 6,07 milhões de homens desocupados, contra 6,24 milhões de mulheres no fim do ano passado. (...) Os mais jovens sofrem mais com a falta de trabalho do que os mais velhos, apontam os dados do IBGE. "Historicamente, a população mais afetada pela falta de oportunidade no mercado de trabalho são as mulheres, os mais jovens – muito por conta da falta de experiência – e os pretos e pardos", afirmou o coordenador de Trabalho e Rendimento do IBGE, Cimar Azeredo. (...) Os dados do IBGE mostram que a taxa de desemprego é maior entre as pessoas com menor escolaridade. (...)

Thaís Gonçalves da Silva, de 21 anos, está entre os grupos que mais sofrem com a falta de trabalho. Desempregada há 1 ano e meio, procura emprego todos os dias, seja pela internet ou entregando seu currículo em empresas e agências de recrutamento. Seu último emprego foi como conferente numa loja de hortifruti. Ela foi mandada embora em um corte de funcionários em 2016. Segundo Thaís, apesar de ter experiência como conferente, empacotadora, atendimento ao cliente, balconista, vendedora e atendente, ela acaba sendo eliminada na seleção por causa da idade, por não ter superior completo ou por ser mulher. (...)

O ano foi marcado pela expansão forte dos trabalhadores autônomos, os chamados por conta própria, o que segurou a taxa de desemprego. No 4º trimestre do ano passado, comparado com o mesmo período do ano anterior, apenas oito estados não tiveram aumento no número de trabalhadores por conta própria. São Paulo, Minas Gerais, Espírito Santo, Santa Catarina, Paraná e Mato Grosso do Sul alcançaram recorde no número de pessoas trabalhando nesta condição.

Adaptado de SILVEIRA, D.; CAVALLINI, M.; GAZZONI, M. *Desemprego é maior entre jovens, mulheres e trabalhadores sem ensino superior.* 23 de fevereiro de 2018. Disponível em: https://g1.globo.com/economia/concursos-e-emprego/noticia/desemprego-e-maior-entre-jovens- mulheres-e-trabalhadores-sem-ensino-superior.ghtml. Acesso em: 23 de outubro de 2019.

Como eu consegui um emprego no momento mais crítico da minha vida

Como conseguir emprego é uma pergunta desagradavelmente comum nos últimos meses aqui no Brasil. Mas meu objetivo não é ficar choramingando a falta de empregos ou xingando isso ou aquilo. Eu quero compartilhar, de forma super simples, como eu consegui um emprego numa agência de publicidade, num momento extremamente crítico da minha vida. (...) Entre 2010 e 2011, passei pouco mais de 7 meses desempregado. (...) Eu já estava mandando currículo fazia um tempo e a falta de resultados me fazia sentir um lixo. Esse sentimento cresce quando o tempo vai passando e a gente não consegue trabalho, pois pensa que o problema está na gente, que deveria ter estudado mais inglês, que a culpa é do fulano, da situação X, etc. (...)

Finalmente, quando todas as possibilidades de dinheiro acabaram e eu já estava ficando plenamente desesperado, fui chamado para uma entrevista de emprego em uma agência digital. Desde que soube da entrevista, passei a tratar essa vaga como "a vaga". O meu entrevistador e possível futuro chefe era de São Paulo. Ele estava em Belo Horizonte para atender um cliente e combinou de me entrevistar no final daquele mesmo dia. Saí de casa mais cedo para a entrevista, mas peguei um trânsito infernal. Comecei a me preocupar, porque estava parecendo aqueles dias em que tudo dá errado. No meio do caminho, preso no trânsito e já em cima da hora, recebi um SMS: "Matheus, estou agarrado no cliente. Vou ter que ir direto para o aeroporto. Fazemos a entrevista em outra oportunidade". (...) Sem pensar, respondi: "Então, te encontro no aeroporto".

Eu estava preso no trânsito e na outra mão do fluxo. Para piorar, meu carro, que estava com a bomba de combustível estragada, não estava com muita gasolina. Arrisquei tudo e fui direto. Cheguei ao aeroporto faltando apenas 15 minutos para o embarque do meu entrevistador. Consegui me comunicar com ele por SMS e o encontrei numa mesinha de um café. Nos apresentamos rapidamente, abri meu *notebook*, mostrei meu portfólio e me vendi com todo meu coração e alma. Contei minha história, agradeci pela disponibilidade e falei tudo o que foi possível. Foram dias apreensivos para mim, afinal, é praxe entrevistadores não te responderem e a gente ficar igual bobo esperando uma resposta que nunca virá. Mas, para minha surpresa, dias depois, recebi uma mensagem dizendo que, não apenas pelo meu portfólio, mas pelo empenho e dedicação em correr atrás daquela oportunidade, eu havia sido selecionado para a vaga. Chorei.

Adaptado de MONTENEGRO, M. *Como eu consegui um emprego no momento mais crítico da minha vida*. 28 de novembro de 2016. Disponível em: http://vidadestartup.org/como-conseguir-emprego/. Acesso em: 23 de outubro de 2019.

Solenidade de colação de grau - Discurso do orador

Saudamos o Magnífico Reitor da Universidade Federal Rural do Semiárido (...), em nome do qual saudamos as demais autoridades aqui presentes. (...) Em primeiro lugar, senhoras e senhores, eu gostaria de expressar minha gratidão por me concederem a honra de ser o orador oficial desta solenidade tão importante para as nossas vidas. Mestres, professores e professoras, temos com os senhores e com as senhoras uma dívida impagável. Reconhecemos que a educação em nosso país tem melhorado substancialmente nos últimos anos, mas sabemos também que as dificuldades ainda são imensas. Mesmo assim, os senhores e as senhoras não se deixam intimidar, não se abatem ante os obstáculos. Aqui está o fruto do vosso valoroso trabalho: 233 profissionais em 10 cursos distintos que hoje se formam. (...). Recebam nossa gratidão, respeito e reverência! Amados colegas, todos nós sabemos quão difícil foi chegar até aqui, das batalhas renhidas que enfrentamos. (...) Eu sei que muitos de nós estamos aqui hoje nos perguntando o que faremos agora. Humilde e ousadamente, vos respondo: fazemos parte de um seleto grupo de homens e mulheres que tem como responsabilidade seguir avante, não retroceder, olhar para frente sem se intimidar com os obstáculos que nos cercam e fazer essa nação maravilhosa crescer junto conosco. (...) Dentre as muitas histórias de pessoas perseverantes, gostaríamos de destacar uma, que, em especial, gostamos muito: a de um menino nascido em uma família de sete filhos, dos quais três morreram ainda na infância, educado por sua mãe em casa, pois o professor não o aceitava na escola devido ao seu desinteresse pelo conteúdo ensinado. Esse menino cresceu e se tornou um dos maiores inventores que a história já registrou. Estamos falando do grande Thomas Edison, homem cercado por limitações e dificuldades, mas com um diferencial: perseverança. Se esse homem tivesse se intimidado com as dificuldades que o cercavam, se ele tivesse desistido, será que teríamos hoje a lâmpada, o microfone e a câmera filmadora? E nós? Se deixarmos as dificuldades sobrepujarem os nossos sonhos, o que vamos deixar de executar? Que legado deixaremos para os nossos descendentes? Como seremos lembrados? O importante em uma maratona, meus amados amigos, não é sair na frente, mas ter resistência para completar o percurso. Temos uma missão: contribuir para um mundo melhor e mais justo. Confiamos em Deus, somos jovens, criativos, temos força, inteligência, sonhos e perseverança, por isso... SOMOS CAMPEÕES!!! Muito Obrigado!

SILVA NETO, J. P. *Discurso da solenidade de colação de grau da UFERSA*. 02 de fevereiro de 2012. Disponível em: http://www2.ufersa.edu.br/ Acesso em 04 de novembro de 2019.

8. (UNICAMP-SP)

Você se encontra em uma situação de vulnerabilidade socioeconômica que o deixa mais exposto à infecção pelovírus da Covid-19 e se sente indignado/a com a negligência do Estado, que não adota medidas sérias e eficazes para evitar que você e outros/as trabalhadores/as corram esse risco. Em um ato de resistência psíquica e política, você decide escrever um **diário** para registrar o seu testemunho dos acontecimentos extraordinários da pandemia da Covid-19 para que as gerações futuras possam entender como as decisões políticas de um dado momento são determinantes para a história da humanidade.

Escreva **um texto de entrada para o seu diário**, no qual você deve **a)** *narrar* um episódio em que você corre o risco de contrair a Covid-19 em razão de seu trabalho e; **b)** *denunciar,* a partir desse episódio, a *necropolítica* como forma de organização de um Estado negligente em relação à saúde dos mais vulneráveis. Lembre-se de que seu diário servirá de testemunho para que seus descendentes tomem conhecimento do exercício da *necropolítica* que marcou a pandemia da Covid-19. Para escrever seu texto, leve em conta a coletânea apresentada a seguir.

Diário é um gênero textual, geralmente de caráter íntimo, em que se fazem anotações de experiências pessoais cotidianas, e que é organizado pela data de registro dessas anotações. Alguns diários podem ultrapassar o interesse privado do seu autor e interessar a outros possíveis leitores, seja pela pertinência das reflexões pessoais, seja por documentar uma época histórica.

1. *Necropolítica* é um conceito desenvolvido pelo filósofo Achille Mbembe que questiona os limites da soberania quando o Estado, baseado em premissas coloniais, racistas e capitalistas, escolhe quem deve viver e quem deve morrer (...). Segundo a pesquisadora Rosane Borges, racismo, capitalismo e necropolítica são inseparáveis. Um sustenta o outro. Aquilo que o capitalismo acha que não serve mais, ele abate, porque são corpos negros. O que se faz com a massa sobrante do mercado de trabalho? O que se faz com o contingente de pessoas que não são absorvidas pelas novas competências técnicas e tecnológicas do capitalismo? Se mata, se exclui. Obviamente que essa mesma massa sobrante são corpos negros, mulheres negras, que foram fundamentais para a acumulação de capital. Corpos que foram escravizados e que hoje não interessam mais para o capital. São pessoas que estão vivendo nas franjas do sistema social, marginalizadas. Nesse processo de marginalização, a gente cria linhas divisórias entre nós e os outros. E esses outros podem ser alvo de tudo. Inclusive da morte.

(Adaptado de O que é necropolítica. Disponível em https://ponte.org/o-que-e-necropolitica-e-como-seaplica-a-seguranca-publica-no-brasil/. Acessado em 15/01/2021.)

2. Quais são as consequências dessa pandemia no que diz respeito à reflexão sobre igualdade, interdependência global e nossas obrigações uns com os outros? O vírus não discrimina. Poderíamos dizer que ele nos trata com igualdade, nos colocando igualmente diante do risco de adoecer, perder alguém próximo e de viver em um mundo marcado por uma ameaça iminente. A desigualdade social e econômica garantirá a discriminação do vírus. O vírus por si só não discrimina, mas nós, humanos, certamente o fazemos, moldados e movidos como somos pelos poderes casados do nacionalismo, do racismo, da xenofobia e do capitalismo. Quais mortes chorar? Parece provável que passaremos a ver um cenário doloroso no qual algumas criaturas humanas afirmam seu direito de viver a custo de outras, reinscrevendo a distinção espúria entre vidas passíveis de luto e aquelas não passíveis de luto, isto é, entre aqueles que devem ser protegidos contra a morte a qualquer custo e aqueles cujas vidas não valeriam o bastante para serem salvaguardadas contra a doença e a morte.

(Adaptado de Judith Butler, O capitalismo tem seus limites. Disponível em https://www.redebrasilatual.com.br/blogs/blog-narede/2020/03/judith-butler-sobre-a-covid-19-o-capitalismo-temseus-limites/. Acessado em 08/09/2020.)

3.

Reprodução/UNICAMP-SP,2021.

(Adaptado de Pedro Conforte / Plantão Enfoco. Disponível em https://www.brasildefato.com.br. Acessado em 28/09/2020.)

4.

Reprodução/UNICAMP-SP,2021.

(Adaptado de *Confinada*. Roteiro de Triscila Oliveira e Ilustração de Leandro Assis. Disponível em @leandro_assis_ilustra. (Instagram).Acessado em 14/12/2020.)

9. (UNICAMP-SP)

Você trabalha como colunista em uma revista eletrônica brasileira, bastante acessada por ambientalistas de diferentes países. Esse público demanda, constantemente, matérias sobre a *biodiversidade* e sobre o *caráter multiétnico* e *multicultural* do Brasil. O editor da revista encomendou a você um ***podcast*** que aborde a interrelação entre esses dois temas e sua importância para a sustentabilidade.

Para se preparar para o seu *podcast*, você escreve o texto que lerá no dia da gravação. Nele você deve: a) relacionar biodiversidade e sociodiversidade, b) tratar da importância da preservação do patrimônio cultural e ambiental para o crescimento sustentável do Brasil e c) argumentar de modo a convencer seus ouvintes.

Podcasts são arquivos digitais de áudio publicados na internet e que podem ser ouvidos, até mesmo em celulares, a qualquer momento, por qualquer pessoa. São considerados "textos para ouvir".

Para redigir seu texto, leve em conta os excertos apresentados a seguir.

1. O patrimônio genético nacional e os conhecimentos tradicionais associados à biodiversidade brasileira contribuem para o desenvolvimento de novos produtos, muitos deles patenteados para ser comercializados. Isso porque o Brasil é um dos poucos países que reúnem as principais características para ter um sistema de acesso ao patrimônio genético e aos conhecimentos tradicionais a ele associados, de modo a promover o desenvolvimento sustentável. A primeira característica é a biodiversidade: são mais de 200 mil espécies já registradas em seus biomas (Amazônia, Caatinga, Cerrado, Mata Atlântica, Pantanal e Pampa) e na Zona Costeira e Marinha. Este número pode chegar a mais de 1 milhão e oitocentas mil espécies. A segunda característica é a sociodiversidade: são mais de 305 etnias indígenas, com cerca de 270 diferentes línguas, além de diversas comunidades tradicionais e locais (quilombolas, caiçaras, seringueiros, etc.) e agricultores familiares, que detêm importantes conhecimentos associados à biodiversidade.

(Adaptado de Patrimônio Genético e Conhecimentos Tradicionais Associados. Disponível em https://www.mma.gov.br/patrimoniogenetico. html. Acessado em 02/08/2019.)

2. o cerrado é milagre, como toda a vida
(é também pedaço do planeta que desaparece)
abraço meu irmão pequizeiro
(...) os jatobás sorriem
as perobas não dizem nada, apenas sentem
(...)
agora prepare seu coração:
correntão vai passar e levar tudo
ninho de passarinho rasteiro também
depois do correntão,
brotou o que tinha que brotar
mas já era tarde – faca fina do arado cortou a raiz
pela raiz e aí não brotou mais nada. aliás, brotou
coisa melhor: soja, verdinha, verdinha
que beleza, diziam
(...)
antes de terminar pergunto: quem vai pagar
o preço de tamanha destruição?
"daqui a cem anos estaremos todos mortos",
disse alguém.
certo. estaremos todos mortos
mas nossos netos, não
o cerrado é milagre, minha gente

(Nicolas Behr, O cerrado é milagre, em Primeira Pessoa. Brasília: LGE Editora, 2005, p. 109.)

3. O Cerrado é o lugar onde a sabedoria popular se materializa em planta. Lá as aparências, de fato, enganam. Onde se veem arbustos de galhos retorcidos há o mais importante sistema de captação e reserva de água do Brasil fora da Amazônia. Um sistema baseado em vegetação e que garante nove das principais bacias hidrográficas do país. Ameaçado pela expansão do agronegócio, reduzido a cerca da metade de seu tamanho original, ele agora caminha para a maior extinção de plantas já registrada no mundo, com consequências para a oferta de água e a regulação do clima do centro-sul do país. Falamos de perda de biodiversidade, de segurança hídrica e climática. Um hectare desmatado de Cerrado tem mais impacto hoje do que um hectare desmatado na Amazônia. Não se trata de impedir a produção agrícola. Ao contrário, ela tem condições de aumentar sem precisar desmatar mais – frisa Bernardo Strassburg, diretor do Instituto Internacional para a Sustentabilidade.

(Adaptado de Ana Lucia Azevedo, Desmatamento do Cerrado pode levar à extinção de 1.140 espécies de plantas. Disponível em *O Globo*, 14/10/2018. Acessado em 02/08/2019.)

4. O último relatório da ONU que alerta sobre a velocidade com que as espécies estão se extinguindo (uma de cada oito está ameaçada) assinala que essa destruição da natureza é mais lenta nas terras onde vivem os povos indígenas do que no resto do planeta. Mas também destaca a crescente ameaça que ronda essas comunidades na forma de expansão da agricultura, urbanização, mineração, novas infraestruturas. O Brasil, que abriga a maior parte da Amazônia e o ecossistema mais rico do mundo, é um dos países onde essa ameaça é mais evidente. Segundo Nurit Bensusan, da ONG Instituto Socioambiental (ISA), o papel dos indígenas ganha uma dimensão importante: "Por conhecerem tão intimamente as florestas, eles têm uma percepção muito antecipada das mudanças ambientais. Sabem como lidar com isso. Por exemplo, param de caçar em uma área durante um tempo e assim aliviam o impacto antes que quaisquer outros." Os indígenas são parte essencial dos alertas rápidos e da prevenção.

(Adaptado de Naiara Galarraga Gortázar, Por que os indígenas são a chave para proteger a biodiversidade planetária: a ONU destaca que nas terras habitadas pelos povos originários o desaparecimento de espécies é mais lento que no resto do mundo. Disponível em *El País*, 08/05/2019. Acessado em 04/08/2019.)

Wilton Junior/Estadão Conteúdo

metamorworks/Shutterstock

Master1305/Shutterstock

Nataly Rives/Design Culture

4 CAMPO ARTÍSTICO-LITERÁRIO

> "O campo artístico é o espaço de circulação das manifestações artísticas em geral, contribuindo para a construção da apreciação estética, significativa para a constituição de identidades, a vivência de processos criativos, o reconhecimento da diversidade e da multiculturalidade e a expressão de sentimentos e emoções. Possibilita aos estudantes, portanto, reconhecer, valorizar, fruir e produzir tais manifestações, com base em critérios estéticos e no exercício da sensibilidade."
>
> (*Base Nacional Comum Curricular*)

A arte está a nossa volta em diferentes manifestações: no grafite da parede de um prédio; na capoeira e na dança do *hip-hop*; nas competições poéticas de *slam*; no cordel, na embolada e no coco do Nordeste; nas pinturas e esculturas do museu; nos quadrinhos e nos mangás; nos romances, contos e poemas da literatura; no teatro, na TV e no cinema; na música popular brasileira; na arquitetura e no paisagismo da cidade...

Além de ter com a arte uma relação de *apreciador(a)*, você pode também ter com ela uma relação de *produtor(a)*. Que tal? Aceita o desafio?

FIQUE LIGADO! PESQUISE!

Reprodução/Mockingbird Pictures

- *A esposa*, de Björn Runge; *A livraria*, de Isabel Coixet; *O clube de leitura de Jane Austen*, de Robin Swicord; *A menina que roubava livros*, de Brian Percival; *O carteiro e o poeta*, de Michael Radford; *Sonhos*, de Akira Kurosawa; *O eclipse de uma paixão*, de Agnieszka Holland; *Sociedade dos poetas mortos*, de Peter Weir; *O fantasma da ópera*, de Joel Schumacher; *Dogville*, de Lars von Trier; *Amadeus*, de Milos Forman; *Romeu e Julieta*, de Franco Zeffirelli; *Shakespeare apaixonado*, de John Madden; *Hamlet*, de Kenneth Branagh; *Orfeu*, de Cacá Diegues; *Sonho de uma noite de verão*, de Michael Hoffman; *Othello*, de Oliver Parker; *Cyrano de Bergerac*, de Jean Paul Rappeneau. Assista também aos seguintes filmes, baseados em obras de Shakespeare: *Jogo de intrigas*, de Tim Blake Nelson (baseado em *Otelo*); *O casamento de Romeu e Julieta*, de Bruno Barreto (baseado em *Romeu e Julieta*); *Dez coisas que eu odeio em você*, de Gil Junger (baseado em *A megera domada*); *Ran*, de Akira Kurosawa (baseado em *Rei Lear*). E assista ainda a um vídeo sobre a vida e obra de Manuel Bandeira, no *link*: https://www.youtube.com/watch?v=kFB2WQWniyM.

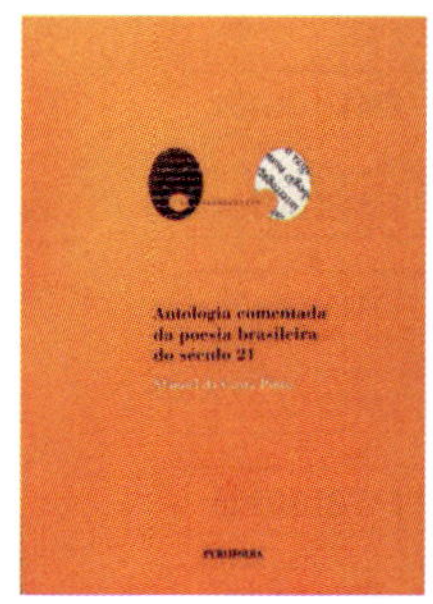

Reprodução/Publifolha

- *Antologia comentada da poesia brasileira do século 21*, de Manuel da Costa Pinto (Publifolha); *50 poemas de revolta*, de vários autores (Companhia das Letras); *A lua no cinema e outros poemas*, de Alexandre O'Neill e outros (Seguinte); *Baião de todos*, de Cinea Santos (org.) (Fundapi); *Os cem melhores contos brasileiros do século, Os cem melhores poemas brasileiros do século*, de Italo Moriconi (org.) (Objetiva); *O negro em versos*, de Luiz Carlos dos Santos e outros (Moderna); *Cartas a um jovem poeta*, de Rainer Maria Rilke (L&PM); *Leitura de poesia*, de Alfredo Bosi (Ática); *O que é poesia*, de Fernando Paixão (Brasiliense); *O que é poesia marginal*, de Glauco Mattoso (Brasiliense); *Poética – Como fazer versos*, de Vladimir Maiakovski (Global); *Itinerário de Pasárgada*, de Manuel Bandeira (*In: Poesia completa & prosa*, Nova Aguilar).
- Para conhecer mais sobre *crônica*, leia: de Antonio Prata: *Trinta e poucos* (Companha das Letras); *As cem melhores crônicas brasileiras do século*, de Italo Moriconi (Objetiva); *Comédias para se ler na escola*, de Luis Fernando Verissimo (Objetiva); *200 crônicas escolhidas*, de Rubem Braga (Record); *As cem melhores crônicas brasileiras*, de Joaquim Ferreira dos Santos (Objetiva); *De notícias e não notícias faz-se a crônica*, de Carlos Drummond de Andrade (José Olympio); *Elenco de cronistas modernos*, de vários autores (Sabiá); *coleção Para gostar de ler*, de vários autores (Ática). Para a teoria da crônica, leia *A crônica*, de Jorge de Sá (Ática); *Crônica – História, teoria e prática*, de Flora Bender e Ilka Laurito (Scipione).

  Para conhecer mais sobre teatro, leia: a coleção *Os grandes dramaturgos* (Peixoto Neto); *Comédias de Jandira Martini e Marcos Caruso*, de Jandira Martini e Marcos Caruso (Panda); *O pagador de promessas*, de Dias Gomes (Bertrand Brasil); *Teatro completo de Nelson Rodrigues* (Nova Aguilar); *O auto da compadecida*, de Ariano Suassuna (Agir); *Eles não usam black-tie*, de Gianfrancesco Guarnieri (Global); *Roda viva*, de Chico Buarque de Holanda; *Rasga coração*, de Oduvaldo Vianna Filho; *Morte e vida severina*, de João Cabral de Melo Neto (José Olympio).

- www.carlosdrummond.com.br/
- www.algumapoesia.com.br
- https://ims.com.br/

Ouça/veja no YouTube a declamação de textos de vários escritores, como estas:

- Carlos Drummond de Andrade por ele mesmo (poemas): https://www.youtube.com/watch?v=Pm3dl6qznms&t=200s
- Manuel Bandeira por ele mesmo (poemas declamados): https://www.youtube.com/watch?v=iChdH9fpk6M

Ponto final

Palavra, som e imagem

Confira, na p. 160, as atividades a serem realizadas e os textos que serão produzidos ao longo desta unidade, entre eles contos, minicontos, videocontos, videopoemas, crônicas escritas e em *podcast*, para a organização de um sarau literário e a confecção de um fanzine ou *e-zine*.

CAPÍTULO 14

O poema, o haicai, a paródia, o cordel e o videopoema

O poema

Trabalhando o gênero

Leia este poema:

Sou do gueto

sou rebelde
ressentido
retraído
sou do gueto

sou do canto
obscuro
sou escuro
sou do gueto

tenho mano
em todo bairro
tenho mina
sou do gueto

ando armado
de esperanças
sou amado
sou do gueto

sou ousado
e sou tímido
abusado
sou do gueto

faço a grana
tenho a sorte
tenho ginga
sou do gueto

tenho fibra
tenho raça
sou de briga
sou do gueto

e sou forte
e sou preto
sou do mundo
sou do gueto

(Márcio Barbosa. *In*: Luiz C. dos Santos, Maria Galas e Ulisses Tavares, orgs. *O negro em versos*. São Paulo: Moderna, 2005. p. 96-97)

Nelson Provazi/Arquivo da editora

Este capítulo favorece o desenvolvimento das habilidades

EM13LGG101
EM13LGG104
EM13LGG105
EM13LGG201
EM13LGG203
EM13LGG301
EM13LGG402
EM13LGG602
EM13LGG603
EM13LGG701
EM13LGG703
EM13LP01
EM13LP02
EM13LP03
EM13LP06
EM13LP15
EM13LP17
EM13LP18
EM13LP49
EM13LP50
EM13LP54

Construindo seu itinerário formativo

Gêneros e recursos linguísticos do campo artístico-literário

Nesta unidade, você está iniciando o estudo dos seguintes gêneros do campo artístico-literário:

- poema, poema visual, haicai, paródia, cordel e videopoema
- texto teatral
- conto, miniconto

Além desses gêneros, há outros que circulam no campo artístico-literário. Convidamos você a vivenciar novas experiências e ampliar seu repertório neste minicurso disponível no Plurall, conhecendo outros gêneros:

- roteiro de cinema
- roteiro de vídeo
- fábula contemporânea e apólogo
- conto contemporâneo
- conto fantástico
- recursos linguísticos recorrentes nos gêneros do campo artístico-literário

1. O título do poema é "Sou do gueto". Veja os sentidos da palavra *gueto* no dicionário:

> **1** na maioria das cidades europeias, bairro onde todo judeu era obrigado a residir **2** *p.ext.* bairro de uma cidade onde vivem os membros de uma etnia ou outro grupo minoritário, freq. devido a injunções, pressões ou circunstâncias econômicas ou sociais **3** *p.ext.* todo estilo de vida ou tipo de existência resultante de tratamento discriminativo <*vou morar num g. para a terceira idade*> [...]
>
> (*Dicionário eletrônico Houaiss da Língua Portuguesa 1.0*)

a) Quem é o eu lírico, ou seja, de quem é a voz que fala no poema? Justifique sua resposta.

b) Que sentido tem a palavra *gueto* no poema?

c) Que efeito de sentido tem a repetição do verso "sou do gueto" no poema?

d) Troque ideias com os colegas: Sendo do gueto, o eu lírico se sente excluído da vida social? Justifique sua resposta com elementos do poema.

2. Observe estes versos:

> "sou rebelde
> ressentido
> [...]
> ando armado
> de esperanças
> [...]
> tenho fibra
> tenho raça
> sou de briga"

a) Levante hipóteses: Qual é a origem do ressentimento mencionado pelo texto?

b) Como o eu lírico se sente para enfrentar as adversidades?

c) O eu lírico tem expectativa de que essa situação mude? Justifique sua resposta.

3. O poema apresenta uma rica sonoridade, resultante principalmente do ritmo dos versos.

a) Observe os versos da 1ª estrofe. Divida cada verso em sílabas e numere as sílabas de cada um. Qual é a sílaba mais forte de cada verso?

b) Faça uma experiência: bata numa mesa com qualquer instrumento (uma caneta, por exemplo) o número de vezes equivalente ao número de sílabas de cada verso. Bata mais forte quando a batida equivaler à(s) sílaba(s) mais forte(s) do verso. Qual é o resultado sonoro? Troque ideias com os colegas.

Quem é Márcio Barbosa?

Reprodução/Acervo pessoal

Márcio Barbosa nasceu em São Paulo em 1959. É escritor, pesquisador e participa de entidades do movimento negro desde 1976. Formado em Filosofia pela USP, atua profissionalmente no mercado editorial. É um dos coordenadores do coletivo Quilombhoje e coorganizador da série Cadernos negros. Autor da novela *Paixões crioulas*, fez as entrevistas e os textos do livro *Frente negra brasileira*, além de conceber o livro e videodocumentário *Bailes — Soul, samba-rock, hip hop e identidade em São Paulo*, para o qual também fez as entrevistas e os textos.

4. Observe que o poema é organizado em partes ou estrofes.

a) Quantas estrofes há no poema?

b) Verso é cada linha do poema. Quantos versos há em cada estrofe? E em todo o poema?

5. As rimas também cumprem um papel importante na construção da sonoridade do poema.

a) Em quais estrofes ocorrem as rimas? Em cada estrofe, quais versos rimam entre si?

b) Encontre no poema um exemplo de rima perfeita (com correspondência total dos sons finais) e um de rima toante (só entre as vogais).

6. A linguagem do poema pode apresentar muitas variações, podendo estar ou não de acordo com a norma-padrão e ser menos ou mais formal, dependendo de quem é o autor, da época em que vive ou viveu, de seu público, do suporte em que o texto é divulgado, etc. Observe a linguagem do poema e responda:

a) Ela está de acordo com a norma-padrão? Apresenta-se mais formal ou informal? Justifique sua resposta com elementos do texto.

b) A variedade linguística indicada por você é coerente com a identidade do eu lírico? Por quê?

7. A linguagem do poema costuma ser figurada, isto é, apresenta palavras e expressões com um sentido diferente do convencional ou que têm mais de um sentido. Releia esta estrofe:

"faço a grana
tenho a sorte
tenho ginga"

Explique, no contexto do poema, o sentido das expressões *fazer a grana*, *ter sorte* e *ter ginga*.

8. Reúna-se com os colegas de seu grupo e concluam: Quais são as características básicas do poema? Ao responder, considerem os seguintes critérios: finalidade do gênero, perfil dos interlocutores, suporte ou veículo, tema, estrutura, linguagem.

Os versos e seus recursos musicais

Segundo o poeta Carlos Drummond de Andrade, "entre coisas e palavras — principalmente entre palavras — circulamos". As palavras, entretanto, não circulam entre nós como folhas soltas no ar. Elas são organizadas em textos, por meio dos quais podem criar significados capazes de transmitir ideias, sentimentos, desejos, emoções.

Muitas delas se combinam de tal forma que fica evidente terem sido selecionadas com a finalidade de compor imagens, sugerir formas, cores, odores, sons, permitindo múltiplas sensações, leituras e interpretações. Isso é o que observamos quando lemos, ouvimos ou vemos um poema, forma de composição que se destaca também por uma espécie de melodia e de ritmo que emanam do modo como as palavras são arranjadas.

O **poema** é um gênero textual que se constrói não apenas com ideias e sentimentos, mas também por meio do emprego do verso e de seus recursos musicais — a sonoridade e o ritmo das palavras — e de palavras com sentido figurado, conotativo.

A musicalidade que caracteriza os textos poéticos é resultado da utilização de recursos presentes na poesia de todos os tempos, tais como a métrica, o ritmo, a rima, a aliteração e a assonância.

O verso e a estrofe

O poema "Sou do gueto" apresenta 32 versos.

Verso é uma sucessão de sílabas ou fonemas que formam uma unidade rítmica e melódica, correspondente, em geral, a uma linha do poema.

Os versos organizam-se em estrofes. No poema estudado, por exemplo, os versos organizam-se em oito estrofes.

Estrofe ou **estância** é um agrupamento de versos.

O número de versos agrupados em cada estrofe pode variar. O poema lido é formado por quadras (4 versos). Já o poema de Mário Quintana, a seguir, é formado por um **dístico**, isto é, uma estrofe de dois versos. Veja:

Viajante

Eu, sempre que parti, fiquei nas gares
Olhando, triste, para mim...

(Mário Quintana. *Apontamentos de história sobrenatural*. São Paulo: Globo. By Helena Quintana.)

Ricardo Dantas/Arquivo da da editora

Veja como se chamam outros tipos de estrofe:

- **terceto**: três versos;
- **quadra** ou **quarteto**: quatro versos;
- **quintilha**: cinco versos;
- **sexteto** ou **sextilha**: seis versos;
- **sétima** ou **septilha**: sete versos;
- **oitava**: oito versos;
- **nona**: nove versos;
- **décima**: dez versos.

O que é poesia?

Talvez ninguém consiga dar uma resposta definitiva a essa pergunta. Entretanto, a poesia está em toda parte: nas canções de ninar, nas cantigas de roda, nos trava-línguas, nas parlendas, nos provérbios, nas quadrinhas populares, nas propagandas, nas letras de música, nos livros, etc.

O conceito de poesia varia de acordo com a época, com o movimento literário e também de escritor para escritor.

O poeta francês Mallarmé, por exemplo, definiu poesia como a "suprema forma da beleza". Para o americano Edgar Allan Poe, a poesia é a "criação rítmica da beleza". Cassiano Ricardo diz: "Pouco importa, contudo, definir o que seja poesia. O que importa, literariamente, é que ela encontre o seu núcleo no poema, feito e trabalhado precisamente para consegui-la. Ela é indefinível, porém definidora".

As formas fixas

Uma das composições de forma fixa mais conhecidas é o **soneto**, em que os versos são agrupados em duas quadras e dois tercetos. O soneto geralmente desenvolve uma ideia até o penúltimo verso, e no último, considerado *chave de ouro*, apresenta uma síntese do que foi desenvolvido.

Na língua portuguesa, destacam-se como sonetistas Camões, Antero de Quental, Bocage e Vinicius de Moraes.

Outros poemas de forma fixa são, por exemplo, a **balada** (três oitavas e uma quadra), o **vilancete** (um terceto e outros tipos de estrofe, à escolha do poeta), o **rondó** (apenas quadras, ou então quadras combinadas com oitavas).

Um tipo curioso de forma fixa é o **haicai**, poema de origem japonesa. Constituído por uma estrofe de três versos, ele deve ter 17 sílabas, distribuídas do seguinte modo: 1º verso: 5 sílabas; 2º verso: 7 sílabas; 3º verso: 5 sílabas.

Métrica

A **métrica** é a medida dos versos, isto é, o número de sílabas poéticas apresentadas por eles.

Para determinar a medida de um verso, nós o dividimos em sílabas poéticas. Esse procedimento tem o nome de **escansão**.

Em razão de ter por base a oralidade — fala ou canto —, a divisão silábica poética obedece a princípios diferentes dos que orientam a divisão silábica gramatical: as vogais átonas são agrupadas numa única sílaba, e a contagem das sílabas deve ser feita até a última tônica.

Compare a divisão silábica gramatical à divisão silábica poética de dois versos do poema de Márcio Barbosa:

Divisão silábica gramatical
an I do I ar I ma I do
1 2 3 4 5

Divisão silábica poética
an I do ar I ma
1 2 3

Divisão silábica gramatical
de I es I pe I ran I ças
1 2 3 4 5

Divisão silábica poética
de es I pe I ran
1 2 3

Na divisão silábica poética, conforme você pode observar, a 2ª sílaba do 1º verso e a 1ª do 2º verso são formadas pela união das sílabas *do* e *ar*, *de* e *es*, respectivamente. Isso ocorre sempre que há o encontro de duas vogais átonas no final de uma palavra e no início de outra. Além disso, na divisão silábica poética, a contagem encerra-se na sílaba tônica da última palavra do verso; nesse caso, na sílaba *ma* da palavra *armado*, no 1º verso, e na sílaba *ran* da palavra *esperanças*, no 2º verso.

De acordo com o número de sílabas poéticas, os versos recebem as seguintes denominações: *monossílabo* (uma sílaba), *dissílabo* (duas sílabas), *trissílabo* (três sílabas), *redondilha menor* ou *pentassílabo* (cinco sílabas), *redondilha maior* ou *heptassílabo* (sete sílabas), *octossílabo* (oito sílabas), *decassílabo* (dez sílabas), *alexandrino* (doze sílabas), etc.

O verso cuja métrica se repete é chamado de *verso regular*. No século XX, os poetas modernos criaram o *verso livre*, que não obedece a uma regularidade métrica. Assim, os poemas apresentam versos de tamanhos variados, como no poema abaixo, de Cacaso.

Happy end

o meu amor e eu
nascemos um para o outro
agora só falta quem nos apresente

(Cacaso. *Lero-lero*. Rio de Janeiro: 7 Letras; São Paulo: Cosac & Naify, 2002. p. 114.)

Ricardo Dantas/Arquivo da editora

Ritmo

Ao ouvirmos uma melodia qualquer, percebemos que ela foi composta em determinado ritmo. Um poema também tem seu ritmo, que lhe é dado pela alternância de sílabas acentuadas e não acentuadas, isto é, sílabas que apresentam maior ou menor intensidade quando pronunciadas. O conceito poético de sílaba acentuada nem sempre coincide com o conceito gramatical de sílaba tônica, pois a acentuação de uma sílaba poética é determinada pela sequência melódica em que ela se insere.

Observe o ritmo dos seguintes versos de Camões. As sílabas acentuadas estão destacadas.

Amor é fogo *que ar*de sem se *ver*,
É ferida que *dói* e não se *sen*te;
É um contenta*men*to descon*ten*te;
É dor que desa*ti*na sem do*er*

(*In*: Vera Aguiar, coord. *Poesia fora da estante*. Porto Alegre: Projeto, 2002. v. 2, p. 83.)

Você deve ter notado nesse trecho que o ritmo decorre da incidência de acentuação na 6ª e na 10ª sílaba de cada verso.

O ritmo em outras linguagens

O ritmo não é exclusividade da poesia. Ele existe também na música, na arquitetura e em outras artes visuais, desde que haja uma repetição regular de determinado elemento. Na fotografia ao lado, o ritmo é criado pela recorrência regular das formas no espaço.

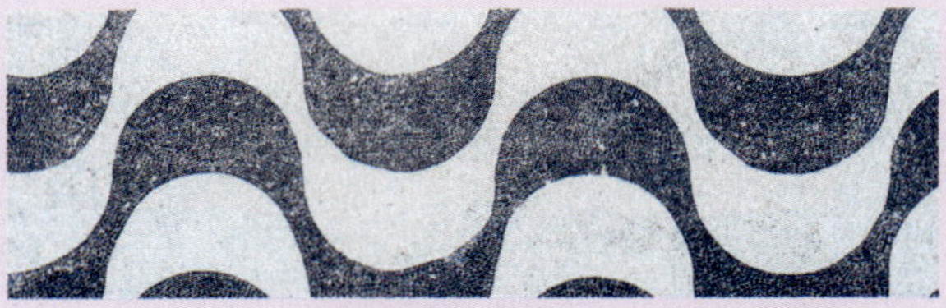
Brastock/Shutterstock

Rima

A **rima** é um recurso musical baseado na semelhança sonora de palavras no final de versos (rima externa) e, às vezes, no interior de versos (rima interna).

Observe como, nestes versos, Fernando Pessoa explora tanto a rima externa quanto a rima interna:

TUDO QUE FAÇO ou medito
Fica sempre na metade.
Querendo, quero o infinito.
Fazendo, nada é verdade.

Que nojo de mim me fica
Ao olhar para o que faço!
Minha alma é lúcida e rica,
E eu sou um mar de sargaço
[...]

(*Obra poética*. Rio de Janeiro: Aguilar, 1965. p. 172.)

As rimas externas classificam-se como *interpoladas* (ou intercaladas), *alternadas* e *emparelhadas* segundo sua organização em esquemas ABBA, ABAB e AABB, respectivamente.

Os versos de Fernando Pessoa fazem uso das rimas alternadas. Observe a incidência de rimas emparelhadas e sua organização em esquema nestes versos do grupo musical Racionais.

Quatro minutos se passaram e ninguém **viu**
O monstro que nasceu em algum lugar do **Brasil**
Talvez o mano que trampa debaixo do carro sujo de **óleo**
Que enquadra o carro-forte na febre com sangue nos **olhos**
O mano que entrega envelope o dia inteiro no **sol**
Ou o que vende chocolate de farol em **farol**
[...]

(Racionais MC's. *Sobrevivendo no inferno*. Companhia das Letras. Edição do Kindle.)

Os versos que não apresentam rimas entre si são chamados de *versos brancos*. Veja esse tipo de verso neste poema de Rubem Braga:

Não quero ser Deus, nem Pai nem Mãe de Deus,
Não quero nem lírios nem mundos
Sou pobre e superficial como a Rua do Catete.
Quero a pequena e amada agitação,
A inquieta esquina, aves e ovos, pensões,
Os bondes e tinturarias, os postes,
Os transeuntes, o ônibus Laranjeiras,

Único no mundo que tem a honra de pisar na Rua
do Catete.

(*Livro de versos*. 3. ed. Rio de Janeiro: Record, 1998. p. 5.)

Weberson Santiago/Arquivo da editora

Outros recursos sonoros

Aliteração

É a repetição constante de um mesmo fonema consonantal. No poema de Márcio Barbosa, há aliteração do fonema /R/ na 1ª estrofe, nas palavras *rebelde*, *ressentido*, *retraído*.

Observe também como o poeta Castro Alves alitera o fonema /b/ nestes versos:

Auriverde pendão de minha terra
Que a *b*risa do *B*rasil *b*eija e *b*alança

Assonância

É a repetição constante de um mesmo fonema vocálico. Observe a assonância do fonema vocálico /a/ neste verso de Cruz e Souza:

Ó Form*a*s *a*lv*a*s, br*a*nc*a*s, Form*a*s cl*a*r*a*s

Paronomásia

É o emprego de palavras semelhantes na forma ou no som, mas de sentidos diferentes, próximas umas das outras. Veja:

Trocando em miúdos, pode guardar
As *sobras* de tudo que chamam lar
As *sombras* de tudo que fomos nós

(Chico Buarque. *In*: Adélia Bezerra de Menezes Bolle, org., *op. cit.*, p. 45.)

Ah pregadores! Os de cá achar-vos-eis com mais *paço*; os de lá, com mais *passos*.

(Pe. Antônio Vieira.)

O poema e a canção

O poema e a canção têm em comum a organização textual, isto é, geralmente se estruturam em versos, estrofes e rimas e fazem uso de imagens e recursos sonoros.

Apesar disso, são gêneros diferentes, pois têm objetivos e públicos distintos. Além disso, a letra de uma canção é produzida para se unir a uma melodia e, juntas, serem cantadas. Já o poema é produzido para ser lido individualmente ou declamado para um público que aprecia poesia.

Paralelismo

É a repetição de palavras ou estruturas sintáticas maiores (frases, orações, etc.) que se correspondem quanto ao sentido. Observe, abaixo, o paralelismo nos versos da canção "Sem fantasia", de Chico Buarque.

Vem que eu te quero fraco
Vem que eu te quero tolo
Vem que eu te quero todo meu.

(*In*: Adélia Bezerra de Menezes Bolle, org., *op. cit.*, p. 23.)

Leia a tira a seguir, de Laerte, e responda às questões 1 e 2.

(*Folha de S.Paulo*, 26/2/2012.)

1. Reescreva as falas do personagem, dispondo-as em versos.

a) Quantos versos você obteve?

b) Que critérios você utilizou para dispor as falas em versos?

2. Observe o esquema de rimas e de ritmo do poema.

a) De que tipo são as rimas?

b) Em que sílabas poéticas, pela ordem, incidem as sílabas tônicas?

c) Que nome é dado ao tipo de verso utilizado?

3. Identifique a seguir, o(s) recurso(s) sonoro(s) empregado(s) nos versos de Chico Buarque.

a)

E a própria vida
Ainda vai sentar sentida
Vendo a vida mais vivida
Que vem lá da televisão

(Chico Buarque. *In*: Adélia Bezerra de Menezes Bolle, org., *op. cit.*, p. 21. by Marola Edições Musicais Ltda.)

b)

Você vai me trair
Você vem me beijar
Você vai me cegar
E eu vou consentir

(*Idem*, p. 55. by Marola Edições Musicais Ltda.)

O haicai

O haicai é um poema de origem japonesa criado no século XVI que se caracteriza pela síntese. Geralmente leve e humorístico, ganhou adeptos em todo o mundo, em virtude de sua densidade poética.

O haicai tem um número específico de versos — três — e, tradicionalmente, apresenta um número fixo de sílabas poéticas — 17 —, sendo 5 delas no primeiro e no último verso e 7 no segundo verso. Essa métrica foi alterada ao longo dos anos pelos poetas, que incorporaram outros elementos à forma do haicai. No Brasil, Guilherme de Almeida foi um dos primeiros a cultivar essa forma poética e introduziu rimas no 1º e no 3º verso e uma rima interna no 2º verso. Originalmente, entretanto, o haicai japonês não tem rimas.

Outros importantes escritores brasileiros, como Millôr Fernandes, Luis Fernando Verissimo e Paulo Leminski, também escreveram haicais.

Leia, a seguir, três haicais. O primeiro é de Issa, poeta japonês do século XVIII, o segundo, de Cyro Armando Catta Preta, e o terceiro, de Millôr Fernandes (1923-2012), escritores contemporâneos.

Em nosso universo
Breve, passa, com pressa! e
Graça, a borboleta.

(Issa. *In*: 31 poetas. 214 poemas. *Do Rig-veda e Safo a Apolinaire*. São Paulo: Companhia das Letras, 1996. p. 78.)

Moenda dos olhos

Olhos. Arte. Amor.
Atento, pinça o momento
Que foge! Ei-lo: flor...

(*Moenda dos olhos*. São Paulo: Atual, 1986. p. 1.)

Prometer
E não cumprir:
Taí viver.

(Disponível em: https://www1.folha.uol.com.br/livrariadafolha/2015/03/1608564-leia-haicais-de-millor-fernandes.shtml. Acesso em: 24/4/2020.)

Gustavo Ramos/ Arquivo da editora

1. Observe a parte formal dos haicais e responda:

a) Os três haicais apresentam o número de versos tradicional do haicai japonês?

b) Os poemas apresentam a métrica tradicional do haicai, ou seja, o primeiro e o último verso com cinco sílabas poéticas e o segundo verso com sete sílabas poéticas?

c) Eles apresentam rima? Se sim, como são as rimas?

2. Os haicais tradicionalmente abordam temas relacionados à natureza e apresentam certo tom filosófico e reflexivo.

a) Algum deles aborda o tema da natureza?

b) Algum deles apresenta um caráter filosófico e reflexivo? Que tema desenvolve?

3. A palavra *haicai* é formada pelos termos *hai* (brincadeira, gracejo) e *kai* (harmonia, realização), ou seja, representa um poema humorístico ou divertido. Qual dos haicais lidos também apresenta um traço humorístico?

4. Não é comum o haicai apresentar título. Os haicais de Cyro Catta Preta, entretanto, normalmente apresentam título. "Moenda dos olhos" é o título do poema e também do livro do qual ele foi extraído.

a) O que significa *moenda*? E *moenda dos olhos*, no contexto do poema?

b) Considerando que o haicai é um poema cuja característica central é a síntese, comente a vantagem de incluir um título no poema.

O poema visual: a palavra no espaço

Além de trabalhar com a sonoridade, com a rima, com o ritmo e com as imagens, o poeta também pode fazer uso de outros recursos, como os visuais e os gráficos.

Isso quer dizer que o poeta pode organizar seus versos de uma maneira incomum, de modo que mostrem, por exemplo, o formato de alguma coisa, ou explorar diferentes tipos de letra, criando novos sentidos.

Muitos poemas do nosso tempo não são feitos apenas para serem lidos, mas também para serem vistos, como uma fotografia, uma pintura, um cartaz. Por meio de um trabalho com letras, com palavras e seu significado, procuram transmitir, além de emoções e sentimentos, movimento, cor, forma, etc.

Os poemas que utilizam esses recursos são chamados **poemas concretos**. Veja (e leia) os poemas a seguir, observando como os poetas incorporam aspectos visuais à poesia.

Reprodução/Paulo Leminski

(Paulo Leminski. *In*: Fred Góes e Álvaro Marins, orgs. *Melhores poemas de Paulo Leminski*. 6. ed. São Paulo: Global, 2002. p. 88.)

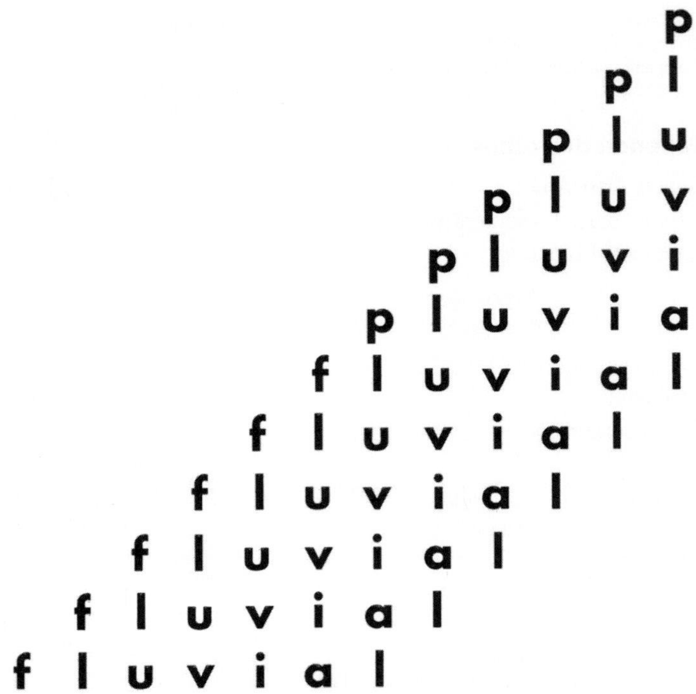

Augusto de Campos/Acervo do artista

(Augusto de Campos. www.algumapoesia.com.br/poesia/poesianet066.htm. Acesso em: 2/7/2020.)

Arnaldo Antunes/Acervo do artista

(Arnaldo Antunes. *Dois ou mais corpos no mesmo espaço*. São Paulo: Perspectiva, 1997. p. 55.)

Intertextualidade e paródia

Leia e compare os poemas a seguir. O primeiro é parte da conhecida "Canção do exílio", de Gonçalves Dias, poeta romântico do século XIX. O outro texto é parte de um poema de Eduardo Alves da Costa, poeta do século XX.

Canção do exílio

Minha terra tem palmeiras,
Onde canta o Sabiá;
As aves, que aqui gorjeiam,
Não gorjeiam como lá.

Nosso Céu tem mais estrelas,
Nossas várzeas têm mais flores,
Nossos bosques têm mais vida,
Nossa vida mais amores.

Em cismar, sozinho, à noite,
Mais prazer encontro eu lá;
Minha terra tem palmeiras,
Onde canta o Sabiá.

[...]

(*In*: *Gonçalves Dias*. São Paulo: Abril Educação, 1982. p. 11-12. Literatura Comentada.)

Ilustrações: Filipe Rocha/Arquivo da editora

Outra canção do exílio

Minha terra tem Palmeiras
Corinthians e outros times
De copas exuberantes
Que ocultam muitos crimes.

Em cismar sozinho, ao relento,
Sob o céu poluído, sem estrelas,
Nenhum prazer tenho eu cá.
Porque me lembro do tempo
Em que livre na campina
Pulsara meu coração, voava,
Como livre sabiá;
[...]

(Eduardo Alves da Costa. *In*: Ingedore G. Villaça Koch e outros. *Intertextualidade — Diálogos possíveis*. São Paulo: Cortez, 2007. p. 42.)

A "Canção do exílio" foi escrita por Gonçalves Dias em 1843, quando ele se encontrava em Portugal, estudando Direito; já o poema de Eduardo Alves da Costa foi publicado no século XX.

Como se nota já no primeiro verso, o segundo poema cita o de Gonçalves Dias e, tal como o poema original, estrutura-se em redondilhas maiores. Assim, "Outra canção do exílio" refere-se ao poema de Gonçalves Dias, estabelecendo com ele uma relação intertextual tanto pelo conteúdo quanto pela forma.

Intertextualidade é a relação entre dois textos caracterizada por um fazer referência, menos ou mais explícita, a outro texto.

Na "Canção do exílio", o eu lírico se lamenta por estar distante de seu país e menciona, de forma idealizada, vários aspectos da natureza brasileira (palmeiras, sabiá, bosques, flores, etc.), como meio de enaltecer a pátria. No poema "Outra canção do exílio", entretanto, o eu lírico vê sua pátria por uma perspectiva crítica, mencionando crimes e céu poluído, em contraste com o país da sua infância.

Escrito mais de um século depois, o poema de Eduardo Alves da Costa desconstrói a visão idealizada do poema de Gonçalves Dias, estabelecendo com ele uma relação de subversão e crítica. A esse tipo de relação intertextual chamamos **paródia**.

> **Paródia** é um tipo de relação intertextual em que um texto remete a outro geralmente com o objetivo de subverter, criticar, ironizar ou criar humor a partir das ideias do texto de referência.

A poesia de tradição oral: o cordel

Na poesia popular brasileira de tradição oral, destaca-se a literatura de cordel, um tipo de poesia que nasceu no Nordeste brasileiro e é muito apreciado em todo o país.

De maneira geral, o poema de cordel é produzido oralmente e depois impresso em pequenos folhetos, ilustrados com xilogravura. O nome desse tipo de poesia se deve ao modo tradicional de expor os folhetos, isto é, pendurados em cordel (corda fina) ou barbante.

A estrutura da poesia de cordel não é rígida, porém a forma mais comum são estrofes de seis ou sete versos, geralmente redondilhas maiores (sete sílabas). As rimas costumam acontecer em versos alternados. Veja, como exemplo, os versos a seguir, do poeta José Antônio dos Santos, que conta, em sua *História da literatura de cordel*, como surgiu o cordel no Brasil. Aproveite para observar a métrica (redondilhas) e as rimas no 2º, no 4º e no 6º verso.

[...]

Na Europa medieval
Surgiram os menestréis
Por serem bons trovadores
Às musas eram fiéis
E prendiam seus livrinhos
Pendurados em cordéis.

Pois a palavra cordel
Significa cordão
Onde o Cordel era exposto
No meio da multidão
O trovador andarilho
Fazia declamação.

E o povo gostava
De poemas de bravezas
Contando muitas histórias
De encantadas princesas
Também de príncipes valentes
E suas grandes proezas.

[...]

Eis a origem da nossa
Poesia Popular
Pro Brasil, os portugueses
Trouxeram algum exemplar
E pras novas gerações
Puderam repassar.

[...]

(*História da literatura de cordel.* Fortaleza: Tupynanquim, maio 2007. p. 2-3.)

Reprodução/Gonçalo Ferreira da Silva

Gonçalo F. da Silva/Academia Brasileira de Literatura de Cordel

Receita para cordel

O verso para cordel
Fica bem em septilha,
Mas faltando ingrediente
Pode ser feito em sextilha,
Faça por essa receita
Que fica uma maravilha.

Não esqueça de botar
Um pouco de alegria,
Humor é fundamental
Para a boa poesia,
Se o colega duvidar
Confirme com Zé Maria.

[...]

Desenvolva seu cordel
Com humildade e amor,
Coloque tempero bom
Para agradar o leitor,
Pois ele é quem avalia
A receita do autor.

[...]

Uma pitada de rima
Você tem que acrescentar,
Métrica se faz relevante
Para o verso não quebrar,
Na cobertura uma capa
Para melhor ilustrar.

(Mundim do Vale. http://mundocordel.blogspot.com/2007/12/poetas-em-mundocordel.html. Acesso em: 2/7/2020.)

Cordel: do varal à internet

Se você quiser conhecer mais poemas de cordel, acesse:

- www.camarabrasileira.com/cordel.htm
- www.secrel.com.br/jpoesia/cordel.html
- http://mundocordel.blogspot.com/2007/12/poetas-em-mundocordel.html

Produzindo o poema

Ao final desta unidade, você participará com os colegas do sarau **Palavra, som e imagem**, que envolve o lançamento de um *e-zine*, além da apresentação de *podcasts* e videopoemas, declamações, leitura dramática e encenação de texto teatral.

Os poemas farão parte do *e-zine*. Há, a seguir, cinco propostas de produção de poemas. Desenvolva algumas dessas propostas, conforme a orientação de seu professor.

1. Partindo dos versos a seguir, crie um ou mais versos para compor poemas. Tente manter o ritmo presente no verso inicial, se possível. Você poderá decidir livremente sobre o tipo de verso que pretende usar, se vai empregar rimas e outros recursos.
   a) "Nenhum desejo neste domingo" ("Poema que aconteceu", Carlos Drummond de Andrade)
   b) "Eu não tinha este rosto de hoje" ("Retrato", Cecília Meireles)
   c) "Oh! Que saudades que tenho" ("Meus oito anos", Casimiro de Abreu)
   d) "Mandei a palavra rimar" (Paulo Leminski)
2. Produza um poema livremente a partir de um tema de sua escolha. Se quiser, poderá explorar no texto suas reflexões sobre o mundo atual; ou seus sentimentos em relação à sociedade e ao contexto em que vive; ou projetar-se num mundo dos sonhos; ou ainda falar de seus sentimentos amorosos; etc.
3. Explorando as letras, o significado das palavras e a disposição delas no papel, crie dois ou mais poemas concretos a partir dos temas a seguir ou outros de sua preferência: *encontro*, *engarrafamento*, *liberdade*, *fotografia*, *primeiro amor*.
4. Escreva algumas estrofes (sextilhas) de cordel, fazendo uso dos recursos básicos desse tipo de poesia, como a redondilha e as rimas intercaladas. Como sugestão, escreva sobre o tema "Meu canto" ou outro que prefira. Procure dar ritmo ao poema, como fazem os cordelistas.
5. Escolha um poema ou uma canção conhecidos da cultura brasileira e, a partir deles, crie um poema ou a letra de uma canção que seja uma *paródia* do outro texto. Se quiser, poderá procurar os textos citados na proposta 1 e criar sua paródia com base neles.

Planejamento do texto

Ao redigir seus poemas, leve em conta as orientações a seguir.

- Perfil do leitor — No projeto, que será desenvolvido no final da unidade, você terá a oportunidade de expor seus textos em um varal de poesia ou declamá-los em um sarau poético para colegas da turma e de outras turmas, professores, funcionários da escola e outros convidados para o evento.

- Veículo e suporte em que o texto será divulgado — Procure empregar uma variedade linguística adequada ao perfil dos interlocutores e à situação.
- Características do gênero a serem observadas — Lembre-se dos recursos sonoros e visuais do poema. Decida previamente se os versos serão regulares ou livres, se terão ritmo, rimas e outras sonoridades.

Revisão e reescrita

Faça primeiramente um rascunho de seu texto. Depois, releia-o, observando se ele apresenta as características básicas do gênero, o perfil dos leitores, a adequação da linguagem, o suporte e o veículo. Faça as alterações necessárias e passe-o a limpo.

O videopoema

Videopoema é a fusão de poema com vídeo. Pode ser, por exemplo, um vídeo em que um poema é declamado (com a imagem do declamador ou não) enquanto imagens e música dialogam com os versos; ou um vídeo em que os versos vão surgindo como legenda na tela à medida que imagens e música vão se desenrolando, entre outras possibilidades.

ESB Professional/Shutterstock

Neste capítulo, você vai produzir videopoemas com os colegas. Se nunca viu um videopoema, sugerimos assistir a alguns no YouTube, entre eles os vídeos *Boletim do mundo mágico*, de Roberto Piva (por Amanda Vital); *Carnaval — Arnaldo Antunes* (Nome), de Arnaldo Antunes; *Ausencia de ti*, de Arturo Sodoma.

Produzindo o videopoema

Que tal fazer videopoemas a partir dos poemas que você criou neste capítulo?

Primeiramente, forme um grupo com os colegas e definam quais poemas, dentre os produzidos neste capítulo, serão transformados em videopoemas.

Vários programas podem ser usados para a criação de um videopoema, entre eles o PowerPoint. Com a tela aberta do PowerPoint, cola-se o poema num *slide*, insere-se uma imagem como fundo e adiciona-se um fundo musical previamente escolhido. Escolhem-se a cor e os efeitos de animação visual, que são adicionados à apresentação. Definem-se a velocidade e a forma de transição de *slides* (recomenda-se a transição automática com tempo de cinco segundos). Disponha o poema no número de *slides* que julgar melhor. O trabalho vai ganhar animação com a ajuda do programa Adobe Flash Player, com adição de música.

Se necessário, peçam ajuda ao técnico ou ao professor de Informática ou Robótica da escola.

Planejamento do videopoema

Planeje a produção de seu videopoema, decidindo previamente:

- se haverá música de fundo;
- se os versos serão introduzidos aos poucos ou de uma vez;
- se haverá voz de um locutor que declama os versos, à medida que eles vão surgindo na tela, ou apenas o texto digitado;
- se vai aparecer o rosto do locutor, caso o texto seja declamado;
- se haverá um conjunto de imagens que vão sendo apresentadas, ou vídeos, ou se uma imagem fixa de fundo.

Revisão do videopoema

Concluídos os videopoemas, promovam uma apresentação para toda a turma. Ao assistirem, avaliem:

- se a leitura oral e/ou a apresentação escrita do poema são acessíveis ao espectador;
- se o andamento da apresentação está adequado ou se precisa ser corrigido;
- se as imagens estão bem-distribuídas e se dialogam adequadamente com o texto verbal;
- se a música (se houver) contribui para criar ou consolidar uma atmosfera poética adequada;
- se o vídeo como um todo é uma experiência poética convidativa e marcante.

Finalizados os videopoemas, troquem ideias com os colegas, com o professor e, eventualmente, com o professor de Informática, sobre a possibilidade de publicar os videopoemas do grupo no YouTube.

Se quiserem, poderão também, em data marcada e divulgada, fazer uma sessão especial para apresentar os videopoemas aos alunos de toda a escola e a familiares convidados.

CAPÍTULO 15

A crônica — A crônica em *podcast*

Trabalhando o gênero

Leia esta crônica, de Antonio Prata:

Modelo em Milão

Numa aula de matemática, na **5ª série**, a Marina espirrou, voou um monte de meleca na mesa dela e a classe inteira caiu na gargalhada. Até o fim do 3º **colegial** ela ainda era conhecida pelo carinhoso apelido de Marina Catarrão. Voltando de ônibus escolar, na 2ª série, Raquel teve uma dor de barriga. Pediu ao motorista que parasse num bar, para ir ao banheiro. As outras crianças não perdoaram. Um ano depois, Raquel mudou-se de escola porque não aguentava mais as "brincadeiras". Na 8ª série, Nina era uma menina magrinha, quieta, de óculos e aparelho. Nenhum menino queria ficar com ela. Durante o colegial, Nina foi mudando, ficando mesmo muito bonita e interessante, mas ninguém queria saber. Aos olhos viciados de seus colegas, ela continuava a mesma.

As imagens que temos na escola são muito cristalizadas e difíceis de serem desfeitas. Fulano é O Nerd, [...] outro é O Engraçado e temos a sensação de que para sempre serão (e seremos) assim. No auge da nossa angústia, lá pelos 13, 15, 17 anos, quando as coisas não saem conforme queríamos, muitas vezes pensamos; pronto, é isso [...] ou eu sou gorda; ou nunca sei as coisas certas para dizer nas horas certas! Dá uma sensação de que todo mundo se enquadra perfeitamente no mundo, menos você. Calma! Em primeiro lugar, queria lhe dizer, de experiência própria, que o mundo social da escola não é um retrato de como serão as pessoas lá fora.

5ª série: A crônica foi inicialmente publicada na revista *Capricho*, lida por adolescentes, numa época em que o ensino fundamental tinha oito séries. Como o ensino fundamental passou a ter 9 anos, a 5ª série equivale hoje ao 6º ano.
colegial: Era o nome dado ao ensino médio, antes da reforma de 1996.

Este capítulo favorece o desenvolvimento das habilidades

- EM13LGG101
- EM13LGG104
- EM13LGG105
- EM13LGG201
- EM13LGG301
- EM13LGG402
- EM13LGG602
- EM13LGG603
- EM13LGG701
- EM13LGG703
- EM13LP01
- EM13LP02
- EM13LP06
- EM13LP15
- EM13LP16
- EM13LP18
- EM13LP46
- EM13LP49
- EM13LP54

Gustavo Ramos/Arquivo da editora

Nina, a menina magrinha, hoje é toda moderna, tem um cabelo laranja muito louco e todo mundo quer ficar com ela. Marina, que foi estudar na USP, onde ninguém sabia do espirro, é uma bióloga bem-sucedida e tem um labrador chamado Citoplasma. Raquel nem precisou esperar a idade adulta: já na outra escola ela ficou mais tranquila, fez amigas e amigos.

Mais interessante ainda é encontrar, hoje, os caras e as meninas que eram os "importantes" na 8ª, no 1º colegial. Muitas vezes estão totalmente decadentes, barrigudos e carecas, perdidos na vida, trabalhando com um tio em algum emprego cinzento e tedioso. Não quero dizer que quem é zoado vai se dar bem e quem se dá bem vai ficar careca e trabalhar com um tio chato. Só quero, e espero, fazer com que aquelas pessoas que estão infelizes com seus papéis na vida escolar, com a maneira que se veem e são vistas, percebam que a escola não é o fim do mundo. Pelo contrário. A vida nos leva para lugares aonde jamais pensávamos ir. E, quando não nos leva, também podemos tentar levá-la, na marra, para onde queremos. Nem sempre dá certo, mas vale a pena tentar. Nina, a magrinha de óculos, atualmente modelo em Milão, que o diga.

(*Adulterado*. São Paulo: Moderna, 2009. p. 68-69.)

1. Como nos demais gêneros narrativos ficcionais, o cronista pode narrar o seu texto em 3ª pessoa (quando é apenas um observador dos fatos) ou em 1ª pessoa (quando também é personagem). E, neste último caso, pode se colocar menos ou mais diretamente no texto, às vezes confundindo-se com a figura do narrador.

a) Em que pessoa é narrada a crônica? Justifique sua resposta com elementos do texto.

b) O cronista coloca-se diretamente no texto? Justifique sua resposta com elementos do texto.

2. Observe o tempo dos verbos empregados.

a) Que tempo(s) verbal(is) predomina(m) no texto?

b) O que justifica a presença desse(s) tempo(s) verbal(is)?

Quem é Antonio Prata?

Antonio Prata nasceu em São Paulo, em 1977. Filho do escritor Mario Prata, vem se destacando no gênero crônica, como o pai.

Cursou filosofia, cinema e ciências sociais, mas não chegou a concluir nenhum dos cursos. Descobriu sua verdadeira vocação na literatura e já publicou vários livros, entre eles *As pernas da tia Corália*, *Inferno atrás da pia*, *Adulterado*, *Meio intelectual, meio de esquerda*, *Trinta e poucos* e *Nu, de botas*. Atualmente também vem se dedicando ao romance e ao cinema.

Foi cronista da revista *Capricho*, do jornal *O Estado de S. Paulo* e, atualmente, publica suas crônicas no jornal *Folha de S.Paulo*.

Flavio Moraes/Fotoarena

3. A crônica normalmente é construída a partir de fatos cotidianos ou de experiências e reflexões comuns, que todos nós temos ou já tivemos um dia.

Qual é o tema central da crônica em estudo?

4. A crônica lida foi primeiramente publicada numa revista adolescente.

a) Além de entreter ou divertir, que outro propósito parece ter a crônica lida?

b) Qual das frases a seguir justifica sua resposta anterior?

- "As outras crianças não perdoaram."
- "Muitas vezes estão totalmente decadentes, barrigudos e carecas"
- "o mundo social da escola não é um retrato de como serão as pessoas lá fora"

A crônica: gênero jornalístico ou literário?

Gênero híbrido que oscila entre a literatura e o jornalismo, a crônica é o resultado da visão pessoal, subjetiva, do cronista diante de um fato qualquer, colhido no noticiário do jornal ou no cotidiano. Quase sempre explora o humor; às vezes, diz as coisas mais sérias por meio de uma aparente conversa fiada; outras vezes, despretensiosamente, faz poesia da coisa mais banal e insignificante.

Registrando o circunstancial do nosso cotidiano mais simples, acrescentando, aqui e ali, fortes doses de humor, sensibilidade, ironia, crítica e poesia, o cronista, com graça e leveza, proporciona ao leitor uma visão mais abrangente, que vai além do fato; mostra-lhe, de outros ângulos, os sinais de vida que diariamente deixamos escapar da nossa observação.

5. A crônica refere-se a dois momentos diferentes: o tempo da escola, no ensino fundamental, e o tempo de hoje, depois que todos se tornaram adultos.

a) De modo geral, como se caracterizava o relacionamento entre as crianças naquela época?

b) Esse tipo de relacionamento causava sofrimento às crianças? Justifique sua resposta com um exemplo.

c) No 1º parágrafo, o cronista retrata o tempo da escola com distanciamento crítico e com certa ironia — figura de linguagem que consiste em dizer algo com a intenção de construir um efeito de sentido contrário. Identifique nesse parágrafo dois exemplos que mostrem essa atitude por parte do cronista.

6. O narrador cita alguns exemplos de colegas para mostrar o "antes" e o "depois".

a) Depois de muitos anos, o que ocorreu com Marina, que era chamada de Marina Catarrão?

b) E com Raquel, que tinha tido uma dor de barriga no ônibus?

c) E com Nina, a menina magrinha, de óculos e aparelho?

d) E com muitos dos estudantes que eram os mais "importantes" no passado?

e) Desses casos, qual parece ter impressionado mais o narrador? Justifique sua resposta.

Gustavo Ramos/Arquivo da editora

7. No trecho "Durante o colegial, Nina foi mudando, ficando mesmo muito bonita [...]. Aos olhos viciados de seus colegas, ela continuava a mesma", o que o narrador critica?

8. O narrador não se inclui entre os exemplos. Contudo, é possível inferir que ele também acabou tendo um destino diferente daquele que se podia imaginar? Justifique sua resposta.

9. Releia o final da crônica:

> "A vida nos leva para lugares aonde jamais pensávamos ir. E, quando não nos leva, também podemos tentar levá-la, na marra, para onde queremos. Nem sempre dá certo, mas vale a pena tentar. Nina, a magrinha de óculos, atualmente modelo em Milão, que o diga."

a) De acordo com esse trecho, pode-se dizer que o narrador acredita que apenas o destino ou a sorte são responsáveis pelos acontecimentos da vida? Justifique sua resposta.

b) É possível depreender da última frase do trecho uma avaliação por parte do autor a respeito do rumo da vida de Nina? Se sim, como é essa avaliação: positiva ou negativa? Justifique sua resposta.

10. Dependendo do autor, do público e do veículo, a linguagem da crônica pode variar bastante, podendo ser menos ou mais formal e estar ou não de acordo com a norma-padrão.

a) Que tipo de variedade linguística é utilizada na crônica? Ela caracteriza-se como sendo menos ou mais formal? Justifique sua resposta com exemplos do texto.

b) A linguagem utilizada no texto estava de acordo com o veículo e o público a que se destinava a crônica, quando de sua primeira publicação?

c) Qual é o efeito da escolha dessa variedade linguística junto ao público leitor?

11. Reúna-se com os colegas de grupo e, juntos, concluam: Quais são as características básicas da crônica? Respondam, levando em conta os seguintes critérios: finalidade do gênero, perfil dos interlocutores, suporte ou veículo, tema, estrutura e linguagem.

Produzindo a crônica

Ao final desta unidade, você participará com os colegas do sarau **Palavra, som e imagem**, que envolve o lançamento de um *e-zine*, além da apresentação de *podcasts* e videopoemas, declamações, leitura dramática e encenação de texto teatral.

As crônicas farão parte do *e-zine*. Há, a seguir, três propostas de crônica. De acordo com as instruções do professor, desenvolva ao menos duas, se possível.

1. O texto que segue é o início de outra crônica de Antonio Prata. Leia-a:

Desde que o homem desceu das árvores e passou a escrever cartas de amor, dançar balalaica e usar fio-dental, foi acometido por uma série de dúvidas terríveis: será que viverá bastante? Me casarei com a Gisele Bündchen? Vai chover no domingo? Diante de tanto questionamento, não é de se admirar que todos os povos tenham tido seus gurus e feiticeiros, gente que se dizia capaz de prever o dia de amanhã, o dia de depois de amanhã e inclusive o de depois de amanhã daqui a vinte e sete anos e dois meses.

Cada cultura criou seu método: os negros vindos da África trouxeram os búzios, os judeus estudavam a cabala, os ciganos liam as mãos e os gregos cortavam a barriga de uma pomba ou de um bezerro e, de acordo com o "caimento" das vísceras, prediziam a sorte de alguém.

Chegamos ao século 21.

("Bruxaria Ltda.". *In*: *Adulterado*, *cit.*)

Nelson Provazi/Arquivo da editora

Dê continuidade à crônica, discorrendo, irônica ou criticamente, sobre os métodos atuais de previsão de futuro.

2. Leia esta crônica, de Fernando Sabino:

Notícia de jornal

Roberto Weigand/Arquivo da editora

Leio no jornal a notícia de que um homem morreu de fome. Um homem de cor branca, 30 anos presumíveis, pobremente vestido, morreu de fome, sem socorros, em pleno centro da cidade, permanecendo deitado na calçada durante 72 horas, para finalmente morrer de fome.

Morreu de fome. Depois de insistentes pedidos e comentários, uma ambulância do Pronto Socorro e uma radiopatrulha foram ao local, mas regressaram sem prestar auxílio ao homem, que acabou morrendo de fome.

Um homem que morreu de fome. O comissário de plantão (um homem) afirmou que o caso (morrer de fome) era da alçada da Delegacia de Mendicância, especialista em homens que morrem de fome. E o homem morreu de fome.

O corpo do homem que morreu de fome foi recolhido ao Instituto Anatômico sem ser identificado. Nada se sabe dele, senão que morreu de fome.

Um homem morre de fome em plena rua, entre centenas de passantes. Um homem caído na rua. Um bêbado. Um vagabundo. Um mendigo, um anormal, um tarado, um pária, um marginal, um proscrito, um bicho, uma coisa — não é um homem. E os outros homens cumprem seu destino de passantes, que é o de passar. Durante setenta e duas horas todos passam, ao lado do homem que morre de fome, com um olhar de nojo, desdém, inquietação e até mesmo piedade, ou sem olhar nenhum. Passam, e o homem continua morrendo de fome, sozinho, isolado, perdido entre os homens, sem socorro e sem perdão.

Não é da alçada do comissário, nem do hospital, nem da radiopatrulha, por que haveria de ser da minha alçada? Que é que eu tenho com isso? Deixa o homem morrer de fome.

E o homem morre de fome. De 30 anos presumíveis. Pobremente vestido. Morreu de fome, diz o jornal. Louve-se a insistência dos comerciantes, que jamais morrerão de fome, pedindo providências às autoridades. As autoridades nada mais puderam fazer senão remover o corpo do homem. Deviam deixar que apodrecesse, para escarmento dos outros homens. Nada mais puderam fazer senão esperar que morresse de fome.

E ontem, depois de setenta e duas horas de inanição, tombado em plena rua, no centro mais movimentado da cidade do Rio de Janeiro, Estado da Guanabara, um homem morreu de fome.

Morreu de fome.

(*As melhores crônicas de Fernando Sabino*. 2. ed. Rio de Janeiro: Best Bolso, 2008. p. 46-47.)

Leia um jornal do dia e, a partir de uma notícia sobre o cotidiano da sua cidade, escreva, a exemplo de Fernando Sabino, uma crônica que procure despertar a atenção das pessoas para uma situação normalmente vista como banal. Dê ao texto um tom irônico, ou crítico, ou poético.

3. Pense em uma situação do cotidiano que tenha sido vivida por você, ou por um familiar ou amigo seu, e escreva uma crônica sobre ela. Por exemplo: uma brincadeira de infância, uma festa de aniversário, um episódio engraçado, um encontro inesperado, um momento constrangedor, um amor não correspondido, um episódio relacionado a conflito de gerações, a colocar ou não colocar *piercing*, a fazer ou não uma tatuagem, a sua "tribo", a sua participação num campeonato esportivo ou como integrante de uma banda ou como ator ou atriz de uma peça de teatro, etc.

Planejamento do texto

- Antes de escrever sua crônica, pense no perfil dos leitores, que serão colegas de escola, professores, amigos e outros internautas.
- Considere o que pretende com sua crônica: divertir o leitor, sensibilizá-lo, fazer com que ele reflita criticamente sobre alguma situação ou sobre o mundo em que vivemos.
- Planeje o modo de construir a narrativa de sua crônica. Você pode escrever uma história que revele sua visão pessoal do acontecimento ou uma história que mostre o ponto de vista de uma das pessoas envolvidas no episódio.
- Aborde o fato ou a situação escolhida procurando ir além do que aconteceu, narrando com sensibilidade, ou visão crítica ou, ainda, com humor.
- Como sua crônica será uma narrativa, lembre-se de incluir os elementos fundamentais, como apresentar os personagens e situá-los no tempo e no espaço.
- Se quiser dar mais dinamismo à narrativa, utilize o discurso direto. Procure contar o fato de uma forma que envolva o leitor, despertando nele o interesse pela narração e a vontade de ler o texto até o final.
- Se possível, reserve uma surpresa para o fim, de modo a fazer o leitor refletir, emocionar-se ou achar graça.
- Empregue uma variedade linguística de acordo com o perfil do narrador e/ou de seus personagens, assim como do público leitor.

Revisão e reescrita

Antes de passar sua crônica para o suporte final, releia-a, observando:

- se o fato do cotidiano no qual ela se baseia é abordado por meio de uma visão pessoal (poética, irônica, crítica, etc.) que procura despertar nos leitores uma percepção diferente da realidade;
- se ela apresenta os elementos narrativos básicos;
- se apresenta tempo e espaço limitados;
- se a narrativa é curta e leve;
- se o texto diverte e/ou promove uma reflexão sobre o assunto;
- se a linguagem está adequada ao perfil do narrador e/ou dos personagens.

Faça as alterações necessárias, deixando o texto pronto para ser publicado no *e-zine*.

A crônica em *podcasts*

Uma nova forma de produzir e divulgar as crônicas atualmente é o *podcast*, ou seja, um arquivo em áudio que permite ouvir a crônica. Normalmente, os *podcasts* de crônicas e contos são disponibilizados em *sites* e *blogs* de literatura e podem ser baixados pelos internautas e ouvidos nos momentos que julgarem mais adequados.

Para fazer um *podcast* de crônica, é preciso ter em mãos uma crônica, um gravador (usar, por exemplo, o do celular) e um locutor disposto a fazer uma leitura expressiva do texto.

Conheça alguns exemplos de crônicas em *podcasts* nos seguintes endereços:

- "A peste negra", em https://escribacafe.com/.
- "Nas frestas, o mundo de quarentena", em https://podcasts.google.com/?feed=aHR0cHM6Ly9yc3Mud2hvb3Noa2FhLmNvbS9yc3MvcG9kY2FzdC9pZC8xMTAzOA&episode=MzQ5NzQyYTEtOWJkNi00ODYyLTkwMDItZmIzMTAyMDJlOGQx&hl=pt-BR&ved=2ahUKEwig2M--iozpAhUMHbkGHQXaDxYQjrkEegQICRAE&ep=6.

Transformando a crônica escrita em *podcast*

Individualmente ou em pequenos grupos, conforme a orientação do professor, siga estas orientações:

- Faça uma leitura prévia da crônica e marque o texto com algum tipo de sinal (um traço, por exemplo) onde deve ser feita uma pausa de vírgula e com outro sinal (dois traços, por exemplo) para indicar o ponto.
- Ensaie várias vezes a leitura, procurando buscar ritmo, entonação, a modulação e a altura de voz, respiração e dicção mais adequados, de modo que a leitura se mostre fluente e agradável. Mostre a um ou mais colegas, procurando aprimorar a narração.
- Quando julgar que a narração está boa, inicie a gravação num lugar silencioso, utilizando celulares ou computador com microfone.
- Depois, se quiser produzir uma vinheta de abertura e/ou de fechamento, grave a vinheta.
- Se quiser incluir efeitos especiais sonoros (por exemplo, barulho de carros passando, de trovões, de vozes, etc.), capte ou grave esses efeitos.
- Utilize um programa de edição de *podcast*, como o Audacity, que é gratuito, ou outro de sua preferência, para juntar as partes que vão compor o áudio.

Revisando o *podcast*

Antes de disponibilizar o *podcast* de crônica para o público, verifique:

- se ele no conjunto é atraente e prende a atenção dos ouvintes;
- se o fluxo da narração é agradável em vários aspectos: ritmo, pausas, modulação e altura de voz, dicção, etc.;
- se a edição agregou corretamente a narração central a vinhetas e efeitos, caso existam;
- se não há ruídos e outras interferências sonoras que prejudiquem a qualidade do trabalho.

Concluído o trabalho, você e seu grupo precisarão hospedar o *podcast*. O programa Player de Podcast Mix ajudará você a construir o *podcast* e a hospedá-lo num *site*, que pode ser o da turma ou o da escola, por exemplo. Se sua escola tiver um professor de Informática ou de Robótica, peça ajuda a ele.

fstop123/Getty Images

CAPÍTULO 16

O conto, o miniconto e o videoconto

O conto

Trabalhando o gênero

Leia este conto, de Lygia Fagundes Telles:

As cerejas

Aquela gente teria mesmo existido? Madrinha tecendo a cortina de **filé** com um anjinho a esvoaçar por entre rosas, a pobre Madrinha sempre afobada, piscando os olhinhos estrábicos, "vocês não viram onde deixei meus óculos?". A preta Dionísia a bater as claras de ovos em ponto de neve, a voz ácida "esta receita é nova...". Tia Olívia **enfastiada** e **lânguida**, abanando-se com uma ventarola chinesa, a voz pesada indo e vindo ao embalo da rede, "fico exausta no calor...".

enfastiado: entediado, enfadado.
filé: uma espécie de renda feita artesanalmente.
lânguido: langoroso, fraco, abatido.

Marcelo muito louro — Por que não me lembro da voz dele? — agarrado à crina do cavalo, agarrado à cabeleira de tia Olívia, os dois tombando lividamente azuis sobre o divã. "Você levou as velas à tia Olívia?", perguntou Madrinha lá debaixo. O relâmpago apagou-se. E no escuro que se fez, veio como resposta o ruído das cerejas se despencando no chão.

A casa em meio do arvoredo, o rio, as tardes como que suspensas na poeira do ar — desapareceu tudo sem deixar vestígios. Ficaram as cerejas, só elas resistiram com sua vermelhidão de loucura. Basta abrir a gaveta: algumas foram roídas por alguma barata e nessas o algodão estoura, empelotado, não, tia Olívia, não eram de cera, eram de algodão suas cerejas vermelhas.

Este capítulo favorece o desenvolvimento das habilidades

EM13LGG101
EM13LGG104
EM13LGG105
EM13LGG201
EM13LGG301
EM13LGG402
EM13LGG602
EM13LGG603
EM13LGG701
EM13LGG703
EM13LP01
EM13LP02
EM13LP06
EM13LP14
EM13LP15
EM13LP16
EM13LP17
EM13LP18
EM13LP46
EM13LP49
EM13LP54

Bridgeman/Fotoarena/Galeria Johnny van Haeften, Londres, Reino Unido.

Ela chegou inesperadamente. Um cavaleiro trouxe o recado do chefe da estação pedindo a charrete para a visita que acabara de desembarcar.

— É Olívia! — exclamou Madrinha. — É a prima! Alberto escreveu dizendo que ela viria, mas não disse quando, ficou de avisar. Eu ia mudar as cortinas, bordar umas fronhas e agora!... Justo Olívia. Vocês não podem fazer ideia, ela é de tanto luxo e a casa aqui é tão simples, não estou preparada, meus céus! O que é que eu faço, Dionísia, me diga agora o que é que eu faço!

Wellmony/Thinkstock

Dionísia folheava tranquilamente um livro de receitas. Tirou um lápis da **carapinha tosada** e marcou a página com uma cruz.

— Como se já não bastasse esse menino, que também chegou sem aviso...

O menino era Marcelo. Tinha apenas dois anos mais do que eu mas era tão alto e parecia tão adulto com suas belas roupas de montaria, que tive vontade de entrar debaixo do armário quando o vi pela primeira vez.

— Um calor na viagem! — gemeu tia Olívia em meio de uma onda de perfumes e malas. — E quem é este rapazinho?

— Pois este é o Marcelo, filho do Romeu — disse Madrinha. — Você não se lembra do Romeu? Primo-irmão do Alberto...

Tia Olívia desprendeu do chapeuzinho preto dois grandes alfinetes de pérola em formato de pera. O galho de cerejas estremeceu no vértice do decote da blusa transparente. Desabotoou o casaco.

— Ah, minha querida, Alberto tem tantos parentes, uma família enorme! Imagine se vou me lembrar de todos com esta minha memória. Ele veio passar as férias aqui?

Por um breve instante Marcelo deteve em tia Olívia o olhar frio. Chegou a esboçar um sorriso, aquele mesmo sorriso que tivera quando Madrinha, na sua ingênua excitação, nos apresentou a ambos, "pronto, Marcelo, aí está sua priminha, agora vocês poderão brincar juntos". Ele então apertou um pouco os olhos. E sorriu.

— Não estranhe, Olívia, que ele é por demais arisco — segredou Madrinha ao ver que Marcelo saía abruptamente da sala. — Se trocou comigo meia dúzia de palavras, foi muito. Aliás, toda a gente de Romeu é assim mesmo, são todos muito esquisitos. Esquisitíssimos!

Tia Olívia ajeitou com as mãos em concha o farto coque preso na nuca. Umedeceu os lábios com a ponta da língua.

— Tem *charme*...

Aproximei-me fascinada. Nunca tinha visto ninguém como tia Olívia, ninguém com aqueles olhos pintados de verde e com aquele decote assim fundo.

— É de cera? — perguntei tocando-lhe uma das cerejas.

Ela acariciou-me a cabeça com um gesto distraído. Senti bem de perto seu perfume.

— Acho que sim, querida. Por quê? Você nunca viu cerejas?

— Só na folhinha.

Ela teve um risinho **cascateante**. No rosto muito branco a boca parecia um largo talho aberto, com o mesmo brilho das cerejas.

— Na Europa são tão carnudas, tão frescas.

Marcelo também tinha estado na Europa com o avô. Seria isso? Seria isso que os fazia infinitamente superiores a nós? Pareciam feitos de outra carne e pertencer a um outro mundo tão acima do nosso, ah! como éramos pobres e feios. Diante de Marcelo e tia Olívia, só diante dos dois é que eu pude avaliar como éramos pequenos: eu, de unhas roídas e vestidos feitos por Dionísia, vestidos que pareciam as camisolas das bonecas de jornal que Simão recortava com a tesoura do jardim. Madrinha, completamente estrábica e tonta em meio de suas rendas e filés. Dionísia, tão preta quanto **enfatuada** com as tais receitas secretas.

carapinha: cabelo crespo, pixaim.
cascateante: com som de cascata.
enfatuado: presumido, vaidoso.
tosado: tosquiado, aparado.

— Não quero é dar trabalho — murmurou tia Olívia dirigindo-se ao quarto. Falava devagar, andava devagar. Sua voz foi se afastando com a mansidão de um gato subindo a escada. — Cansei-me muito, querida. Preciso apenas de um pouco de sossego...

Agora só se ouvia a voz de Madrinha que tagarelava sem parar: a chácara era modesta, modestíssima, mas ela haveria de gostar, por que não? O clima era uma maravilha e o pomar nessa época do ano estava coalhado de mangas. Ela não gostava de mangas? Não?... Tinha também bons cavalos se quisesse montar, Marcelo poderia acompanhá-la, era um ótimo cavaleiro, vivia galopando dia e noite. Ah, o médico proibira? Bem, os passeios a pé também eram lindos, havia no fim do caminho dos bambus um lugar ideal para piqueniques, ela não achava graça num piquenique?

Fui para a varanda e fiquei vendo as estrelas por entre a folhagem da paineira. Tia Olívia devia estar sorrindo, a umedecer com a ponta da língua os lábios brilhantes. Na Europa eram tão carnudas... Na Europa.

Universal History Archive/UIG/Bridgeman/Fotoarena

Abri a caixa de sabonete escondida sob o tufo de samambaia. O escorpião foi saindo penosamente de dentro. Deixei-o caminhar um bom pedaço e só quando ele atingiu o centro da varanda é que me decidi a despejar a gasolina. As chamas azuis subiram num círculo fechado. O escorpião rodou sobre si mesmo, erguendo-se nas patas traseiras, procurando uma saída. A cauda contraiu-se desesperadamente. Encolheu-se. Investiu e recuou em meio das chamas que se apertavam mais.

— Será que você não se envergonha de fazer uma maldade dessas?

Voltei-me. Marcelo cravou em mim o olhar feroz. Em seguida, avançando para o fogo, esmagou o escorpião no tacão da bota.

— Diz que ele se suicida, Marcelo...

— Era capaz mesmo quando descobrisse que o mundo está cheio de gente como você.

Tive vontade de atirar-lhe a gasolina na cara. Tapei o vidro.

— E não adianta ficar furiosa, vamos, olhe para mim. Sua boba. Pare de chorar e prometa que não vai mais judiar dos bichos.

Encarei-o. Através das lágrimas ele pareceu-me naquele instante tão belo quanto um deus, um deus de cabelos dourados e botas, todo banhado de luar. Fechei os olhos, já não me envergonhava das lágrimas, já não me envergonhava de mais nada. Um dia ele iria embora do mesmo modo imprevisto como chegara, um dia ele sairia sem se despedir e desapareceria para sempre. Mas isso também já não tinha importância. Marcelo, Marcelo!, chamei. E só meu coração ouviu.

Quando ele me tomou pelo braço e entrou comigo na sala, parecia completamente esquecido do escorpião e do meu pranto. Voltou-lhe o sorriso.

— Então é essa a famosa tia Olívia? Ah, ah, ah.

Enxuguei depressa os olhos na barra da saia.

— Ela é bonita, não?

Ele bocejou.

tacão: salto.

— Usa um perfume muito forte. E aquele galho de cerejas dependurado no peito. Tão vulgar.

Anton_Sokolov/Thinkstock

— Vulgar?

Fiquei chocada. E contestei; mas, em meio da paixão com que a defendi, senti uma obscura alegria ao perceber que estava sendo derrotada.

— E, além do mais, não é meu tipo — concluiu ele voltando o olhar indiferente para o trabalho de filé que Madrinha deixara desdobrado na cadeira. Apontou para o anjinho esvoaçando entre grinaldas. — Um anjinho cego.

— Por que cego? — protestou Madrinha descendo a escada. Foi nessa noite que perdeu os óculos. — Cada ideia, Marcelo!

Ele debruçara-se na janela e parecia agora pensar em outra coisa.

— Tem dois buracos em lugar dos olhos.

— Mas filé é assim mesmo, menino! No lugar de cada olho deve ficar uma casa vazia — esclareceu ela sem muita convicção. Examinou o trabalho. E voltou-se nervosamente para mim: — Por que não vai buscar o dominó para jogarem uma partida? E vê se encontra meus óculos que deixei por aí.

Quando voltei com o dominó, Marcelo já não estava na sala. Fiz um castelo com as pedras. E soprei-o com força. Perdia-o sempre, sempre. Passava as manhãs galopando como louco. Almoçava rapidamente e mal terminava o almoço, fechava-se no quarto e só reaparecia no lanche, pronto para sair outra vez. Restava-me correr ao alpendre para vê-lo seguir em direção à estrada, cavalo e cavaleiro tão colados um ao outro que pareciam formar um corpo só.

Como um corpo só os dois tombaram no divã, tão rápido o relâmpago e tão longa a imagem, ele tão grande, tão poderoso, com aquela mesma expressão com que galopava como que agarrado à crina do cavalo, arfando doloridamente na reta final.

Foram dias de calor atroz os que antecederam à tempestade. A ansiedade estava no ar. Dionísia ficou mais casmurra. Madrinha ficou mais falante, procurando disfarçadamente os óculos nas latas de biscoito ou nos potes de folhagens, esgotada a busca em gavetas e armários. Marcelo pareceu-me mais esquivo, mais crispado. Só tia Olívia continuava igual, sonolenta e lânguida no seu negligê branco. Estendia-se na rede. Desatava a cabeleira. E, com um movimento brando, ia se abanando com a ventarola. Às vezes vinha com as cerejas que se esparramavam no colo polvilhado de talco. Uma ou outra cereja resvalava por entre o rego dos seios e era então engolida pelo decote.

— Sofro tanto com o calor...

Madrinha tentava animá-la:

— Chovendo, Olívia, chovendo você verá como vai refrescar.

Ela sorria umedecendo os lábios com a ponta da língua.

— Você acha que vai chover?

— Mas claro, as nuvens estão baixando, a chuva já está aí. E vai ser um temporal daqueles, só tenho medo é que apanhe esse menino lá fora. Você já viu menino mais esquisito, Olívia? Tão fechado, não? E sempre com aquele arzinho de desprezo.

— É da idade, querida. É da idade.

— Parecido com o pai. Romeu também tinha essa mesma mania com cavalo.

— Ele monta tão bem. Tão elegante.

Defendia-o sempre enquanto ele a atacava, mordaz, implacável: "É afetada, esnobe. E como representa, parece que está sempre no palco". Eu contestava, mas de tal forma que o incitava a prosseguir atacando.

Lembro-me de que as primeiras gotas de chuva caíram ao entardecer, mas a tempestade continuava ainda em suspenso, fazendo com que o jantar se desenrolasse numa atmosfera abafada. Densa. Pretextando dor de cabeça, tia Olívia recolheu-se mais cedo. Marcelo, silencioso como de costume, comeu de cabeça baixa. Duas vezes deixou cair o garfo.

casmurro: teimoso, implicante.
crispado: contraído.
negligê: roupão fino.
mordaz: satírico, crítico.

Bridgeman/Fotoarena/Galeria Johnny van Haeften, Londres, UK.

— Vou ler um pouco — despediu-se assim que nos levantamos.

Fui com Madrinha para a saleta. Um raio estalou de repente: como se esperasse por esse sinal, a casa ficou completamente às escuras enquanto a tempestade desabava.

— Queimou o fusível! — gemeu Madrinha. — Vai, filha, vai depressa buscar o maço de velas, mas leva primeiro ao quarto de tia Olívia. E fósforos, não esqueça os fósforos!

Subi a escada. A escuridão era tão viscosa, que se eu estendesse a mão, poderia senti-la amoitada como um bicho por entre os degraus. Tentei acender a vela mas o vento me envolveu. Escancarou-se a porta do quarto. E em meio do relâmpago que rasgou a treva, vi os dois corpos completamente azuis, tombando enlaçados no divã.

Afastei-me cambaleando. Agora as cerejas se despencavam sonoras como enormes bagas de chuva caindo de uma goteira. Fechei os olhos. Mas a casa continuava a rodopiar **desgrenhada** e lívida com os dois corpos rolando na ventania.

— Levou as velas para tia Olívia? — perguntou Madrinha.

Desabei num canto, fugindo da luz do castiçal aceso em cima da mesa.

— Ninguém respondeu, ela deve estar dormindo.

— E Marcelo?

— Não sei, deve estar dormindo também.

Madrinha aproximou-se com o castiçal:

— Mas que é que você tem, menina? Está doente? Não está com febre? Hem?! Sua testa está queimando... Dionísia, traga uma aspirina, esta menina está com um febrão, olha aí!

Até hoje não sei quantos dias me debati esbraseada, a cara vermelha, os olhos vermelhos, escondendo-me debaixo das cobertas para não ver por entre clarões de fogo milhares de cerejas e escorpiões em brasa, estourando no chão.

— Foi um sarampo tão forte — disse Madrinha ao entrar certa manhã no quarto. — E como você chorava, dava pena ver como você chorava! Nunca vi um sarampo doer tanto assim.

Sentei-me na cama e fiquei olhando uma borboleta branca pousada no pote de avencas da janela. Voltei-me em seguida para o céu límpido. Havia um passarinho cantando na paineira. Madrinha então disse:

— Marcelo foi-se embora ontem à noite, quando vi, já estava de mala pronta, sabe como ele é. Veio até aqui se despedir, mas você estava dormindo tão profundamente.

Dois dias depois, tia Olívia partia também. Trazia o costume preto e o chapeuzinho com os alfinetes de pérola espetados na capa. Na blusa branca, bem no vértice do decote, o galho de cerejas.

Sentou-se na beirada da minha cama:

— Que susto você nos deu, querida — começou com sua voz pesada. — Pensei que fosse alguma doença grave. Agora está boazinha, não está?

Prendi a respiração para não sentir seu perfume.

— Estou.

— Ótimo! Não te beijo porque ainda não tive sarampo — disse ela calçando as luvas. Riu o risinho cascateante. — E tem graça eu pegar nesta altura doença de criança?

Cravei o olhar nas cerejas que se entrechocavam sonoras, rindo também entre os seios. Ela desprendeu-as rapidamente:

— Já vi que você gosta, pronto, uma lembrança minha.

— Mas ficam tão lindas aí — lamentou Madrinha. — Ela nem vai poder usar, bobagem, Olívia, leve suas cerejas!

— Comprarei outras.

Durante o dia seu perfume ainda pairou pelo quarto. Ao anoitecer, Dionísia abriu as janelas. E só ficou o perfume delicado da noite.

desgrenhado: despenteado.

— Tão encantadora a Olívia — suspirou Madrinha sentando-se ao meu lado com sua cesta de costura. — Vou sentir falta dela, um encanto de criatura. O mesmo já não posso dizer daquele menino. Romeu também era assim mesmo, o filho saiu igual. E só às voltas com cavalos, montando em pelo, feito índio. Eu quase tinha um enfarte quando via ele galopar.

Exatamente um ano depois ela repetiria, num outro tom, esse mesmo comentário ao receber a carta onde Romeu comunicava que Marcelo tinha morrido de uma queda de cavalo.

— Anjinho cego, que ideia! — prosseguiu ela desdobrando o filé nos joelhos. — Já estou com saudades de Olívia, mas dele?

Sorriu alisando o filé com as pontas dos dedos. Tinha encontrado os óculos.

(*As cerejas*. São Paulo: Atual, 1992. p. 4-15.)

Quem é Lygia Fagundes Telles?

Bruno Poletti/Folhapress

A escritora nasceu em São Paulo, em 1923. Formou-se em Direito e cedo iniciou na carreira literária. Sua primeira publicação, o romance *Ciranda de pedra* (1954), foi muito bem-recebida pela crítica e depois dela seguiram vários outros romances e livros de contos, como *Antes do baile verde*, *Verão no aquário*, *As meninas*, além de *Capitu*, um roteiro de cinema escrito em parceria com Paulo Emílio Sales Gomes. Ganhou dezenas de prêmios e ocupa hoje uma cadeira da Academia Brasileira de Letras.

1. O conto é um texto que pertence ao grupo dos gêneros narrativos ficcionais. Caracteriza-se por ser condensado, isto é, apresentar poucos personagens, poucas ações e tempo e espaço reduzidos. No conto "As cerejas", a ação se desenrola em uma chácara.

a) Quais personagens viviam na chácara?

b) Quais estavam ali a passeio?

c) Como você imagina a narradora do conto?

d) Que parentesco havia entre a narradora e Marcelo? E entre ela e Olívia?

2. Em relação ao espaço do conto, responda:

a) Em que lugar da chácara ocorrem os fatos?

b) O tempo é indicado de forma precisa? Quanto tempo você supõe que transcorreu desde a chegada até a partida de Olívia?

c) A narração se dá muito tempo depois da ocorrência dos fatos. Que fala da narradora deixa isso explícito?

d) Que elemento material restou da experiência narrada?

3. A frase "Aquela gente teria mesmo existido?" dá início à apresentação do conto, na qual são evocadas imagens situadas na memória da narradora. A partir de que parágrafo se inicia propriamente a narração dos fatos?

Quem conta um conto

Um conto é uma narrativa curta. Não faz rodeios: vai direto ao assunto.

No conto tudo importa: cada palavra é uma pista. Em uma descrição, as informações são valiosas; cada adjetivo é insubstituível; cada vírgula, cada ponto, cada espaço — tudo está cheio de significado.

Já se disse que o conto está para o romance assim como a fotografia está para o cinema: tanto o contista quanto o fotógrafo devem selecionar uma situação e tentar extrair dela o máximo. Escritores, estudiosos e amantes da literatura em geral vêm há muito tempo tentando definir o que é, afinal, o conto — mas esse debate, pelo jeito, está longe de acabar...

Enquanto isso, os contos vão sendo escritos. O Brasil tem uma lista extensa de grandes contistas: Mário de Andrade, Murilo Rubião, Guimarães Rosa, Rubem Braga, Clarice Lispector, Rubem Fonseca, Dalton Trevisan, Otto Lara Resende e inúmeros outros [...].

(*In*: Antônio de Alcântara Machado *et alii*. *De conto em conto*. São Paulo: Ática, 2003. p. 103.)

Nana Moraes/Acervo da editora

Otto Lara Resende.

4. Nos gêneros narrativos, a sequência de fatos que mantêm entre si uma relação de causa e efeito constitui o **enredo**. Um dos elementos mais importantes do enredo é o **conflito** ou **complicação**, geralmente apresentado no seu desenvolvimento. O conflito consiste em uma oposição de interesses que cria uma tensão em torno da qual se organizam os fatos narrados. É ele que faz a história caminhar e prende a atenção do leitor ou ouvinte. No conto em estudo, que fato novo dá início a uma complicação e introduz o conflito?

5. Observe estes trechos do texto:

- "Fiquei chocada. E contestei; mas, em meio da paixão com que a defendi, senti uma obscura alegria ao perceber que estava sendo derrotada."
- "Eu contestava, mas de tal forma que o incitava a prosseguir atacando."

O que explica os sentimentos contraditórios da narradora em relação a Olívia? Justifique sua resposta com elementos do texto.

6. Nos contos, o **clímax** constitui a parte de maior tensão da narrativa. Em que momento se dá o clímax no conto lido?

7. Após o clímax, momento no qual o conflito é superado, o enredo caminha para o **desfecho**. Normalmente, no desfecho as ações retornam à situação de equilíbrio inicial. No conto lido, após o clímax, a narradora fica doente. Quando desperta, percebe ao seu redor elementos naturais anunciadores de paz. Quais são esses elementos?

8. O adoecimento da personagem pode ser visto como um rito de passagem, isto é, um momento de transformação, no qual a narradora deixa para trás sua condição de menina e se torna mulher. Explique a relação entre o sofrimento físico e emocional da personagem e o seu renascimento.

9. Nos contos, a narração pode ser feita em 1ª ou em 3ª pessoa. No primeiro caso, o narrador participa da história e, no segundo caso, ele observa e narra os fatos, sem participar deles. Observe estes trechos do conto lido:

- "O relâmpago apagou-se. E no escuro que se fez, veio como resposta o ruído das cerejas se despencando no chão."
- "Aproximei-me fascinada. Nunca tinha visto ninguém como tia Olívia, ninguém com aqueles olhos pintados de verde e com aquele decote assim fundo."

Em que pessoa é feita a narração?

10. No enredo dos contos, ocorrem fatos aparentemente sem importância, mas que podem contribuir para a construção do sentido geral do texto. Indique possíveis interpretações para os seguintes aspectos ou passagens do conto lido:

- A palavra *cerejas* dá título ao conto e aparece em vários momentos da narrativa.
- A menina tenta matar o escorpião com fogo logo após a chegada de tia Olívia.
- A menina faz um castelo com as peças do dominó e sopra-o com força.
- Há menção a anjinho cego, figura que se via na renda feita por Madrinha.
- Madrinha perde os óculos e só aparece usando-os de novo no final.

11. Observe a linguagem do conto lido.

a) Que variedade linguística foi empregada?

b) Que tempo verbal predomina?

12. Reúna-se com os colegas de grupo e, juntos, concluam: Quais são as características básicas do conto? Respondam, considerando os seguintes critérios: finalidade do gênero, perfil dos interlocutores, suporte ou veículo, tema, estrutura e linguagem.

O miniconto

No século XX, sobretudo a partir da década de 1940, o conto passou a sofrer algumas alterações formais que puseram em xeque a estrutura convencional do gênero, dando origem ao *conto contemporâneo*, que não respeita rigidamente essa estrutura.

Entre as várias experiências feitas, na década de 1960 nasceu o conto curto com o escritor brasileiro Dalton Trevisan, que já escrevia contos com até 500 palavras. Em 1994, o autor avança em suas experiências e cria os minicontos, também conhecidos como microcontos, geralmente compostos de 3 a 4 linhas.

Em 2004, o escritor Marcelino Freire fez um desafio a 100 escritores brasileiros para que escrevessem minicontos de até 50 letras. O resultado dessa experiência foi a publicação da antologia *Os cem menores contos brasileiros do século*, que se tornou uma referência para o gênero.

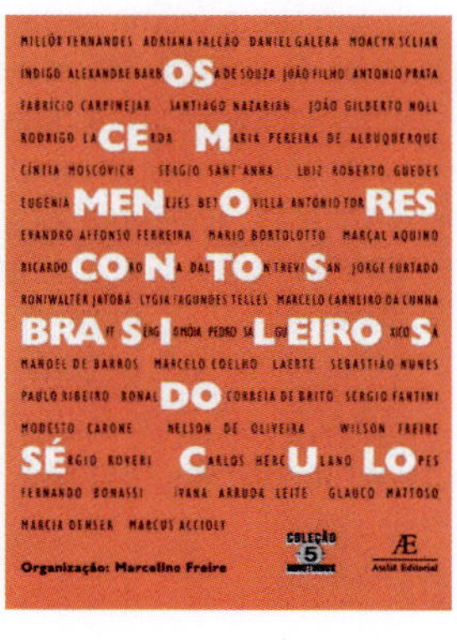

Reprodução/Ateliê Editorial

Você vai ler, a seguir, quatro minicontos. O primeiro é o mais famoso miniconto do mundo, escrito pelo escritor hondurenho Augusto Monterroso; o segundo é de Dalton Trevisan, criador do gênero no Brasil; e os outros dois integram a antologia *Os cem menores contos brasileiros do século*.

Dinossauro

Quando ele acordou, o dinossauro ainda estava lá.

(Augusto Monterroso. Disponível em: https://www.recantodasletras.com.br/resenhas/3436313. Acesso em: 24/4/2020.)

01

Domingo inteiro em pijama, coça o umbigo. Diverte-se com os pequenos anúncios. Em sossego na poltrona, entende as borbulhas do gelo no copo de bebida. Uma velhice tranquila, regando suas malvas à janela, em manga de camisa. Única dúvida: ganhará o concurso de palavras cruzadas?

(Dalton Trevisan. *Ah, é?*. Disponível em: http://www.releituras.com/daltontrevisan_ahe.asp. Acesso em: 24/4/2020.)

Vigília

Pronto nos olhos,
o pranto só espera a notícia.

(João Anzanello Carrascoza. *In*: Marcelino Freire, org. *Os cem menores contos brasileiros do século*. Cotia-SP: Ateliê, 2004. p. 38.)

Atriz no divã

— Doutor, o senhor já me viu representar?
— Fora daqui?

(Livia Garcia-Roza. *Idem*, p. 48.)

Nelson Provazi/Arquivo da editora

1. Compare os quatro textos quanto à forma.

a) O que eles apresentam em comum?

b) Cite ao menos uma diferença entre eles.

2. O miniconto "O dinossauro" contém uma atmosfera surrealista ou fantástica, pois apresenta uma situação inusitada, próxima da imaginação ou do sonho. Explique por quê.

3. Grande parte dos minicontos retrata *flashes* de uma história ou "pedaços da vida". Quais dos minicontos apresentam essa característica?

4. Um dos traços que caracterizam o miniconto é a presença de um subtexto, isto é, de uma história ou de personagens que não estão explicitados, mas podem ser subentendidos.

a) No conto "Vigília", qual é a notícia que vai chegar?

b) Nos minicontos, o título pode ser uma importante pista de leitura. Levante uma hipótese interpretativa para o título do conto "Vigília".

5. A respeito do subtexto do miniconto "Atriz no divã", responda:

a) Onde provavelmente se passa a história? Justifique sua resposta.

b) Quem são os interlocutores no diálogo apresentado?

c) Como se caracteriza a mulher?

d) O título do miniconto é ambíguo. Que sentidos ele apresenta?

Nelson Provazi/Arquivo da editora

6. A respeito do conto de Dalton Trevisan:

a) Note que não há referência a outros personagens. O que esse dado pode informar a respeito do personagem?

b) Levante hipóteses: Que tipo de reflexão a respeito da vida e da velhice o texto provoca?

7. Tomando como referência o conto lido "As cerejas", de Lygia Fagundes Telles, como um conto de estrutura convencional, defina as características básicas do miniconto quanto aos seguintes aspectos:

a) estrutura narrativa tradicional do conto;

b) número de personagens;

c) tempo e o espaço;

d) trabalho com os personagens;

e) presença de diálogo;

f) presença de títulos.

Produzindo o conto

Ao final desta unidade, você participará com os colegas do sarau **Palavra, som e imagem**, que envolve a produção de um *e-zine* e a leitura dramática ou encenação de um texto teatral. Os contos e minicontos também são textos interessantes para compor o *e-zine*.

Há, a seguir, três propostas para a produção de contos e duas propostas para a produção de minicontos. Escolha ao menos uma de cada gênero e desenvolva-as, tendo em vista a produção final da turma.

1. Escolha um assunto e desenvolva-o em um conto com um destes títulos:

- A guitarra mágica
- A rosa traída
- Morangos mofados
- Escorpião em círculo de fogo
- Visão desfocada

2. A seguir são reproduzidos trechos de dois contos de escritores brasileiros. Leia-os e escolha um deles para fazer parte de uma narrativa. Você pode usar o trecho escolhido como introdução, clímax ou desfecho do conto.

a)

Uma noite, voltando de metrô para casa, como fazia cinco vezes por semana, onze meses por ano, ele ouviu uma voz. Estava exausto, com o nó da gravata frouxo no pescoço, o colarinho desabotoado, a cabeça jogada para trás, o walkman a todo o volume e os fones enterrados nos ouvidos. De repente, antes mesmo de poder perceber a interrupção, a música que vinha ouvindo cessou sem explicações e, ao cabo de um breve silêncio, no lugar dela surgiu uma voz que ele não sabia nem como, nem de quem, nem de onde. Ergueu a cabeça. Olhou para os lados, para os outros passageiros. Mas era só ele que a ouvia.

(Bernardo Carvalho. A vida de um homem normal. *In*: Moacyr Scliar *et alii*. *Boa companhia — contos*. São Paulo: Companhia das Letras, 2003. p. 11.)

Nelson Provazi/Arquivo da editora

b)

Zero Manivela deu meia-volta e embarafustou ladeira abaixo. Ezequiel não queria correr atrás dele, mas quando percebeu já estava correndo. Passaram por duas ruas, chegaram perto da avenida e nem perceberam. Alguém deu um berro, mas eles não ouviram, estavam surdos de raiva.

(Pedro Cavalcanti. Olho por olho. *In*: Moacyr Scliar *et alii*. *Boa companhia — contos*, cit., p. 88.)

3. Escreva livremente um conto sobre o tema que quiser. Você poderá, por exemplo, se basear em fatos de sua experiência pessoal, como ponto de partida, ou inventar livremente sua história, de teor social e crítico, psicológico, divertido, etc.

4. Transforme o conto que você produziu, entre as propostas 1 a 3, num miniconto, mantendo apenas os personagens e os momentos mais importantes da história. Se quiser, use o título como elemento de apoio ao enredo.

5. Crie um miniconto livremente a partir de um tema de sua escolha. Você poderá retratar uma situação vivida ou inventada. Poderá também, a exemplo de Augusto Monterroso, criar uma situação inusitada, que se aproxime do fantástico ou do Surrealismo.

Planejamento do texto

- Tenha em vista o seu público: leitores de um *e-zine* que será criado por você e os colegas ao final desta unidade. O público, portanto, será basicamente formado por jovens como você e por adultos.
- A linguagem deve estar de acordo com o perfil do narrador e dos personagens, bem como com o perfil do *e-zine* e do público leitor, podendo haver emprego de diferentes registros e de mais de uma variedade linguística.
- Imagine o conflito da história, ou seja, a situação problemática que os personagens viverão, e como ocorrerá sua superação. Depois, no conto, planeje a organização dos fatos, isto é, a estruturação do enredo em introdução, complicação, clímax e desfecho, ou uma maneira interessante de subverter essa estrutura. No miniconto, decida sobre a parte da estrutura que será escolhida para contar a história.

Revisão e reescrita

Antes de fazer a versão final do seu conto, reveja-o, observando:

- se o texto consiste em uma narrativa ficcional curta;
- se apresenta poucos personagens, poucas ações e tempo e espaço reduzidos;
- se o enredo está estruturado em introdução, complicação, clímax e desfecho ou se essa estrutura é subvertida intencionalmente;
- se a linguagem está de acordo com a norma-padrão ou com o perfil do narrador e dos personagens;
- se, no caso do miniconto, ele apresenta uma situação que permite inferir um subtexto, isto é, uma história maior da qual a cena mostrada faz parte, sendo representativa e impactante.

Faça as alterações necessárias e prepare o seu texto para integrar o *e-zine* que será criado ao final desta unidade.

O videoconto

Além da versão impressa, os contos e minicontos poderão ser recriados em formato de vídeo. Para isso, reúna-se em grupo com os colegas e sigam as instruções.

Planejamento do videoconto

- Releiam os contos produzidos neste capítulo pelos membros do grupo e escolham aquele que será a base do vídeo.
- Definam funções para cada integrante, considerando que vocês podem e devem trabalhar juntos; entretanto, é conveniente que cada um se especialize e fique responsável por uma função específica, como roteirista, câmera, narrador, atores, dubladores, sonoplasta, locutor e editor.

Videocontos na internet

Há muitos videocontos na internet. Para que conheça o gênero, sugerimos acessar:

- "Em busca de um sonho": https://www.youtube.com/watch?v=xjsKGpAG2hY&feature=youtu.be.
- "Yemanjá, a deusa do mar": https://www.youtube.com/watch?v=Usgydp-tjqU.
- "A mão": https://www.youtube.com/watch?v=Y3fIJQYYU7k.

- Pesquisem videocontos na internet para terem ideia de como irão produzir o seu.
- Escrevam um roteiro para orientar o encaminhamento das gravações ou montagens, descrevendo as cenas detalhadamente, na ordem em que querem que elas apareçam.
- Pesquisem músicas e efeitos sonoros para integrarem o vídeo, sincronizando-os com as gravações.

Seleção, gravação e remixagem

Ao preparar o vídeo, selecionar imagens e músicas, filmar cenas ou gravar vídeos, lembrem-se de:

- conferir o roteiro a fim de selecionar ou captar todas as cenas planejadas;
- escolher cenários adequados e locações em que não haja barulho externo, para não prejudicar o som da filmagem;
- anotar os textos, vídeos, músicas e outras fontes utilizadas no vídeo para compor os créditos da produção.

Ao editar os vídeos e os áudios

Ao editar os vídeos e os áudios, lembrem-se de:

- escolher programas de edição de vídeo e áudio. Vocês poderão usar o Windows MovieMaker ou o iMovie (da Apple) ou outro de sua preferência;
- assistir a todas as cenas que foram gravadas e rever a ordem em que vão aparecer no vídeo;
- reler o roteiro de montagem do vídeo para saber a ordem em que querem que as cenas apareçam, sincronizando com trechos da música. Se necessário, há tutoriais na internet sobre como usá-los.

Undrey/Shutterstock

Revisão do vídeo

Antes de concluir a edição do vídeo, verifique:

- se as cenas previstas no roteiro estão todas presentes e na sequência planejada;
- se o som está uniforme, sem trechos excessivamente baixos ou altos;
- se a história narrada no vídeo consegue se sustentar e produz os sentidos desejados sem o conhecimento do conto de base.

Após a checagem final, salvem o trabalho e o convertam para o formato de vídeo. Depois, providenciem sua gravação em DVD ou *pendrive* ou façam o *upload* para a nuvem. O videoconto deverá integrar o *e-zine* que será criado por você e os colegas ao final desta unidade.

CAPÍTULO 17

O texto teatral escrito

Divulgação/Foto: João Caldas Filho

Denise Fraga no papel principal da peça *Galileu Galilei*, em 2016, baseada na peça *A vida de Galileu*, de Bertolt Brecht.

Este capítulo favorece o desenvolvimento das habilidades

- EM13LGG101
- EM13LGG103
- EM13LGG104
- EM13LGG201
- EM13LGG301
- EM13LGG402
- EM13LGG602
- EM13LGG603
- EM13LP01
- EM13LP02
- EM13LP06
- EM13LP15
- EM13LP16
- EM13LP17
- EM13LP49

Trabalhando o gênero

O texto a seguir é um trecho da peça teatral *A vida de Galileu*, do poeta e teatrólogo alemão Bertolt Brecht.

A peça narra uma parte da vida do sábio italiano Galileu, e a história começa com o cientista vivendo em Pádua, onde lhe davam liberdade para pesquisar, mas lhe pagavam baixo salário. Apropriando-se de uma luneta, instrumento ainda desconhecido na Itália, e tido como o inventor dela, ele é recebido em Florença, onde começa a residir. As observações que faz sobre o Sistema Solar levam-no a reconsiderar como verdadeira a concepção de Copérnico segundo a qual a Terra e os astros girariam em torno do Sol. A Igreja católica, na época, defendia a concepção de Ptolomeu, para quem a Terra seria o centro do Universo.

O trecho faz parte da cena em que Galileu, servindo-se da luneta, confirma a seu amigo Sagredo o sistema copernicano e é advertido por ele das possíveis consequências de sua pesquisa.

Quarto de estudos de Galileu, em Pádua.

Noite. Galileu e Sagredo, metidos em grossos capotes, olham pelo telescópio.

SAGREDO (*Olhando pelo telescópio, à meia-voz*) — Os bordos do crescente estão irregulares, denteados e rugosos. Na parte escura, perto da faixa luminosa, há pontos de luz. Vão aparecendo, um depois do outro. A partir deles a luz se espraia, ocupa superfícies sempre maiores, onde conflui com a parte luminosa principal.

GALILEU — Como se explicam esses pontos luminosos?

SAGREDO — Não pode ser.

GALILEU — Pode, são montanhas.

SAGREDO — Numa estrela?

GALILEU — Montanhas enormes. Os cimos são dourados pelo sol nascente, enquanto a noite cobre os abismos em volta. Você está vendo a luz baixar dos picos mais altos aos vales.

SAGREDO — Mas isto contradiz a astronomia inteira de dois mil anos.

GALILEU — É. O que você está vendo, homem nenhum viu, além de mim. Você é o segundo.

Photo Researchers RM/Getty Images

Galileu Galilei (1564-1642).

SAGREDO — Mas a Lua não pode ser uma terra, com montanhas e vales, assim como a Terra não pode ser uma estrela.

GALILEU — A Lua pode ser uma terra com montanhas e vales e a Terra pode ser uma estrela. Um corpo celeste qualquer, um entre milhares. Olhe outra vez. A parte escura da Lua é inteiramente escura?

SAGREDO — Não, olhando bem eu vejo uma luz fraca, cinzenta.

GALILEU — Essa luz o que é?

SAGREDO — ?

GALILEU — É da Terra.

SAGREDO — Não, isso é absurdo. Como pode a Terra emitir luz, com suas montanhas, suas águas e matas, e sendo um corpo frio?

GALILEU — Do mesmo modo que a Lua. Porque as duas são iluminadas pelo Sol e é por isso que elas brilham. O que a Lua é para nós, nós somos para a Lua. Ela nos vê ora como crescente, ora como semicírculo, ora como Terra cheia e ora não nos vê.

SAGREDO — Portanto, não há diferença entre Lua e Terra?

GALILEU — Pelo visto, não.

SAGREDO — Não faz dez anos que, em Roma, um homem subia à fogueira. Chamava-se Giordano Bruno e afirmava exatamente isso.

GALILEU — Claro. E agora estamos vendo. Não pare de olhar, Sagredo. O que você vê é que não há diferença entre céu e Terra. Hoje, dez de janeiro de 1610, a humanidade registra em seu diário: aboliu-se o céu.

SAGREDO — É terrível!

GALILEU — E ainda descobri outra coisa, quem sabe mais espantosa.

[...]

SAGREDO (*hesita, antes de voltar ao telescópio*) — O que eu sinto é quase como medo, Galileu.

GALILEU — Vou lhe mostrar uma das nebulosas brancas e brilhantes da Via Láctea. Me diga do que ela é feita!

SAGREDO — São estrelas, incontáveis.

GALILEU — Só na constelação de Órion são quinhentas estrelas fixas. São os muitos mundos, os incontáveis outros mundos, as estrelas distantes de que falava o queimado-vivo, que ele não chegou a ver, mas que ele esperava!

SAGREDO — Mas, mesmo que esta terra seja uma estrela, há muita distância até as afirmações de Copérnico, de que ela gira em volta do Sol. Não há estrela no céu que tenha outra girando à sua volta. Mas, em torno da Terra, gira sempre a Lua.

GALILEU — Eu duvido, Sagredo. Desde anteontem que eu duvido. Olhe Júpiter (*acerta o telescópio*), junto dele estão quatro estrelas menores, que só se veem pelo telescópio. Eu as vi na segunda-feira, mas não fiz muito caso da sua posição. Ontem, olhei outra vez.

Eu jurava que todas as quatro tinham mudado de lugar. Eu tomei nota. Estão diferentes outra vez. O que é isso? Se eu vi quatro! (*Agitado.*) Olhe você!

SAGREDO — Eu vejo três.

GALILEU — A quarta onde está? Olhe as tabelas. Vamos calcular o movimento que elas possam ter feito. (*Excitados, sentam-se e trabalham. O palco escurece, mas no horizonte continua-se a ver Júpiter e seus satélites. Quando o palco clareia, ainda estão sentados, usando capotes de inverno.*)

GALILEU — Está provado. A quarta só pode ter ido para trás de Júpiter, onde ela não é vista. Está aí uma estrela que tem outra girando à sua volta.

SAGREDO — Mas e a esfera de cristal, em que Júpiter está fixado?

GALILEU — De fato, onde é que ela ficou? Como pode Júpiter ficar fixado, se há estrelas girando em volta dele? Não há suporte no céu, não há ponto fixo no universo! É outro sol!

SAGREDO — Calma, você pensa depressa demais!

GALILEU — Que depressa nada! Acorda, rapaz! O que você está vendo nunca ninguém viu. Eles tinham razão.

SAGREDO — Quem, os copernicanos?

GALILEU — E o outro! O mundo estava contra eles e eles tinham razão. [...]

SAGREDO (*gritando*) — A mesma fala do queimado-vivo?

GALILEU — A mesma fala do queimado-vivo!

SAGREDO — Por isso ele foi queimado! Não faz dez anos!

GALILEU — Porque ele não podia provar nada! Porque ele só afirmava! [...]

SAGREDO — Galileu, eu sempre o conheci como homem de juízo. Durante dezessete anos em Pádua, e durante três anos em Pisa, pacientemente, você ensinou a centenas de alunos o sistema de Ptolomeu, que é adotado pela Igreja e é confirmado pelas Escrituras, na qual a Igreja repousa. Você, na linha de Copérnico, achava errado, mas você ensinava, não obstante.

GALILEU — Porque eu não podia provar nada.

SAGREDO (*incrédulo*) — E você acha que isso faz alguma diferença?

GALILEU — Faz toda a diferença. Veja aqui, Sagredo! Eu acredito no homem, e isto quer dizer que acredito na sua razão! Sem esta fé eu não teria força de sair da cama pela manhã.

(São Paulo: Abril Cultural, 1977. p. 47-58.)

1. O texto teatral tem semelhanças com o texto narrativo: apresenta fatos, personagens, tempo e lugar.

a) Onde ocorre a cena?

b) Quando ela acontece?

2. Comparando a estrutura do texto teatral com a dos gêneros narrativos, como a crônica e o conto, por exemplo, observamos que ele se constrói de forma diferente.

a) Há no texto teatral lido um narrador que conta a história?

b) O texto nos possibilita ter uma visão acerca dos personagens. Que ideia você faz de Galileu e de Sagredo?

c) De que forma as características de cada personagem nos são reveladas no texto lido?

3. Em outros gêneros narrativos, como no conto, a fala dos personagens é introduzida geralmente por verbos como *dizer*, *perguntar*, *exclamar*, *afirmar*, chamados *dicendi*. No texto teatral escrito, as falas dos personagens são introduzidas de forma diferente.

a) No texto teatral lido, como o leitor sabe quem está falando?

b) A fala dos personagens é reproduzida pelo discurso direto ou pelo discurso indireto?

Cena da peça *Galileu Galilei*, com Denise Fraga.

Lenise Pinheiro/Folhapress

4. Sagredo adverte Galileu sobre as possíveis consequências de sua pesquisa.

a) Quais poderiam ser elas?

b) Baseado em que Galileu se mostra determinado a desafiar os dogmas da Igreja na época?

5. O texto teatral apresenta trechos em letra de tipo diferente — no texto lido, o itálico. Veja estes exemplos:

SAGREDO (*Olhando pelo telescópio, à meia-voz*)
SAGREDO (*gritando*)
GALILEU ... (*Agitado.*)

Esses trechos são chamados de rubricas. Qual é a função das rubricas?

A função do teatro

O teatro nasceu entre os gregos, na Antiguidade. A principal alteração que tem experimentado, desde então, é quanto à sua função: tem servido para divertir, satirizar a classe política, refletir sobre os problemas sociais, conscientizar politicamente os oprimidos, fazer refletir sobre a própria condição humana. Para o dramaturgo alemão Bertolt Brecht, a principal função da atividade teatral, entretanto, é a de proporcionar prazer. Um prazer que educa, conscientiza e diverte.

6. Que tipo de variedade linguística foi empregado pelos personagens?

7. Quando um texto teatral é lido, o leitor é o interlocutor da história vivida pelos personagens. Quando o texto teatral é encenado, quem é o interlocutor?

8. Qual é o suporte do texto teatral escrito, isto é, como ele é veiculado para atingir o público a que se destina?

9. Reúna-se com os colegas de seu grupo e concluam: Quais são as características básicas do texto teatral escrito? Ao responder, considerem os seguintes critérios: finalidade do gênero, perfil dos interlocutores, suporte ou veículo, tema, estrutura, linguagem.

O texto estudado é uma cena de uma peça de teatro. É, portanto, uma parte de um texto dramático, isto é, um texto que serve para a representação teatral.

Imagine essa cena se desenvolvendo num palco: haveria um cenário (o quarto de estudos de Galileu), e o diálogo entre os personagens Galileu e Sagredo não seria contado por um narrador, mas mostrado pelos atores, que, *representando* os personagens, se movimentariam no palco e falariam. O diálogo, portanto, constitui o elemento dominante e essencial no texto teatral.

No diálogo, manifestam-se uma oposição e uma luta de vontades que caracterizam o conflito, elemento essencial para possibilitar que o leitor ou a plateia crie expectativa em relação aos fatos que lê ou vê. No texto em estudo, a determinação de Galileu em provar a teoria sobre o sistema solar defendida por Copérnico opõe-se ao temor de Sagredo em revelá-la, pois isso despertaria a ira da Igreja. O *conflito* é, portanto, uma oposição que acontece entre os elementos da história, criando uma tensão que organiza os fatos narrados/mostrados e, consequentemente, prende a atenção do leitor ou da plateia.

Quando é encenado, o texto teatral exige outros elementos, como cenário, música, luz, figurino, maquiagem, gestos, movimentos, etc.

No texto teatral escrito, esses elementos estão indicados nas **rubricas**, que são trechos em letra de tipo diferente (no texto estudado, em itálico) e indicam como os personagens devem falar (rubricas de interpretação) e se movimentar em cena (rubricas de movimento). Quando lemos um texto teatral, as rubricas cênicas procuram nos dar informações sobre aquilo que, na montagem, se vê no palco.

Ator, texto e público

Não há fenômeno teatral sem a conjunção da tríade ator, texto e público. Um *ator* interpreta um *texto* para o *público*. E entre ator e público é estabelecida uma cumplicidade: ambos sabem que se trata de um jogo, de uma representação. Por meio da razão e da emoção, estabelece-se um diálogo vivo entre ator e público. Proporcionando prazer, o teatro age diretamente sobre as pessoas. Ele ensina, provoca, faz refletir.

Quando a peça teatral é longa, ela costuma ser dividida em partes, que são chamadas de **atos**.

Teatro: o encontro das artes

Além da presença física do ator, o teatro conta com a colaboração de outras artes: a arquitetura, a pintura, a música, a indumentária (o figurino), a iluminação e o mobiliário. E conta também com a arte literária, pois o autor comunica-se com o público principalmente por meio da palavra, que, para sua interpretação, precisa também de pausas, gestos, mímicas, além da postura, do olhar e do movimento que compõem a expressão corporal do ator. O teatro exige ainda outros componentes, como maquiagem, sonoplastia, contrarregra.

A coordenação de todos esses elementos na realização de um espetáculo é feita pelo encenador ou diretor. O dramaturgo é o autor do texto, e o diretor, o autor do espetáculo.

A literatura dramática fica documentada em livros; os cenários e os figurinos ficam documentados em fotografias e desenhos. O teatro, porém, é efêmero: só se realiza integralmente enquanto dura o espetáculo. Talvez esteja nessa peculiaridade todo o fascínio e a grandeza da arte teatral.

Produzindo o texto teatral

Ao final desta unidade, você participará com os colegas do sarau **Palavra, som e imagem**, que envolve o lançamento de um *e-zine*, além da apresentação de *podcasts* e videopoemas, declamações, leitura dramática e encenação de texto teatral.

Para tanto, vocês produzirão o texto teatral a ser apresentado. Reúna-se com os colegas de grupo e escolham uma das propostas de produção de esquete teatral.

Esquete

Esquete é um texto teatral de curta duração, produzido para um único ato (parte) e único cenário, com poucos personagens. Embora não seja obrigatório, geralmente tem um caráter cômico.

1. Partindo do cenário descrito a seguir, escrevam um esquete que desenvolva o texto. Imaginem outros personagens e diálogos.

A ação se passa na sala e na biblioteca de um apartamento classe média. Ambas são visíveis ao público, separadas por uma porta. As outras portas são a da entrada social, a do lavabo, além das passagens que levam à cozinha e aos quartos.

É final de tarde.

Inês, vinda da porta que dá acesso aos quartos, entra esbaforida na sala, pronta para sair. Afobada e atrasada, procura pelas chaves do carro e verifica tudo para ter certeza de que não se esqueceu de nada.

(Marcos Caruso. *Trair e coçar é só começar.* São Paulo: Benvirá, 2011. p. 17.)

Vania Delpoio/Folhapress

2. Escrevam um esquete a partir dos fatos, personagens, tempo e lugar sugeridos a seguir. Se quiserem, acrescentem outros elementos.

- **Fatos**: cinco amigos se reúnem para preparar uma festa pró-formatura. Um dos participantes é pessimista e atrapalhado, e todas as ideias são criticadas e desestimuladas por ele.
- **Personagens**: cinco amigos, vestidos de forma bem descontraída.
- **Lugar**: pátio da escola, em cujas paredes há desenhos e quadros de avisos.
- **Tempo**: época atual, começo da noite.

3. Criem livremente um esquete a partir de uma situação cotidiana, em lugares comuns do dia a dia, identificados como "no elevador", "na fila", "no trânsito", "no metrô", "na casa do(a) namorado(a)","no trabalho", "na sala do chefe", etc. Criem o texto com o número de personagens igual ao número de participantes do grupo. Poderão dar ao esquete um caráter reflexivo ou um caráter cômico, a exemplo de grupos como o Porta dos Fundos.
4. Escolham uma das crônicas ou dos contos que vocês produziram nesta unidade e transformem-no(a) numa esquete teatral, atentando para as mudanças necessárias em relação à estrutura textual, isto é, o desaparecimento do narrador, o emprego do discurso direto, o uso de rubricas, etc.

Esquetes humorísticos na internet

Atualmente há diversos canais no YouTube muito divulgados no Brasil, como Porta dos Fundos, Parafernalha, Ixi, Fiado, que produzem periodicamente esquetes humorísticos e somam vultosos números na plataforma, com bilhões de visualizações. O Porta dos Fundos, por exemplo, foi o primeiro canal brasileiro a conquistar a marca de 10 milhões de inscritos, no ano de 2015.

Reprodução/https://www.portadosfundos.com.br/

Planejamento do texto

Ao redigir um esquete, levem em conta as orientações a seguir.

- Discutam a caracterização de cada personagem (modo de falar, temperamento, tiques, etc.) e do lugar.
- Planejem o que vão escrever. Pensem no(s) fato(s) que comporá(ão) o texto e como as ações vão se encaminhar para criar um conflito entre os personagens. Discutam como prender a atenção da plateia e como encaminhar a(s) cena(s) para um desfecho cômico ou reflexivo.
- Ao escrever, lembrem-se de indicar o nome dos personagens antes de suas falas, adequar a linguagem aos personagens e ao contexto, fazer as indicações de cenário, de figurino, etc. e inserir as rubricas de movimento e de interpretação. Procurem dar dinamismo ao diálogo, criando uma tensão crescente entre os personagens.
- Deem nome ao esquete.

Revisão e reescrita

Depois de feita a primeira versão do esquete, releiam-no, observando se ele:

- mostra o desenvolvimento das ações;
- evidencia um conflito que possa prender a atenção da plateia;
- apresenta rubricas indicativas do cenário e da movimentação dos atores no palco e se elas estão em letra de tipo diferente;
- apresenta uma linguagem condizente com os personagens e o contexto;
- atinge o objetivo do grupo: promover entretenimento e ao mesmo tempo proporcionar diversão ou reflexão.

Façam as alterações necessárias e passem o texto a limpo.

Para fazer a leitura dramática e a encenação do texto

O texto teatral sempre é escrito para ser representado. No sarau **Palavra, som e imagem**, que a turma desenvolverá no final da unidade, vocês terão a oportunidade de fazer a leitura dramática do texto produzido ou a encenação dele.

Definida a data do sarau com o professor, decida com seu grupo se vocês pretendem apresentar no evento apenas a leitura dramática do texto ou encenar a peça. Combine com o grupo momentos de ensaio para, em primeiro lugar, fazerem a leitura dramática do texto e, num segundo momento, para os grupos que optarem por também fazer a representação do texto, iniciarem os ensaios completos da peça.

Sigam estas orientações.

Leitura dramática

1. Formem um grupo com um número de integrantes igual ao número de personagens do texto. Cada componente do grupo deve ler o texto individualmente pelo menos uma vez.

2. Façam, em grupo, uma segunda leitura do texto, em voz alta, com cada aluno lendo as falas de um personagem. Leiam procurando uma compreensão mais ampla do texto e um domínio maior da história.

3. A partir da terceira leitura, comecem a buscar a representação, isto é, comecem a transformar a leitura em ação. Lembrem-se: o ator é um fingidor, alguém que cria ilusões.
   a) Para uma boa interpretação, analisem e debatam o comportamento psicológico de cada personagem: quais são seus desejos; que fatos ou que personagem se contrapõem a eles; como eles reagem, etc.
   b) Em seguida, cada um deve buscar a melhor forma de interpretar seu personagem.
   c) Considerem a pontuação do texto e as rubricas de interpretação.
   d) Não deixem cair a entonação no final das frases. Observem como falam os locutores de rádio e televisão e procurem imitá-los.
   e) Se julgarem necessário, marquem o texto com pausas para respiração e destaquem os verbos das frases para dar um apoio maior à inflexão da voz.
   f) Para ajudar no volume da voz, imaginem — como fazem no meio teatral — que na última fileira do teatro há uma idosa que não escuta muito bem e que vocês devem representar para ela.

4. Depois que cada um dos integrantes do grupo tiver encontrado a expressão própria de seu personagem, façam a leitura do texto dramático para a turma.

Encenação

1. Cada um deve decorar as falas de seu personagem, imaginando-se nas situações vividas por ele, e considerando o cenário e os outros personagens que contracenam com ele.

2. Além das rubricas de interpretação, vocês devem, agora, observar também as de movimento.

3. Criem o cenário, a sonoplastia (o som que acompanha o texto), os figurinos. Para isso, contem com a criatividade individual e do grupo e envolvam outros colegas na montagem.

4. Ensaiem quantas vezes forem necessárias. Coloquem-se naturalmente no lugar dos personagens e vivam-nos, ou seja, comecem a fazer teatro.

Nastasic/Getty Images

5. Caso algum integrante do grupo se esqueça de uma parte do texto durante os ensaios ou na apresentação, improvisem uma saída, ou recorram ao ponto. Ponto é uma pessoa que, no teatro, vai lendo o que os atores devem dizer para ajudar na memorização das falas.

6. Tudo pronto, apresentem o espetáculo para a turma.

7. Caso gostem muito desta atividade, formem um grupo de teatro com outros colegas e, seguindo as mesmas orientações, encenem outros textos e, se possível, uma peça de teatro completa.

Ponto final

PALAVRA, SOM E IMAGEM

Participe com a turma da produção de um **sarau literário**, que vai contar com o lançamento de um *e-zine* de textos literários, com declamações, apresentação de videocontos e de *podcasts* de crônicas, além de leituras dramáticas e espetáculos teatrais.

Convidem os professores de Arte e de Teatro (se houver) para participar do projeto. Combinem previamente com os professores o melhor momento para a realização do sarau, de modo que participem alunos de outras turmas, amigos, professores, funcionários e familiares. Se possível, realizem o sarau num ambiente especial, como o auditório da escola.

Jonas Petrovas/Shutterstock

Este capítulo favorece o desenvolvimento das habilidades

EM13LGG101	EM13LGG103	EM13LGG104	EM13LGG105	EM13LGG201	EM13LGG202	EM13LGG301
EM13LGG305	EM13LGG402	EM13LGG601	EM13LGG602	EM13LGG603	EM13LGG701	EM13LGG703
EM13LP11	EM13LP15	EM13LP16	EM13LP17	EM13LP18	EM13LP20	
EM13LP21	EM13LP46	EM3LP47	EM13LP53	EM13LP54		

1. Montando o *e-zine*

Reúnam todo o material produzido — poemas, poemas concretos, cordéis, haicais, paródias, crônicas, contos, minicontos e roteiros de esquetes teatrais — e organizem-no a partir de um critério: por exemplo, por autor (em ordem alfabética) ou por gênero. Separem imagens ou ilustrações que acompanharão os textos.

Usando um editor de texto, diagramem o *e-zine* com um formato jovem e descontraído. Há, na internet, vários tutoriais de como editá-lo com ferramentas simples. Vejam, por exemplo, os *sites* http://ptcomputador.com/Software/desktop-publishing/116604.html e https://www.flipsnack.com/bp/ezine.

Fabio Principe/Shutterstock

Durante a montagem, criem *links* para os *podcasts* de crônicas e os videopoemas que produziram nesta unidade e façam chamadas no *e-zine* para destacá-los, a fim de que o público internauta possa interagir com esses objetos digitais.

Se quiserem, poderão fazer algumas cópias impressas do *e-zine* (que, nesse caso, se transforma em fanzine) para que o público possa manuseá-las durante o sarau.

Se gostarem da experiência com o *e-zine*, poderão mantê-lo com publicações periódicas: mensal, bimestral ou semestralmente, por exemplo.

2. Finalizando os ensaios para a leitura dramática e a representação teatral

Façam os últimos ensaios para a leitura dramática ou a representação teatral dos esquetes que criaram no capítulo 17.

Finalizem os preparativos dos figurinos, do cenário, dos efeitos sonoros ou musicais, da iluminação e façam o ensaio final com todos esses elementos.

Filmem os ensaios e, depois, assistam a eles, observando se ainda precisam fazer alguma correção.

3. Realizando o sarau

Discutam e definam a programação do evento. Pode ser o que segue, por exemplo, ou em outra ordem que prefiram:

Pavel L Photo and Video/Shutterstock

- Apresentação do *e-zine* ao público em um telão.
- Declamação individual de poemas, haicais, cordéis e paródias.
- Apresentação de *podcasts* de crônicas, poemas visuais, videopoemas e videocontos com equipamentos de áudio e vídeo.
- Leituras dramáticas.
- Representações teatrais.

Sob a coordenação do professor, escolham um aluno para ser o mestre de cerimônias, isto é, o apresentador do sarau. É ele quem vai fazer a abertura do evento, agradecendo ao público e aos participantes, e chamar e apresentar, um a um, os alunos que vão declamar e os grupos que vão se apresentar. Ele também será responsável por encerrar o sarau, reafirmando o agradecimento ao público pela presença e aos demais envolvidos pela colaboração.

4. Filmando as representações teatrais

Filmem as apresentações e, se quiserem, poderão, posteriormente, criar no YouTube um canal da turma ou da escola e ali divulgar os esquetes produzidos e representados. Na internet, há tutoriais que explicam como criar o canal e fazer o *upload* dos vídeos.

Eric Lysenko/Shutterstock

BalanceForm Creative/Shutterstock

JodieWangss/Shutterstock

5 CAMPO DAS PRÁTICAS DE ESTUDO E PESQUISA

> "Trata-se de ampliar e qualificar a participação dos estudantes nas práticas relativas ao estudo e à pesquisa, de forma significativa e na articulação com outras áreas e com os projetos e escolhas pessoais dos jovens. A proposta é fomentar a curiosidade intelectual e o desenvolvimento de uma autonomia de estudo e de pensamento."
>
> (*Base Nacional Comum Curricular*)

Para estudar e pesquisar, dentro e fora da escola, precisamos desenvolver algumas habilidades e aprender certos procedimentos. É comum considerarmos o estudo e a pesquisa de atividades com finalidade puramente escolar: aprender para tirar boas notas. Mas habilidades como análise, síntese, reflexão, seleção de informações, escolha de metodologias e socialização de resultados são necessárias na escola, na continuidade dos estudos no ensino superior e na vida em sociedade, principalmente no mundo contemporâneo, em que a enorme quantidade de conhecimentos disponíveis na internet demanda visão crítica e pesquisa atenta. Desenvolver essas habilidades também ajuda você a descobrir questões que despertam seu interesse e a buscar formas de dar resposta a elas, tornando sua prática de estudo mais instigante, produtiva e criativa.

FIQUE LIGADO! PESQUISE!

Reprodução/Twentieth Century Fox

- *Radioactive*, de Marjane Satrapi; *O código Bill Gates*, de Davis Guggenheim; *Estrelas além do tempo*, de Theodore Melfi; *A teoria de tudo*, de James Marsh; *O jogo da imitação*, de Morten Tyldum; *Piratas do Vale do Silício*, de Martym Burke; *Gattaca, a experiência genética*, de Andrew Niccol; *Ela*, de Spike Jonze; *Brilho eterno de uma mente sem lembranças*, de Michel Gondry; *O universo no olhar*, de Mike Cahill; *Blade Runner - O caçador de androides*, de Ridley Scott; *2001 - Uma odisseia no espaço*, de Stanley Kubrick; *Quero ser John Malkovich*, de Spike Jonze; *Wall.E*, de Andrew Stanton.

Reprodução/Editora VR

Reprodução/Editora HarperKids

- *As cientistas: 50 mulheres que mudaram o mundo*, de Rachel Ignotofsky (Faro); *Meio ambiente: e eu com isso?*, de Nurit Bensusan (Peirópolis); *Como tudo começou*, de Bruno Mendonça Coêlho (Jandaíra); *Viagem ao universo*, de Gisela Socolovsky (Ciranda Cultural); *Somos todos Greta*, de Valentina Giannella (BR Editora); *Super-heróis da ciência*, de Ana Bonassa, Laura Marise e Renan de Araújo; *Mundos invisíveis* (Globo), *Cartas a um jovem cientista* (Campus) e *A dança do universo* (Companhia das Letras), de Marcelo Gleiser; *Breve história do mundo*, de Ernest H. Gombrich (Martins Fontes); *O universo numa casca de noz*, de Stephen Hawking (Mandarim); *Contato*, de Carl Sagan (Companhia das Letras); *Duna*, de Frank Herbert (Nova Fronteira); *Visões de um robô* (Hemus) e *Eu, robô* (Ediouro), de Isaac Asimov; *Você é um animal, Viskovitz*, de Alessandro Boffa (Companhia das Letras).

  Leia também revistas de divulgação científica como *Ciência Hoje, Superinteressante e Galileu*.

- https://spacetoday.com.br/
- https://sciam.com.br/
- https://cienciahoje.periodicos.capes.gov.br/
- https://super.abril.com.br/
- https://revistagalileu.globo.com/
- https://revistapesquisa.fapesp.br/
- https://www.bbc.com/portuguese/topics/cr50y580rjxt

Ponto final

Divulgando saúde e ciência

Confira, na p. 210, as atividades a serem realizadas e os textos que serão produzidos ao longo desta unidade, entre eles resumos, resenhas, verbetes, para a organização de uma revista de divulgação científica, em versão impressa e digital.

CAPÍTULO 18

O resumo e a resenha de textos didáticos e científicos

O resumo

Trabalhando o gênero

Leia os textos a seguir.

TEXTO 1

Pangfolio.com/Shutterstock

Terça-feira, 17 de dezembro

Boa noite! Aqui estão as notícias para você terminar o dia bem-informado.

17/12/2019

[...]

Gordura zero

A Anvisa determinou a **eliminação da gordura trans** dos alimentos industrializados no Brasil, e definiu um prazo para isso. A partir de 2023, o uso do ingrediente será proibido definitivamente, mas as empresas terão que reduzir a utilização até julho de 2021.

A gordura trans está em alimentos como biscoitos salgados, doces e outros alimentos assados, pipoca de micro-ondas e margarina em barra. Para a OMS, a eliminação global desse ingrediente pode evitar 500 mil mortes por ano. A gordura trans eleva o colesterol ruim, reduz o colesterol bom e aumenta o risco de infarto e AVC.

[...]

Flamengo na final

O Flamengo derrotou hoje o Al Hilal de virada em Doha, no Catar, e está na final do Mundial de Clubes. Arrascaeta, Bruno Henrique e Al-Bulayhi (contra) marcaram gols do rubro-negro, que agora espera o vencedor de Liverpool × Monterrey para decidir o título no sábado.

(Disponível em: https://g1.globo.com/resumo-do-dia/noticia/2019/12/17/terca-feira-17-de-dezembro.ghtml. Acesso em: 24/4/2020.)

Este capítulo favorece o desenvolvimento das habilidades

- EM13LGG103
- EM13LGG201
- EM13LGG301
- EM13LGG302
- EM13LGG401
- EM13LGG402
- EM13LGG704
- EM13LP01
- EM13LP06
- EM13LP07
- EM13LP10
- EM13LP15
- EM13LP28
- EM13LP29
- EM13LP31
- EM13LP34

TEXTO 2

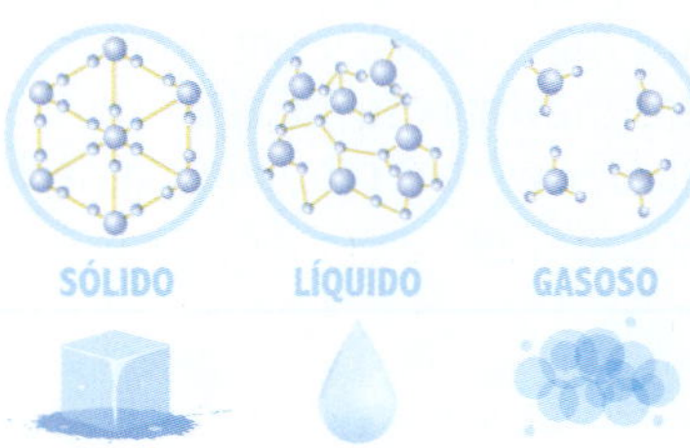

Andrii Symonenko/Shutterstock

DISCURSOS SOBRE INFÂNCIA, JUVENTUDE E RELAÇÕES RACIAIS

ARIANE DA SILVA (VIC/Voluntário) —— CARMEM LUCIA SUSSEL MARIANO (Orientador) —— Instituto de Ciências Humanas e Sociais CUR/Rondonópolis

A literatura acadêmica é fundamental na disputa de relações de poder, pois contribui na manutenção, criação ou desmitificação de sensos comuns no que tange às disputas simbólicas. Deste modo, este estudo visa compreender narrativas sobre a criança e o jovem, privilegiando questões de raça, gênero e mídia que participam da construção social da infância e da juventude na contemporaneidade investigando ressonâncias de tais representações no contexto educativo. Partindo de uma perspectiva da Psicologia Social Crítica, a metodologia utilizada foi a revisão narrativa de estudos que investigam o papel da mídia na construção e sustentação de representações sobre a infância e juventude, tais como Andrade (2001), Bizzo (2008), Freitas (2004), Mariano (2010), articulando com os estudos de autores que são emblemáticos nos avanços das discussões raciais no Brasil, como Nascimento (1987); Bento (2002); Souza (1983); Piza e Rosemberg (2002); Carvalho (2004); dentre outros. Os estudos demonstram que as narrativas construídas sobre a infância e juventude, principalmente veiculadas pela mídia, são sensacionalistas e estigmatizadoras de crianças, jovens pobres e suas famílias, sustentando relações de dominação raça, classe e gênero. Identificamos que a questão racial foi diluída na questão de classe, ou seja, usa-se do eufemismo "pobre" quando a maioria do grupo atingido é a população negra. Deste modo, os estereótipos construídos sobre a pobreza são, na realidade, estereótipos construídos sobre a população negra, mantendo, assim, a estrutura racista. Portanto, o estudo destaca a urgência em racializar as pesquisas que tenha como foco a infância e juventude, de modo que a produção de conhecimento sobre a infância e juventude contribua efetivamente com o avanço da consciência negra da população brasileira acometida pelo falso discurso de democracia racial.

Palavras-chave: infância e juventude, educação, relações raciais.

XXV Seminário de Iniciação Científica — UFMT

(Disponível em: https://www1.ufmt.br/ufmt/unidade/userfiles/publicacoes/78591c2ff265f1709fdba11543e3cceb.pdf. Acesso em: 24/4/2020.)

TEXTO 3

Estados físicos da matéria

Lightspring/Shutterstock

QUÍMICA

A matéria é composta por pequenas partículas e, de acordo com o maior ou menor grau de agregação entre elas, pode ser encontrada em três estados: sólido, líquido e gasoso. O volume, a densidade e a forma de um composto podem variar com a temperatura, sendo assim, os compostos apresentam características de acordo com o estado físico em que se encontram, veja as características de cada um:

Estado Sólido: as moléculas da matéria se encontram muito próximas, sendo assim possuem forma fixa, volume fixo e não sofrem compressão. Por exemplo: em um cubo de gelo as moléculas estão muito próximas e não se deslocam.

Estado Líquido: as moléculas estão mais afastadas do que no estado sólido e os elementos que se encontram nesse estado possuem forma variada, mas volume constante. Além dessas características, possui facilidade de escoamento e adquirem a forma do recipiente que os contém.

Estado Gasoso: a movimentação das moléculas nesse estado é bem maior que no estado líquido ou sólido. Se variarmos a pressão exercida sobre um gás podemos aumentar ou diminuir o volume dele, sendo assim, pode-se dizer que sofre compressão e expansão facilmente. Os elementos gasosos tomam a forma do recipiente que os contém.

Essas características obedecem a fatores como a Força de Coesão (faz com que as moléculas se aproximem umas das outras) e a Força de Repulsão (as moléculas se afastem umas das outras). No estado gasoso a Força de Repulsão predomina, enquanto no estado sólido é a Força de Coesão.

Assim, quando uma substância muda de estado físico, sofre alterações nas suas características microscópicas (arranjo das partículas) e macroscópicas (volume, forma), sendo que a composição continua a mesma.

Por Líria Alves
Graduada em Química

(Disponível em: https://brasilescola.uol.com.br/quimica/estados-fisicos-materia.htm. Acesso em: 24/4/2020.)

Construindo seu itinerário formativo

Gêneros e recursos linguísticos do campo das práticas de estudo e pesquisa

Nesta unidade, você está iniciando o estudo destes gêneros do campo das práticas de estudo e pesquisa:

- resumo e resenha de textos didáticos e científicos
- seminário
- artigo de divulgação científica e verbete de enciclopédia colaborativa
- texto dissertativo-argumentativo para vestibulares, exames e concursos

Além desses gêneros, há outros que circulam no campo das práticas de estudo e pesquisa. Convidamos você a vivenciar novas experiências e ampliar seu repertório neste minicurso disponível no Plurall, conhecendo outros gêneros:

- relatório
- leitura analítica do texto dissertativo
- a redação do Enem
- recursos linguísticos de coesão, coerência e expressividade em gêneros do campo das práticas de estudo e pesquisa

1. Os três textos são resumos. Com base em sua leitura, indique a afirmação correta:

a) Resumir um texto consiste em recortar quaisquer informações do texto original.

b) Resumir um texto consiste em condensar de modo coerente as informações mais importantes do texto original.

c) Resumir um texto consiste em enumerar os principais pontos do texto original, acrescentando a eles o ponto de vista do autor do resumo.

d) Resumir um texto consiste em extrair e condensar informações dos primeiros parágrafos de um texto e produzir um texto escrito breve.

2. Relacione cada item aos textos 1, 2 e 3:

a) Resumo de artigo científico

b) Resumo de notícias

c) Resumo de matéria escolar

3. As situações de comunicação e os objetivos de produção de cada um dos resumos são diferentes. Analise-os e responda:

a) Qual é o objetivo de cada um dos textos?

b) Quem é o locutor de cada um dos textos?

c) Qual é o público-alvo de cada um dos textos?

4. Levante hipóteses: Qual (Quais) é (são) o(s) texto(s) que serviu (serviram) de base para cada um dos resumos?

5. Um resumo pode ser incluído em textos de outro gênero textual, como *e-mails* ou *blogs*, assim como em reportagens, resenhas, contracapas de livros, artigos científicos, etc. O resumo pode ser escrito pelo próprio autor do texto-base ou por outro autor. Dos textos lidos:

a) Qual (Quais) é (são) escrito(s) pelo mesmo autor do texto-base?

b) Qual (Quais) é (são) escrito(s) por um autor diferente daquele que escreveu o texto-base?

6. No universo escolar, a presença do resumo é muito frequente. Nesse ambiente:

a) Que textos são geralmente resumidos?

b) Quem geralmente é o locutor desse gênero textual? E o locutário?

c) Quais são a finalidade e o suporte desse gênero?

d) Qual dos três textos deve ter sido escrito para fins escolares?

7. Para resumir um texto, é necessário trabalhar com um processo mental chamado *sumarização*. Esse processo consiste em eliminar informações secundárias, ou seja, aquelas que explicam, exemplificam ou reforçam informações já dadas. Releia, no texto 1, o resumo da notícia sobre o time de futebol masculino Flamengo:

a) Pelo resumo da notícia sobre o jogo de futebol do Flamengo, quais informações são escolhidas como mais importantes?

b) Levante hipóteses: Quais informações relacionadas a uma partida de futebol não aparecem no resumo e que, provavelmente, compõem a notícia completa?

8. Leia a notícia que serviu como texto-base para o resumo "Gordura zero", do texto 1.

Anvisa decide banir gordura trans dos alimentos industrializados a partir de 2023

Mudança será feita com redução gradual. Ingrediente também é conhecido como 'gordura vegetal hidrogenada' e é usado para melhorar aparência e validade dos produtos.

Lightspring/Shutterstock

Por Rafaella Vianna, TV Globo

A Agência Nacional de Vigilância Sanitária (**Anvisa**) aprovou nesta terça-feira (17), por unanimidade, uma resolução que determina a eliminação da gordura trans nos alimentos industrializados no Brasil. As empresas terão que reduzir a utilização até julho de 2021, e não poderão mais usá-la definitivamente a partir de 2023.

A gordura trans também é conhecida como gordura vegetal hidrogenada. É usada para melhorar o aspecto e também aumentar o prazo de validade de alimentos industrializados. Ela é formada através de um processo químico: óleos vegetais líquidos, como o óleo de soja, são transformados em gordura sólida com o uso de hidrogênio. Quanto mais hidrogenada, mais consistente a gordura fica.

Ela também aparece durante o aquecimento de óleos para a fritura doméstica ou industrial em processos que envolvem altas temperaturas por longos períodos.

Para a Organização Mundial da Saúde (OMS), a **eliminação global desse ingrediente** pode evitar 500 mil mortes por ano. A gordura trans eleva o colesterol ruim, reduz o colesterol bom e aumenta o risco de infarto e AVC.

A gordura trans está em alimentos como:

- Biscoitos salgados, doces e outros alimentos assados
- Pipoca de micro-ondas
- Pizzas e salgados congelados
- Manteiga vegetal e margarina em barra
- Creme para café
- Glacê pronto para uso
- entre outros

Eliminação em etapas

A decisão da diretoria colegiada do órgão estabeleceu que o processo ocorrerá em duas etapas:

1) a adequação da indústria alimentícia ao limite de até 2% de gorduras trans sobre a quantidade total de gorduras do alimento produzido, o que deve ocorrer até 1 de julho de 2021;

2) a eliminação total de ácidos graxos trans da composição de produtos até 1º de janeiro de 2023.

Atualmente não há quantidade máxima definida pela agência. Os produtos importados também precisarão seguir essas regras.

Para os óleos refinados, como os de soja e canola, por exemplo, os ácidos graxos trans não serão banidos. A Anvisa decidiu estabelecer um limite diferente para esse grupo de produtos, levando em conta que os óleos vegetais passam por altas temperaturas no processo de refinamento, o que acaba produzindo a gordura trans, que não é adicionada de forma proposital.

O objetivo da Anvisa com as mudanças é reduzir a ingestão de gordura trans a menos de 1% do Valor Energético Total (VET) ingerido pela população diariamente, como recomenda a Organização Mundial da Saúde (OMS). De acordo com a agência, essa ingestão hoje chega a quase 2% entre os adolescentes, por exemplo.

"Dependendo do recorte populacional que você faz, essa quantidade é bem mais alta. A gente tem grupos mais vulneráveis na população. Como a gordura trans tem um preço mais barato que os substitutos, as populações mais vulneráveis, que têm menor poder aquisitivo, acabam sendo mais expostas a esses alimentos com maior teor", explica a Gerente Geral de Alimentos da Anvisa, Thalita Lima.

[...]

(Disponível em: https://g1.globo.com/ciencia-e-saude/noticia/2019/12/17/anvisa-decide-banir-gordura-trans-dos-alimentos-industrializados-ate-2023.ghtml. Acesso em: 24/4/2020.)

a) Compare o resumo à notícia. De quais parágrafos foram retiradas as informações que constam no resumo?

b) Que informações são selecionadas para compor o resumo?

c) Que informações foram eliminadas para compor o resumo?

9. Ao fazer um resumo, é essencial deixar clara a procedência das informações e os pontos de vista nele apresentados, ou seja, as vozes que compõem o texto (leia o boxe "As vozes de um texto").

Releia o seguinte trecho:

> "A Anvisa determinou a **eliminação da gordura trans** dos alimentos industrializados no Brasil, e definiu um prazo para isso. A partir de 2023, o uso do ingrediente será proibido definitivamente, mas as empresas terão que reduzir a utilização até julho de 2021.
> A gordura trans está em alimentos como biscoitos salgados, doces e outros alimentos assados, pipoca de micro-ondas e margarina em barra. Para a OMS, a eliminação global desse ingrediente pode evitar 500 mil mortes por ano. A gordura trans eleva o colesterol ruim, reduz o colesterol bom e aumenta o risco de infarto e AVC."

a) Identifique no resumo trechos relativos à voz da Anvisa, da OMS e do autor do resumo.

b) As vozes da Anvisa e da OMS constituem o resumo por meio do discurso direto ou indireto?

c) Que expressões são utilizadas pelo autor do resumo para informar a procedência das informações?

10. Sobre o texto 2:

a) Copie trechos em que o autor do resumo utiliza vozes de outros autores.

b) Nesse resumo, a maneira de citar os nomes de outros autores é específica do campo acadêmico-científico. Descreva como são feitas essas menções.

c) Há uma palavra entre aspas no resumo. Por que essa palavra está marcada com esse recurso gráfico?

As vozes de um texto

Um texto sempre tem autoria: uma ou mais pessoas são responsáveis por produzi-lo. Para isso, os autores se baseiam em outros textos, mesmo que não diretamente. Esses textos formam nosso conhecimento de mundo, nosso conhecimento linguístico e nosso conhecimento especializado. Em alguns gêneros, essa convivência com outros textos é direta e, então, é necessário saber diferenciar a voz do autor do texto da voz dos autores dos textos usados como base. No resumo e na resenha, como o objetivo desses gêneros é sintetizar outro texto, sempre será preciso lançar mão de estratégias para essa diferenciação, deixando claro quando quem "fala" é o autor da resenha ou resumo e quando quem "fala" é o autor do texto-base.

11. Observe a linguagem utilizada nos resumos.

a) De modo geral, os períodos são curtos ou longos?

b) Em que pessoa estão os verbos empregados nos resumos?

c) A linguagem utilizada nos resumos mostra-se objetiva e direta ou subjetiva e pessoal?

d) Que variedade linguística ela adota?

12. Reúna-se com os colegas de grupo e, juntos, concluam: Quais são as características básicas do resumo? Ao responder, considerem os seguintes critérios: finalidade do gênero, perfil dos interlocutores, suporte e veículo, tema, estrutura, linguagem.

Produzindo o resumo

Ao final desta unidade, no **Ponto final**, vocês vão produzir uma revista de divulgação científica e uma enciclopédia colaborativa. Ambas terão como tema a saúde, que será abordada de maneira interdisciplinar. A revista e a enciclopédia serão divulgadas para outros alunos, para seus familiares, para professores e funcionários da escola.

G-Stock Studio/Shutterstock

Para compor a revista serão necessários diversos textos, entre eles o resumo: como primeiro passo da produção desses textos, vocês devem pesquisar assuntos de seu interesse de alguma área do conhecimento científico. Veja algumas sugestões:

1. Utilizar pesquisas e trabalhos já realizados para outras disciplinas relacionados à saúde.
2. Escolher um tema que esteja em debate na atualidade, como:

- Vacinas e movimentos antivacina
- Lixo plástico e a saúde de animais e humanos

- Saúde mental e redes sociais
- O que é saúde em diferentes culturas do mundo
- Saúde física, saúde mental e exercício físico
- Vida nas cidades, ultraurbanização e saúde
- Saúde do jovem contemporâneo
- O que era ser saudável em diferentes períodos históricos

Definido o tema, busque um texto de divulgação científica sobre ele, leia-o e faça um resumo, que será usado em suas próximas produções para o projeto.

Planejamento do texto

- O resumo será utilizado por você e pelos colegas para a produção de outros textos de divulgação científica. Pense no perfil dos leitores e seus objetivos para produzir o resumo.
- Leia o texto-base a ser resumido e anote: sua compreensão global do texto; principais informações; procedência das informações selecionadas como relevantes; relação entre essas informações.
- Faça a sumarização, isto é, a sintetização, por meio da seleção de algumas informações e da exclusão de outras.
- Organize as vozes do texto, deixando claro para o leitor quando é a sua voz, como autor do resumo, quando se trata da voz do autor do texto-base ou, ainda, quando são vozes de terceiros, citadas pelo texto-base.

Revisão e reescrita

Antes de fazer a versão final de seu resumo, releia-o, observando:

- se a fonte do texto original foi mencionada;
- se seu texto apresenta as ideias ou as informações principais do texto original;
- se as relações entre as ideias do texto original são explicitadas por conectivos adequados;
- se está claro de quem são as vozes presentes no texto, isto é, se a responsabilidade pelas informações ali expostas está devidamente atribuída ao seu autor;
- se seu texto pode ser compreendido por alguém que não leu o texto original.

Faça as alterações necessárias e passe o texto a limpo.

A resenha de texto científico

Trabalhando o gênero

No capítulo 2, você já estudou a resenha crítica. Neste capítulo, vamos retomar o gênero e examinar a resenha crítica de textos científicos.

Leia o texto a seguir.

Os impactos da humanidade no meio ambiente.

Paulo Artaxo.

O livro *A espiral da morte — Como a humanidade alterou a máquina do clima* é um relato dinâmico, quase pessoal, de como um jornalista que cobre a área científica vivenciou, ao longo dos últimos anos, a evolução da ciência do clima em conjunto com suas observações em nosso planeta. O jornalista Claudio Angelo conversou com políticos, moradores de zonas críticas, cientistas, ativistas ambientais e negacionistas das mudanças climáticas para gerar um amplo panorama de uma das questões mais importantes com que a humanidade já teve que lidar. É muito interessante acompanhar os relatos de viagens a locais estratégicos do ponto de vista de mudanças globais (Antártida, Groenlândia, Ártico etc.) e ver o balanço entre observação local e ciência global. Vale ressaltar a importância, para o avanço dos debates

Capa do livro *A espiral da morte — Como a humanidade alterou a máquina do clima.*

sobre o tema, de um jornalista compartilhar as suas dúvidas com as dos cientistas que ainda não entendem em sua totalidade a complexidade do sistema climático global.

O resultado dessa epopeia é um trabalho de fôlego, mas fácil e divertido de ler. Claudio Angelo discute não só o impacto de nossa sociedade no planeta, mas também as implicações sociais, geopolíticas, culturais e econômicas. As diferentes escalas temporais e espaciais são abordadas com o cuidado necessário. O autor convida o leitor a refletir sobre questões importantes relacionadas ao derretimento acelerado de geleiras observado na Groenlândia e ao degelo no oceano Ártico, e como esses eventos afetam as populações. Também aborda as possibilidades para sair dessa armadilha que a estrutura socioeconômica que mantém a sociedade de hoje nos impôs.

Em sua primeira componente (chamada de "Norte"), o autor narra em detalhes as fortes alterações no ecossistema Ártico e como isso impacta seus habitantes remotos. O relato do que acontece na Groenlândia e em Svalbard (Noruega) é fascinante. Questões científicas complexas, como a alteração do albedo de superfície e os hidratos de metano, são explicadas didaticamente. A exploração de petróleo no Ártico com seus riscos inerentes ao meio ambiente é destacada.

A componente "Sul" explora as questões associadas ao meio ambiente antártico, em particular na estação brasileira Comandante Ferraz, visitada pelo autor em 2001 e 2014. Discussões interessantes tanto sobre o "buraco de ozônio" na Antártida quanto sobre os pinguins colocam as fragilidades do meio físico e biológico naquela região. O forte aquecimento de 3 graus observado na península Antártica desde 1950 é testemunho da rapidez e força com que as mudanças globais chegaram àquele ambiente. O clima de nosso planeta é totalmente integrado e isso transparece na discussão sobre o efeito da Antártida no clima brasileiro, especialmente nas regiões Sul e Sudeste.

O autor diz que um dos objetivos do livro é explicar como chegamos a essa situação, mas é exatamente este tópico que, acredito, poderia ter sido mais explorado. Os detalhados relatos de impactos não discutem com profundidade as reais razões pelas quais o planeta está passando por esse sufoco ambiental. A exploração inesgotável dos recursos naturais está sufocando rapidamente a vida na Terra. A busca pelo lucro sem limites coloca nosso planeta em risco e a questão fundamental é saber como sairemos dessa situação, em que, além do lucro, a sustentabilidade a longo prazo também seja uma variável a ser integrada ao sistema.

Claro que o livro não chega a "soluções", pois elas ainda não existem, embora a COP-21, que selou o Acordo de Paris, aponte para o caminho de reduzir fortemente as emissões de gases de efeito estufa com compromissos voluntários dos países. O livro traz críticas importantes: "O avanço do Acordo de Paris é ele existir, independentemente de ser bom ou ruim. Ele é ruim, na verdade, porque deixa tudo nas mãos dos países. Mas é um avanço político e geopolítico significativo". Esta crítica sobre a questão da governança planetária é certamente o problema principal do Acordo de Paris e um enorme desafio para as próximas décadas. Todos vivemos no mesmo planeta, não em países isolados uns dos outros. Portanto, um sistema de governança global terá que ser implantado, se quisermos um planeta com clima estável ao longo das próximas décadas e séculos.

Paulo Artaxo é professor titular e pesquisador do Instituto de Física da USP.

(Disponível em: https://revistapesquisa.fapesp.br/wp-content/uploads/2016/05/095_Resenhas.pdf. Acesso em: 24/4/2020.)

1. A resenha, assim como o resumo, é um texto produzido diretamente sobre outro texto.

a) Qual é o texto-base da resenha lida e qual é o assunto tratado por ele?

b) Qual é a finalidade da resenha lida?

2. Sabendo que Fapesp é a agência de fomento à pesquisa do Estado de São Paulo, responda:

a) Qual é a área de atuação do veículo no qual a resenha foi publicada?

b) Qual é a profissão do autor da resenha? Por que sua profissão e filiação institucional são explicitadas ao final do texto?

c) Levante hipóteses: A quem a resenha se destina?

3. No capítulo 2, você estudou a resenha da autobiografia de Michelle Obama, publicada em um *blog*. Comparando as duas resenhas, responda:

a) Qual é a semelhança em relação ao objeto resenhado?

b) Qual é a diferença entre os dois objetos resenhados?

c) Analise as afirmações a seguir sobre as duas resenhas lidas e assinale V para cada afirmação verdadeira e F para as afirmações falsas:

- Nos dois casos, a formação acadêmica dos autores das resenhas é essencial para legitimá-los como autores da resenha.
- Na resenha sobre a autobiografia de Michelle Obama, há trechos com uma linguagem mais informal, mais próxima do leitor, o que se relaciona ao veículo em que a resenha foi publicada e ao tipo de livro resenhado.
- O público leitor da resenha publicada no *blog* é amplo; já o público leitor da resenha publicada na *Revista Fapesp* é especializado e interessado em estudo e pesquisa.
- Assim como a resenha estudada anteriormente, a resenha publicada na *Revista Fapesp* tem um tom mais pessoal, pois ela foi escrita em 1ª pessoa.
- Ambas as resenhas estudadas empregam uma variedade linguística urbana de prestígio, que se aproxima da norma-padrão.

4. O livro resenhado por Paulo Artaxo apresenta uma divisão interna. Qual é ela? Como ela é apresentada na resenha?

5. Uma resenha sintetiza o conteúdo de outro texto e o avalia, posicionando-se a respeito do texto-base de maneira menos ou mais explícita.

a) Quais parágrafos apresentam o livro resenhado e seu autor?

b) Quais são os parágrafos em que o conteúdo do livro é resumido?

6. A avaliação do autor sobre o livro resenhado não se concentra em apenas um parágrafo; ela está distribuída ao longo do texto.

a) Logo no primeiro parágrafo, quais palavras e expressões apresentam uma avaliação do autor da resenha sobre o livro?

b) Identifique um trecho em que o autor avalia positivamente a obra.

c) Identifique um trecho em que o autor avalia negativamente a obra.

d) De maneira geral, o texto é mais elogioso ou crítico ao livro resenhado? Qual é o comentário de avaliação conclusivo do autor da resenha sobre o livro?

Lightspring/Shutterstock

7. Assim como no resumo, na resenha também é importante diferenciar a voz do autor da resenha da voz do autor do objeto resenhado. Encontre, no texto, expressões usadas pelo autor da resenha para explicitar a voz do autor do livro.

8. Numa resenha, o autor pode deixar clara sua posição a respeito do texto examinado. Releia este trecho da resenha:

> "Esta crítica sobre a questão da governança planetária é certamente o problema principal do Acordo de Paris e um enorme desafio para as próximas décadas."

a) Reescreva o trecho, retirando o advérbio *certamente* e trocando a forma verbal *é*, no presente do indicativo, pela forma verbal do futuro do pretérito, *seria*.

b) Qual das duas redações é mais assertiva, expressando claramente a posição do autor da resenha a respeito das escolhas da obra original? Justifique sua resposta com termos do texto.

9. Para avaliar o objeto resenhado, o autor da resenha pode se colocar no texto de maneira explícita, empregando expressões como *A meu ver*, *Eu acho que*, *Eu penso que*, *para mim*, etc., ou pode ser impessoal, o que acontece quando o autor se coloca de forma indireta, empregando recursos como a 3ª pessoa ou a 1ª pessoa do plural e a voz passiva.

a) Em que pessoa a resenha está escrita?

b) Com base nesses dados, pode-se dizer que a crítica em estudo tende à pessoalidade ou à impessoalidade?

c) Que trechos comprovam sua resposta?

10. Observe a linguagem utilizada na resenha em estudo.

a) Que variedade linguística foi empregada?

b) Em que tempo está a maioria das formas verbais empregadas no texto?

c) Qual é o efeito de sentido decorrente do uso desse tempo verbal?

11. Releia suas respostas dadas à questão 12 no capítulo 2, página 16, troque ideias com os colegas e responda: Que diferenças existem entre uma resenha comum e a resenha de um texto ou de uma obra científica?

Produzindo a resenha

No capítulo **Ponto final**, você e os colegas produzirão uma revista de divulgação científica e uma enciclopédia sobre saúde.

Além de conter resumos, a revista científica de vocês também será composta de resenhas de textos/obras que vocês recomendem — ou não — aos seus leitores. Para tanto, retome a área de conhecimento e o tema que você escolheu para pesquisar antes da produção do resumo. Busque mais um texto de divulgação científica com o mesmo tema e faça a sua resenha. Pode ser um livro, uma reportagem ou um artigo de revistas de divulgação científica, de cadernos de divulgação científica de jornais, palestras e aulas disponíveis na internet, etc.

Planejamento do texto

- Selecione o texto que será objeto da resenha.
- A resenha será publicada na revista de divulgação científica da turma. Pense no público para o qual vão escrever: estudantes, professores, funcionários e familiares dos alunos.
- Anote os dados técnicos do objeto cultural: título, autor(es), editora, data e outros dados que julgar importantes.
- Apresente o autor do texto.
- Faça também outras anotações que possam ajudar na descrição do objeto resenhado. Por exemplo, caso se trate de livro, anote trechos interessantes, pensando na possibilidade de citá-los.
- Com base nos dados coletados e sem perder de vista o público-alvo, escreva uma resenha que estimule o leitor a conhecer ou consumir o objeto analisado.
- Ao realizar a avaliação sobre o objeto resenhado, adote critérios técnicos e racionais (e não preferências pessoais).
- Procure ajustar a linguagem de seu texto ao suporte, ao perfil dos interlocutores e à situação.

Revisão e reescrita

Antes de finalizar a resenha e passá-la para o suporte final, releia seu texto, observando se ele:

- apresenta uma descrição do objeto cultural analisado e se destaca seus pontos positivos e/ou negativos;
- fornece parâmetros para que o leitor decida conhecer ou consumir o objeto analisado;
- emprega os verbos predominantemente no presente do indicativo;
- contém uma ficha técnica que identifica a obra;
- fundamenta-se em bases técnicas e não apenas em preferências pessoais;
- utiliza linguagem adequada ao gênero, ao veículo e ao público em vista.

Faça as alterações necessárias e guarde as resenhas para preparação dos textos de divulgação científica que serão produzidos nos próximos capítulos.

CAPÍTULO 19

O seminário

Trabalhando o gênero

Monkey Business Images/Shutterstock

Nos meios escolares, acadêmicos, científicos e técnicos, são comuns as situações em que uma pessoa ou um grupo de pessoas desenvolvem uma pesquisa e apresentam os resultados a um público. O texto produzido nessa situação, oral e publicamente, é chamado de **seminário** e, tal como o texto de apresentação científica, o relatório, o texto didático, a mesa-redonda, isto é, gêneros que se prestam à transmissão de saberes historicamente construídos pela humanidade, pertence à família dos **gêneros expositivos**.

Como o seminário é um gênero oral, só se realiza plenamente quando é apresentado em uma situação concreta de interação. Neste capítulo, você vai trabalhar o gênero seminário, participando diretamente de um.

Este capítulo favorece o desenvolvimento das habilidades

- EM13LGG103
- EM13LGG104
- EM13LGG201
- EM13LGG301
- EM13LGG302
- EM13LGG402
- EM13LGG704
- EM13LP01
- EM13LP02
- EM13LP06
- EM13LP12
- EM13LP15
- EM13LP16
- EM13LP28
- EM13LP29
- EM13LP30
- EM13LP31
- EM13LP34
- EM13LP35

Produzindo o seminário

Planejamento e preparação de um seminário

Para a produção de um seminário, é necessária uma organização prévia, que envolve várias etapas.

Pesquisa, tomada de notas e produção de roteiro

Como a finalidade do seminário é transmitir para os ouvintes conhecimentos sobre o assunto pesquisado, o apresentador deve se colocar na posição de um especialista. Isso quer dizer que ele deve demonstrar conhecer o tema mais do que os ouvintes, pois é essa condição que lhe confere autoridade para discorrer sobre o assunto com segurança.

Para conquistar a condição de especialista no assunto e ganhar respeito do público, o apresentador deve adotar os seguintes procedimentos:

1. Pesquisar em bibliotecas, na internet e em plataformas *de streaming* quais livros, jornais, revistas especializadas, enciclopédias, vídeos, etc. poderão servir de fontes de informação sobre o tema.
2. Tomar notas, resumir ou reproduzir textos verbais e não verbais que possam ser úteis. Esse trabalho tem em vista a produção de um roteiro próprio do apresentador e consiste em anotar dados históricos ou estatísticos, citações, comparações, exemplos, etc.

YanLev/Shutterstock

A pesquisa é uma etapa fundamental para a produção de um seminário.

3. Selecionar e organizar as informações, tendo em vista os passos da exposição:
    - como introduzir, desenvolver e concluir a exposição;
    - quais subtemas serão abordados no desenvolvimento;
    - quais exemplos ou apoios (gráficos, dados estatísticos) serão utilizados para fundamentar a exposição;
    - que materiais e recursos audiovisuais (cartazes, apostilas, lousa, retroprojetor, *datashow*, microfone, etc.) serão necessários.

    Nesse planejamento, devem ser levadas em conta as características do público-alvo, como faixa etária, interesse, expectativas e conhecimentos prévios em relação ao tema abordado, etc. Convém planejar um encaminhamento motivador para a exposição, como intercalar o uso da voz com o uso de recursos audiovisuais.
4. Redigir um **roteiro** que permita visualizar não apenas o conjunto das informações que serão apresentadas, mas também a sequência em que isso vai ocorrer. Esse roteiro deve conter algumas informações-chave que orientem o pensamento do apresentador durante a exposição, indicações de recursos audiovisuais, se for o caso, textos de autoridades ou especialistas que serão citados pelo apresentador, etc. Atenção: o roteiro não deve ser lido integralmente durante o seminário. Antes da exposição, ele serve para organizar as ideias do apresentador; durante a exposição, serve de apoio para que o apresentador se lembre de informações e tópicos básicos, além do andamento da apresentação.

Como apresentar um seminário

Durante a exposição, podem ocorrer fatos não previstos. Por exemplo, o público pode não compreender bem o conteúdo da exposição; um aparelho audiovisual pode não funcionar; um integrante do grupo pode faltar ou ficar nervoso e esquecer o texto; uma cartolina pode cair da parede; etc. Por isso, é preciso estar atento a vários aspectos simultaneamente e, de acordo com a necessidade, introduzir modificações e improvisar soluções a fim de alcançar o melhor resultado possível.

ColorBlind Images/Getty Images

A seguir, relacionamos alguns dos aspectos que devem ser observados.

Sequência e andamento da exposição

1. Abertura: alguém (geralmente o professor) faz uma breve apresentação inicial e dá a palavra ao apresentador. Para isso, usa frases como "Vocês agora vão assistir ao seminário preparado por fulano...".
2. Tomada da palavra e cumprimentos: o apresentador deve, primeiramente, colocar-se à frente da plateia e cumprimentá-la, tomando a palavra.
3. Apresentação do tema: o apresentador diz qual é o tema, fala da importância de abordá-lo nos dias de hoje, esclarece o ponto de vista sob o qual irá abordá-lo e, no caso de se tratar de um tema amplo, delimita-o, isto é, indica qual aspecto dele será enfocado. Por exemplo, se o tema é a poluição do meio ambiente, a delimitação pode consistir em enfocar apenas a poluição dos rios. Esse momento do seminário tem em vista despertar na plateia curiosidade sobre o tema.
4. Exposição: o apresentador segue o roteiro traçado, expondo cada uma das partes, sem atropelos. Ao término de cada uma, deve perguntar se alguém quer fazer alguma pergunta ou se pode ir adiante. Na passagem de uma parte para a outra, deve dar a entender que não há ruptura, e sim uma ampliação do tema. Para isso, deve fazer uso de certos recursos linguísticos, como "Outro aspecto que vamos abordar...", "Se há esses aspectos negativos, vamos ver agora os aspectos positivos...".
5. Conclusão e encerramento: o apresentador retoma os principais pontos abordados, fazendo uma síntese deles; se quiser, pode mencionar aspectos do tema que merecem ser aprofundados em outro seminário; pode também deixar uma mensagem final, algo que traduza o seu pensamento ou o pensamento do grupo ou de um autor especial. No final, agradece a atenção do público e passa a palavra a outra pessoa.
6. Tempo: o apresentador deve estar atento ao tempo previsto e, de acordo com o andamento do seminário, ser capaz de introduzir ou eliminar exemplos e aspectos secundários, caso haja necessidade, a fim de se ajustar ao tempo estipulado.

Postura do apresentador

1. O apresentador deve preferencialmente falar em pé, com o roteiro nas mãos, olhando para todo o público. Sua presença deve expressar segurança e confiança.
2. A fala do apresentador deve ser alta, clara, bem-articulada, com palavras bem pronunciadas e variações de entonação, a fim de que a exposição não fique monótona.
3. Ao olhar para o roteiro, o apresentador deve fazê-lo de modo rápido e sutil, sem que seja necessário interromper o fluxo da fala ou do pensamento. Além disso, ao olhar o roteiro, não deve abaixar demasiadamente a cabeça, a fim de que a voz não se volte para o chão. O roteiro deve ser rapidamente olhado, e não lido (a não ser no caso de leitura de uma citação), pois tal procedimento geralmente torna a exposição enfadonha.
4. O apresentador nunca deve falar de costas para a plateia, mesmo que esteja escrevendo na lousa ou trocando *slides* ou transparência no projetor. Nessas situações, deve ficar de lado e falar com a cabeça virada na direção do público, a fim de que sua voz seja ouvida por todos.
5. O apresentador deve se mostrar simpático ao público e receptivo a participações da plateia.

Linguagem

Nos seminários, predominam variedades urbanas de prestígio, com construções que se aproximam da norma-padrão da língua, embora possa haver maior ou menor grau de formalidade, dependendo da intimidade entre os interlocutores. Assim:

1. O apresentador deve evitar certos hábitos da linguagem oral, como a repetição constante de expressões como *tipo*, *né?*, *tá?* e *ahnn...*, pois elas prejudicam a fluência da exposição.
2. O apresentador deve estar atento ao emprego de vocábulos e conceitos específicos da área pesquisada e explicar ao público seu significado sempre que houver necessidade.
3. Durante a exposição, o apresentador deve fazer uso de *expressões de reformulação*, isto é, aquelas que permitem explicar de outra forma uma palavra, um conceito ou uma ideia complexa. As mais comuns são: *isto é*, *quer dizer*, *como*, *por exemplo*, *em outras palavras*, *vocês sabem o que é isso?*. Deve também fazer uso de expressões que confiram *continuidade* ao texto, como *além disso*, *por outro lado*, *outro aspecto*, *apesar disso*, etc.

Ferramentas de apoio

Nos seminários, é comum a utilização de ferramentas de apoio a apresentações orais (leia o boxe a seguir). Ao planejar o seminário, prepare os recursos que serão utilizados como suporte, como:

- cartazes;
- *slides* a serem apresentados com *datashow*;
- trechos de vídeos ou áudios variados;
- tabelas, gráficos e infográficos.

Enriquecendo o seminário com recursos audiovisuais

Alexander A. Kataytsev/Shutterstock

A principal linguagem de um seminário é a verbal. Contudo, o uso de recursos audiovisuais, como cartazes, transparências em retroprojetor, filmes, *slides*, *datashow*, etc., pode tornar o seminário mais agradável ou facilitar a transmissão de um volume maior de informações.

O uso desses recursos exige, porém, certos cuidados:

1. O equipamento deve ser testado previamente, para prevenir a ocorrência de falhas técnicas durante a exposição.
2. O apresentador deve lembrar que tais recursos têm a finalidade de servir de apoio à exposição oral e, portanto, não a substituem. Assim, ao fazer uso de um PowerPoint, por exemplo, ele deve aproveitá-lo para reunir ou esquematizar as informações que vem apresentando, em vez de simplesmente ler o que está escrito nele.

A alternância de exposição oral com uso de recursos audiovisuais geralmente dá leveza a um seminário.

Os recursos a serem utilizados devem ser elaborados considerando-se sua boa visualização por parte do público: em um cartaz ou em *slides*, textos escritos devem ser breves e topicalizados; imagens, gráficos, tabelas, infográficos, formas e elementos gráficos devem estar em tamanho suficiente para a visualização do público e dispostos de uma maneira organizada, relacionada ao conteúdo da fala e à ordem da apresentação.

O infográfico, por exemplo, é uma representação gráfico-visual que geralmente contém figuras ou ilustrações, eventualmente gráfico e tabela, dados numéricos e textos sintéticos. Para se conseguir ler todas as informações, é necessário que ele esteja bem-diagramado, organizado em formas e cores adequadas e com tamanho de letra ideal para leitura a distância. Veja um exemplo:

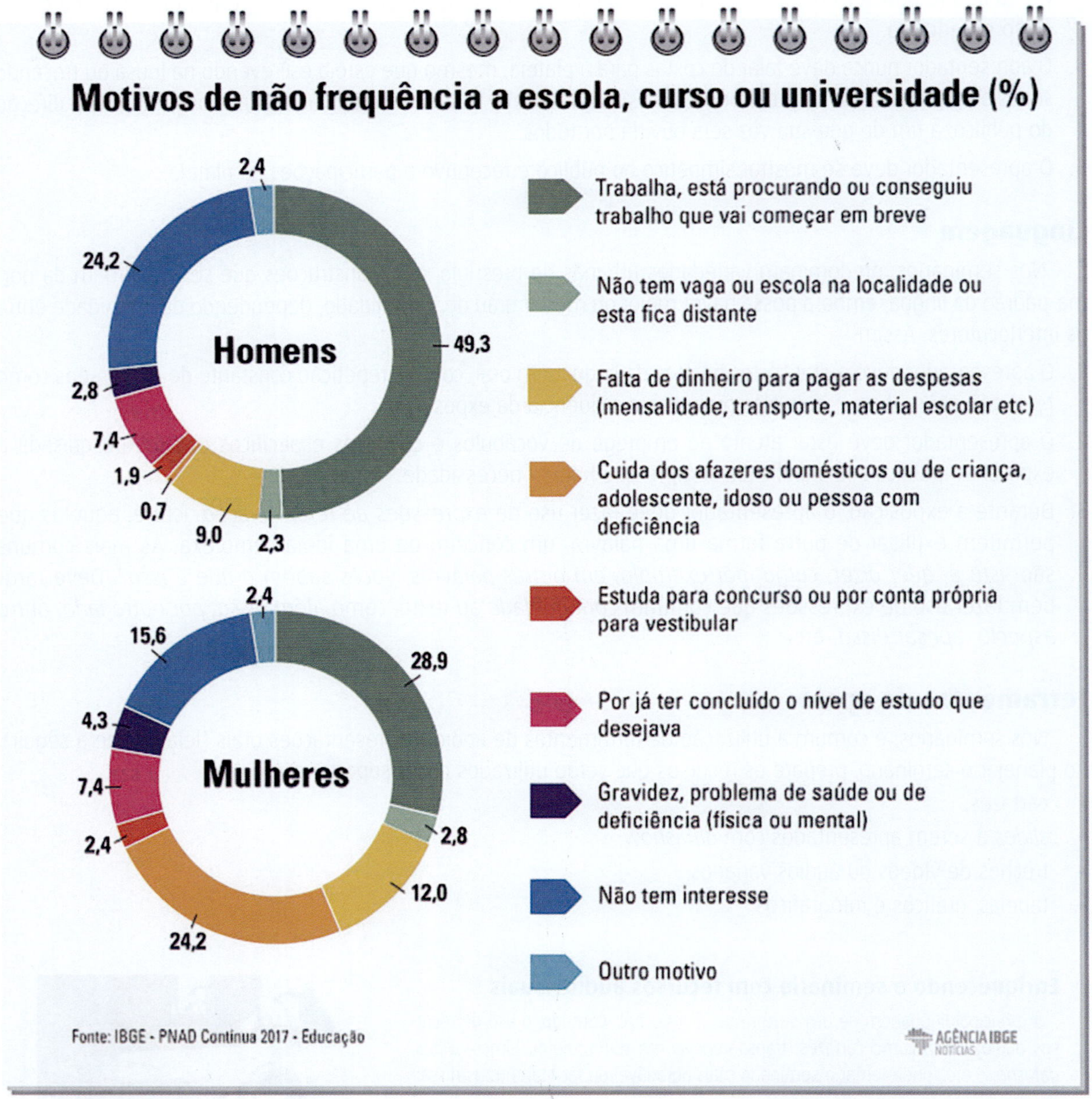

(Disponível em: https://agenciadenoticias.ibge.gov.br/agencia-noticias/2012-agencia-de-noticias/noticias/21256-mais-de-25-milhoes-de-jovens-nao-estudavam-em-2017. Acesso em: 28/5/2021.)

Para explorar adequadamente o infográfico, é necessário que o apresentador comente a finalidade do infográfico, o modo como ele está organizado e as informações que ele apresenta. Logo, seria preciso esclarecer o papel dos círculos, que mostram percentualmente a frequência de dois grupos – homens e mulheres –, na escola, em cursos e na universidade; ler, na coluna da direita, os motivos de não frequência; comentar as percentagens em cada grupo para, finalmente, comparar e estabelecer diferenças entre o grupo de mulheres e o grupo de homens.

Como apresentar um seminário em grupo

Além das orientações dadas anteriormente, a exposição em grupo exige atenção quanto a mais alguns aspectos específicos.

1. Cada integrante do grupo pode ficar responsável pela apresentação de uma das partes do seminário. Entretanto, entre a exposição de um participante e a de outro deve haver coesão, isto é, não pode haver contradição entre as exposições nem ficar a impressão de que uma fala é independente de outra. Cada exposição deve retomar o que já foi desenvolvido e acrescentar, ampliar. Além disso, devem ser empregados elementos linguísticos de coesão, como "*Além* das causas que fulano comentou, *vejamos agora* outras causas menos conhecidas...", "Vocês viram as consequências desse problema no meio urbano; *agora*, vão conhecer as consequências do mesmo problema no meio rural...".

E+/Getty Images

Seminário em grupo.

2. O grupo todo deve se "especializar" no assunto em foco. Além de conferir maior segurança às exposições individuais, isso permite também que todos respondam com tranquilidade a qualquer pergunta feita pelo público.
3. Devem ser evitadas atitudes que desviem a atenção do apresentador, como conversas entre os membros do grupo, conversas entre um membro do grupo e uma pessoa da plateia, movimentos, ruídos ou brincadeiras que atrapalhem a exposição. Não há obrigatoriedade de que todos fiquem em pé enquanto um dos integrantes do grupo faz sua apresentação.
4. Enquanto um dos apresentadores expõe, os outros podem contribuir manuseando os equipamentos (transparências, vídeo), trocando cartazes, apagando a lousa ou simplesmente ouvindo.

Propostas para a produção de seminários

A alimentação está diretamente relacionada à saúde. Contudo, o que pode ser considerado alimentação saudável hoje em dia não está claro: a cada nova dieta da moda, alguns alimentos são banidos e outros, exaltados. Novos produtos alimentícios sem lactose, sem glúten, *diet* ou *light* enchem as prateleiras dos mercados. Além do debate sobre o que faz bem à saúde, a alimentação também é uma prática cultural, social e histórica (sociedades de diferentes locais, com recursos desiguais e em diferentes épocas se alimentam diferentemente). Outro fator relacionado à produção e ao consumo de alimentos central na atualidade é a preservação do meio ambiente: nossa saúde está conectada à saúde do planeta. Muitas questões para pensar antes da primeira mordida. Por isso, a turma pode organizar seminários com temas relacionados à saúde e à alimentação, abarcando os variados aspectos do assunto.

Para começar, leia o painel de textos a seguir.

Carlos Monteiro: "Não podemos nos informar sobre ultraprocessados pela publicidade"

Em entrevista à GALILEU, o professor da USP fala sobre os impactos à saúde e ao meio ambiente dos alimentos ultraprocessados, tema de sua nova pesquisa, que busca 200 mil voluntários

LARISSA LOPES

18 FEV 2020 — 19H18 ATUALIZADO EM 06 MAR 2020 — 11H40

Há uma década, um novo conceito alimentar tem gerado discussões acerca de seus impactos na **saúde** e no **meio ambiente**: os **alimentos ultraprocessados**. Com um espaço cada vez maior no **cardápio do brasileiro**, eles se tornaram objeto de estudo de Carlos Monteiro, médico e professor titular do Departamento de Nutrição (NUPENS) da Faculdade de Saúde Pública da Universidade de São Paulo (USP). [...]

Em entrevista à **GALILEU** durante o evento FRUTO, que aconteceu em São Paulo no último dia 24 de janeiro, o professor da USP explica por que devemos evitar esse tipo de alimento e fala sobre como podemos nos tornar mais conscientes sobre a nossa **alimentação**. Confira:

Como surgiu a ideia de criar uma nova classificação alimentar, que também leva em consideração seu propósito de processamento?

A classificação NOVA foi proposta em 2019 pelo Nupens, porque o sistema alimentar tem sofrido muitas mudanças. De alguma forma, a maior parte dos alimentos que consumimos são processados. Isso se deve ao surgimento de grandes corporações na área de alimentos que, graças à tecnologia e à **globalização da economia**, modificaram a natureza do processamento deles.

No Nupens, começamos a perceber que uma parte dos alimentos processados era muito diferente de outros, os ultraprocessados, embora essa diferença não parecesse ser percebida pelo **consumidor**. Uma das distinções entre os dois é que os alimentos ultraprocessados não são feitos com base em um alimento integral, como os processados. Eles constituem um grupo de produtos que não têm um alimento importante em sua receita, mas sim ingredientes como o **açúcar**, o óleo, os **carboidratos**, as fibras, as **proteínas** e os **aditivos**. Por isso percebemos a necessidade de caracterizar este grupo de alimentos e separá-lo dos demais.

Primeiro, estávamos estudando esse processo aqui no Brasil, depois, vimos que o mesmo está acontecendo no mundo todo também. Há umas quatro décadas, ele já tinha acontecido de forma muito intensa nos Estados Unidos.

[...]

A partir de que momento a indústria passou a extrapolar da produção de ultraprocessados?

A indústria de aromatizantes foi fundamental. Hoje, ela tem mais de 2 mil aromas — de qualquer coisa que você imaginar —, permitindo que a indústria reúna ingredientes baratos como carboidratos, proteínas e gorduras. Toda a parte sensorial dele é obtida com os aditivos. Eu diria que esse grande salto dos alimentos ultraprocessados se deu com o avanço da tecnologia de alimentos e, em particular, com o desenvolvimento dessa indústria de aditivos e aromatizantes que é altamente sofisticada.

Com a substituição do ingrediente principal pelo aroma, seja de pistache ou amêndoas, por exemplo, você reduz o custo da produção do seu produto. Outro ponto importante é a globalização da economia, que permitiu a criação de commodities, como o óleo de palma, e alimenta toda uma industrialização da agricultura que prejudica o **meio ambiente**.

Eu diria que os ultraprocessados surgem com o avanço da **tecnologia** dos alimentos, sobretudo os aditivos; a globalização da economia, que permitiu a compra de ingredientes ultraprocessados a preços muito baixos; e toda a globalização das vendas. Isso tornou os ultraprocessados extremamente lucrativos e competitivos. Todas essas variáveis — e a falta de política regulatória — explicam por que o consumo de alimentos ultraprocessados é cada vez maior.

Quais consequências do consumo de ultraprocessados já foram observadas na nossa saúde?

Tudo o que você encontra no ultraprocessado é favorável à obesidade: baixa saciedade, poucos nutrientes, poucas proteínas. As pessoas comem mais porque não encontram os compostos necessários para se satisfazer. Além da composição, a palatabilidade, a propaganda e o preço também influenciam numa maior taxa de **obesidade** e, com isso, há uma série de doenças relacionadas, como diabetes, vários **tipos de câncer**, **artrite**, **hipertensão** e síndrome metabólica.

Precisamos de mais pesquisas sobre o assunto, que é recente [*o conceito de ultraprocessados surgiu há cerca de uma década*], mas as que temos já são suficientes para que sejam feitas políticas de redução do consumo desses alimentos ultraprocessados.

O que as pessoas podem fazer individualmente até que políticas regulatórias sejam instituídas?

Não podemos nos informar sobre os ultraprocessados pela propaganda, que infelizmente é [a] única fonte de informação para muitas pessoas. É necessário encontrar novas **fontes de informação** e, com isso, dedicar mais tempo pensando no que ela vai comer, em qual é a importância de ela fazer esse tipo de escolha, além de questionar, por exemplo, quem produziu o alimento. “Consumindo esse alimento eu estou estimulando quem? Eu estou **gerando emprego**? Eu estou gerando distribuição ou **concentração de renda**? O produtor está agravando as questões ambientais?”

As pessoas precisam se conscientizar sobre o mundo em que vivem hoje. O sistema alimentar também mudou, não é mais o mesmo da geração de seus avôs e bisavôs. Com o Guia Alimentar, que é uma via de informação, procuramos empoderar as pessoas para que elas possam fazer **escolhas mais saudáveis**.

O que há de particular na situação brasileira?

O que é interessante é que, no caso do Brasil, você tem dois sistemas alimentares convivendo juntos. Além da indústria dos ultraprocessados, ainda temos **agricultores** produzindo arroz, feijão, hortaliças; e produtores fazendo queijo, **pão** e conservas simplesmente processadas.

[...]

(Disponível em: https://revistagalileu.globo.com/Ciencia/Saude/noticia/2020/02/carlos-monteiro-nao-podemos-nos-informar-sobre-ultraprocessados-pela-publicidade.html. Acesso em: 4/5/2020.)

© WWF-Brazil/https://www.wwf.org.br/

(Disponível em: https://www.wwf.org.br/informacoes/bliblioteca/agricultura_e_meio_ambiente/?uNewsID=59882#. Acesso em: 4/5/2020.)

Como era nossa alimentação há 100 anos?

Era mais difícil consumir alimentos frescos e, sem a geladeira, as formas de conserva não eram nada saudáveis

Por **Vinícius Giba**

Um trabalho a menos

As prateleiras dos mercadinhos tinham menos opções que hoje. Mas a Revolução Industrial já havia se consolidado e disseminado alguns "produtos intermediários": aqueles processados, mas ainda não prontos para o consumo ou que apenas integram outras receitas. Era o caso do leite em pó, do leite condensado, do açúcar e dos enlatados. Ninguém mais precisava moer farinha em casa!

Variando o cardápio

A Revolução Industrial também aumentou a produção, aperfeiçoou a conservação e facilitou o transporte da comida. Ou seja: nunca houve tanto alimento circulando pelo mundo. Navios rápidos e refrigerados, por exemplo, permitiram a exportação de frutas tropicais e carnes da América do Sul para a do Norte e Europa. O interior do Brasil começou a consumir peixes marinhos frescos.

Mais saudável? Que nada!

É claro que não havia fast-foods, preservantes químicos e bobagens pré-prontas. Mas, por outro lado, era comum fritar com banha animal, que é gordura pura. Carnes eram guardadas no sal ou no óleo, péssimos para o coração e circulação. A contaminação por doenças era comum. A ciência ainda não sabia muito sobre vitaminas ou os efeitos da comida sobre nossa saúde.

Raspando o prato

Até a popularização da geladeira, a partir dos anos 50, conservar a comida em casa era um problemão. Era mais difícil consumir alimentos frescos — rolavam mais legumes enlatados e leite sob forma de queijo e iogurte, por exemplo. Também para evitar o desperdício, era comum comer tudo que fosse posto à mesa, criando refeições mais calóricas e menos balanceadas.

E como será daqui a 100 anos?

Carnívoros, chorem

Criar gado exige espaço, água e ração (que, por sua vez, demanda ainda mais espaço e água). Como nada disso será abundante no futuro, esse alimento será cada vez mais caro. Uma alternativa será a carne desenvolvida em laboratório. Ela é 100% natural, apenas cresce fora da vaca. A tecnologia já existe, mas é dispendiosa: o primeiro hambúrguer feito desse material custou cerca de R$ 770 mil.

Mato do mar

A pesca nos oceanos chegou ao limite de produção em 2004. A solução deve ser a aquacultura, que permite criar peixes, moluscos e crustáceos tanto no alto-mar como em viveiros em terra firme. Algas serão muito produzidas: além de alimento, servem para fazer ração, biocombustíveis e plásticos. Nosso menu também passará a incluir bizarrices como o pepino-do-mar.

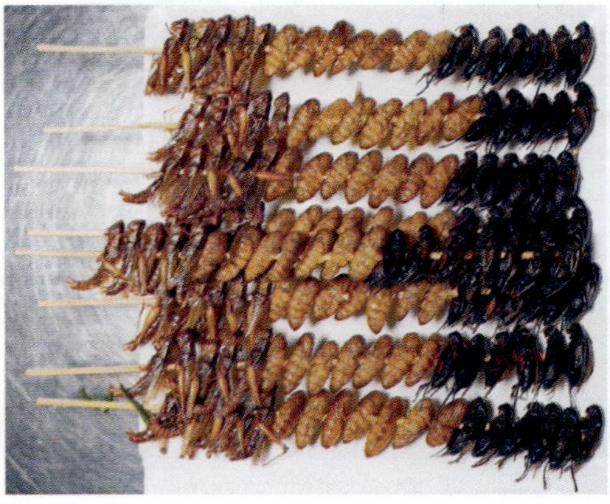

Guidemiu/Shutterstock

Gafanhoto à milanesa

Em algumas culturas, insetos já são comida. No futuro, todos teremos que encará-los dessa maneira. Faz sentido: enquanto 10 kg de ração geram só 1 kg de carne bovina, a mesma quantidade gera 8 kg de carne de insetos. Não precisa ficar com nojo. Eles poderão ser consumidos na forma de uma farinha rica em proteína ou de carne processada, como os atuais nuggets de frango.

Salada de DNA

Atualmente, cultivamos só 7 mil tipos de vegetais, mas pesquisas indicam que há mais de 125 mil espécies comestíveis. Certamente abriremos espaço para elas no nosso cardápio — especialmente se forem mais nutritivas ou fáceis de plantar. É possível até que nós mesmos as criemos, com intervenções genéticas. Os alimentos transgênicos serão mais seguros e perderão a má fama que têm atualmente.

Horta em casa

O aquecimento global será uma pedra no sapato. Mas terá ao menos um aspecto positivo: as mudanças no clima permitirão plantações de certas espécies em áreas antes consideradas inadequadas. E, como o combustível para transporte ficará cada vez mais caro, o cultivo migrará da zona rural para as grandes cidades, em estufas privadas, em grandes prédios-fazenda ou no telhado das casas.

(Disponível em: https://super.abril.com.br/mundo-estranho/como-era-nossa-alimentacao-ha-100-anos/. Acesso em: 4/5/2020.)

Sugestão: Assista a um episódio da série *Viva sem veneno*.

Episódio 4 — "Comer é um ato político". *Websérie Viva Sem Veneno*. (Disponível em: https://www.youtube.com/watch?v=YsAmoaWbABg. Acesso em: 4/5/2020.)

Reúna-se com os colegas de grupo e, com a orientação do professor, escolham o tema para a realização de um seminário. Apresentamos a seguir algumas sugestões de temas, mas, se preferirem, poderão pensar em outros que se relacionem com o assunto alimentação e saúde.

- Doenças relacionadas com a má alimentação: bulimia, anorexia, hipertensão, colesterol alto, diabetes, etc.
- Hábitos alimentares e preservação do planeta.
- Agrotóxicos: são realmente necessários à produção de alimentos para a população?
- A televisão e os alimentos processados e ultraprocessados.
- Alimentação pelo mundo: quais são os diferentes hábitos alimentares em diferentes culturas?

Para quem quer mais

Sugestões de fontes de pesquisa sobre alimentação

Revistas

- *Saúde* e *Boa Forma*, publicadas pela Editora Abril.

Livros

- *O peso das dietas — emagreça de forma sustentável dizendo não às dietas!*, de Sophie Deram (Sextante).
- *Em defesa da comida*, de Michael Pollan (Intrínseca).
- *A natureza cura — Segredos para conservação e recuperação da saúde*, de Juan Alfonso Yépez (Vozes).
- *100 receitas de saúde — Segredos da dieta perfeita*, de Anna Selby (Publifolha).
- *A alimentação que previne doenças*, de Jocelem Mastrodi Salgado (Madras).
- *Alimentação natural*, de Jane Gould (Gaia).
- *A arte da cura pela alimentação*, de Gilberto Pereira (Mauad).

Sites

- https://www.sophiederam.com/br/blog/
- http://www.fsp.usp.br/nupens/
- https://drauziovarella.uol.com.br/
- https://www.panelinha.com.br/blog/alimentacaosaudavel

Dividam as tarefas para a realização da pesquisa. Coletem materiais, reúnam-se e discutam a produção do roteiro para um seminário em grupo. Depois, de acordo com as orientações fornecidas no item "Como apresentar um seminário em grupo", exponham para a turma o resultado da pesquisa.

Preparação da sala e dos recursos

No dia combinado para a apresentação do seminário, preparem o local com antecedência: iluminação, disposição das cadeiras e dos recursos audiovisuais. Organizem e disponham sobre a mesa os materiais que serão utilizados durante a exposição. Procurem servir-se de modo equilibrado e harmônico dos recursos audiovisuais disponíveis, como cartazes, transparências para retroprojetor, filmes, músicas, *slides*, *datashow*, a fim de tornar o evento mais agradável e facilitar a transmissão de um volume grande de informações.

Filmando o seminário

Se possível, filmem o seminário para que, posteriormente, todos possam assistir a algumas partes dele ou a ele todo, a fim de observar aspectos positivos e negativos e aprimorar um próximo seminário.

Revisão e avaliação dos seminários

Depois da apresentação, os seminários devem ser revistos e avaliados, levando-se em conta aspectos como os apontados no quadro abaixo. Caso os seminários sejam filmados, convém assistir a alguns trechos deles para confirmar impressões ou tirar dúvidas. E, com base nas observações feitas, estabelecer metas e compromissos com vistas à realização de um próximo seminário.

Critérios para a avaliação do seminário				
Posicionamento do apresentador	**Fala e voz**	**Linguagem**	**Olhar**	**Tempo**
Verifique se o apresentador: • falou em pé, com o roteiro nas mãos; • demonstrou domínio do conteúdo; • nunca deu as costas ao público ao usar os recursos audiovisuais; • ficou bem posicionado e movimentou-se entre o público (se possível).	Verifique se o apresentador: • falou alto e claro e variou a entonação, evitando monotonia; • explorou pausas e velocidade em determinadas falas para ressaltar pontos importantes.	Verifique se o apresentador: • utilizou uma variedade de acordo com a norma-padrão, com grau de formalidade adequado ao perfil dos interlocutores; • evitou palavras de baixo calão, gírias e expressões da linguagem oral; • empregou e explicou adequadamente vocábulos e conceitos específicos da área pesquisada; • fez uso de expressões de reformulação, isto é, aquelas que permitem explicar de outra forma uma palavra, um conceito, uma ideia complexa.	Verifique se o apresentador: • olhou para o público, observando reações positivas e negativas; • olhou para todas as pessoas uniformemente, sem privilegiar um único interlocutor; • usou adequadamente o roteiro, fazendo consultas rápidas, sem interromper o pensamento e sem abaixar o tom da voz.	Verifique se o apresentador: • controlou e organizou bem o tempo, sendo capaz de ajustar a exposição ao tempo estipulado.

CAPÍTULO 20

O artigo de divulgação científica e o verbete de enciclopédia

O artigo de divulgação científica

Trabalhando o gênero

Leia o texto a seguir.

Este capítulo favorece o desenvolvimento das habilidades

EM13LGG103
EM13LGG104
EM13LGG201
EM13LGG301
EM13LGG402
EM13LGG701
EM13LGG703
EM13LGG704
EM13LP01
EM13LP02
EM13LP04
EM13LP05
EM13LP06
EM13LP10
EM13LP11
EM13LP15
EM13LP16
EM13LP18
EM13LP27
EM13LP28
EM13LP29
EM13LP30
EM13LP31
EM13LP34

Poluição e demência | Artigo

Drauzio Varella

A relação entre poluição e demência fica cada vez mais bem estabelecida.

aslysun/Shutterstock

Quanto mais velhos ficamos, maior o risco de declínio cognitivo. A perda progressiva de memória pode chegar ao ponto de não reconhecermos pessoas queridas, a casa em que vivemos e o mundo que nos cerca, e de perdermos a noção de quem somos, incapacidades que nos roubam a condição humana.

Como a faixa etária que mais cresce na população do Brasil e de muitos países é a que está acima dos sessenta anos, o número de pessoas com demência aumenta sem parar. Começa a ficar difícil encontrar uma família que não tenha um caso.

Os fatores que aumentam o risco de demência têm sido muito estudados. Embora sobrem dúvidas e detalhes obscuros, os mais importantes parecem ser as propensões genéticas, a falta de escolaridade, os traumatismos, os acidentes vasculares cerebrais, a vida sedentária e o fumo.

Há farta literatura a demonstrar que a inalação de partículas finas e ultrafinas aumenta a incidência de asma, câncer de pulmão e doenças cardiovasculares. Estudos recentes, no entanto, levantam a suspeita de que possa também acelerar o declínio cognitivo.

Com os equipamentos modernos conseguimos detectar no ambiente até partículas ultrafinas, 200 vezes menores do que um fio de cabelo. Com eles, é possível calcular as concentrações de sulfato, nitrato, amônia, carbono e metais pesados no ar das cidades. Esse particulado ultrafino cai na categoria dos poluentes classificados como PM2,5.

Níveis altos de partículas PM2,5 nos tecidos humanos provocam estresse oxidativo, caracterizado pela produção de substâncias quimicamente ativas — como os peróxidos — que podem danificar o DNA e outras estruturas celulares.

A primeira suspeita de que a poluição seria fator de risco para demência veio quando Lilian Garcidueñas mostrou que cachorros idosos das áreas mais poluídas da Cidade do México apresentavam perda de memória, desorientação e dificuldade para reconhecer seus donos.

Nas autópsias, a neurocientista encontrou no tecido cerebral placas da proteína beta-amiloide, as mesmas da doença de Alzheimer.

Achados semelhantes foram documentados em cérebros de ratos mantidos em ambientes poluídos: maior número de placas, atrofia de neurônios e perda de sinapses.

Um grupo da Universidade da Carolina do Sul acaba de publicar uma pesquisa em que os participantes foram acompanhados durante 11 anos. As mulheres mais velhas que moravam em lugares nos quais os índices de poluição eram mais altos do que o limite máximo estabelecido pela EPA — a agência de proteção ambiental — apresentaram o dobro do número de casos de demência.

Se esses dados puderem ser extrapolados para o restante da população americana, a poluição seria responsável por 21% dos diagnósticos da doença.

Em artigo publicado na revista "The Lancet", pesquisadores da Universidade de Toronto acompanharam 6,6 milhões de habitantes da província de Ontário. Os que viviam a menos de 50 metros de grandes rodovias apresentaram risco de demência 21% mais elevado do que aqueles com casas a mais de 200 metros.

Os dados mostraram que residências a menos de 50 metros de uma rodovia expõem os moradores a concentrações de poluentes 10 vezes maiores do que aquelas a 150 metros de distância.

Um inquérito realizado entre 19 mil enfermeiras americanas aposentadas confirmou que, quanto maior a concentração de partículas PM2,5 na vizinhança, mais rápido o declínio cognitivo. Para cada aumento de 10 microgramas dessas partículas por metro cúbico de ar, a performance nos testes de atenção e memória declinou como se as participantes fossem dois anos mais velhas.

Fatores genéticos podem proteger ou aumentar o risco de demência. Portadores do gene APOE4 — ligado ao risco de Alzheimer — são especialmente sensíveis aos ambientes poluídos.

Segundo a Organização Mundial da Saúde, o fumo é responsável por cerca de 14% dos casos de Alzheimer. Vários especialistas têm se dedicado a estudar de que forma a poluição potencializa os efeitos das partículas ultrafinas suspensas na fumaça do cigarro.

Um dos pesquisadores com mais experiência nesse campo, CalebFinch, afirma: "A poluição do ar deve ser entendida como a fumaça do cigarro: não existe limite de segurança".

Caio Rocha/Fotoarena

O médico Drauzio Varella.

Drauzio Varella é médico cancerologista e escritor. Foi um dos pioneiros no tratamento da aids no Brasil. Entre seus livros de maior sucesso estão Estação Carandiru, Por um Fio e O Médico Doente.

(Disponível em: ttps://drauziovarella.uol.com.br/drauzio/artigos/poluicao-e-demencia-artigo/. Acesso em: 19/5/2020.)

1. O texto lido é um artigo de divulgação científica. Releia o título e o subtítulo e responda:

a) Qual é o assunto tratado no texto?

b) A relação abordada no artigo é um consenso científico antigo ou é uma descoberta recente? Que expressão comprova sua resposta?

2. Sobre o artigo de divulgação científica lido, responda:

a) Qual é a principal finalidade do texto: expor um conteúdo científico de forma clara e objetiva ou persuadir o leitor, levando-o a adotar o ponto de vista do autor?

b) Quem é o autor? Qual é a sua área de atuação?

c) Por que, ao final do artigo, há detalhamentos sobre a vida profissional do autor?

3. No 1º parágrafo, o autor explica o que é demência.

a) Qual expressão é usada como sinônimo de demência?

b) Como o autor explica no segundo período do 1º parágrafo o que é demência?

4. Qual é a estratégia utilizada pelo autor, no 2º parágrafo, para mostrar a relevância do tema tratado no texto?

5. No 3º e no 4º parágrafo, o autor aborda as causas da demência e doenças relacionadas à poluição do ar. Como ele aproxima os dois elementos da relação proposta no artigo?

6. Releia as seguintes expressões usadas no texto:

DNA / Alzheimer / sinapses / PM2,5 / estresse oxidativo / proteína beta-amiloide / EPA / gene APOE4

a) Os termos empregados são especializados ou são utilizados cotidianamente em conversas comuns?

b) De que área do conhecimento são os termos destacados?

c) Alguns desses termos são definidos no próprio texto e outros não. Troque ideias com os colegas e o professor e levante hipóteses: Por que isso ocorre?

d) Explique o sentido de cada um desses termos, com base no artigo em estudo.

e) Considerando suas respostas às questões anteriores, responda: Quem é o público leitor do texto: apenas especialistas da área de saúde ou leitores em geral?

7. A estrutura de um artigo de divulgação científica não é rígida, pois depende do assunto e de outros fatores da situação, como: quem produz o texto, para quem, com que finalidade. Apesar disso, normalmente o autor apresenta uma ideia principal ou tese, isto é, um conceito ou um ponto de vista sobre um conceito, e procura fundamentá-lo com provas ou evidências, isto é, exemplos, comparações, resultados de experiências, dados estatísticos, relações de causa e efeito, etc. No artigo "Poluição e demência": Qual é a frase do 4º parágrafo que explicita a ideia principal do texto?

8. Para provar a relação entre a poluição e o desenvolvimento de perdas cognitivas, como a perda da memória, o autor cita vozes de outro autores e instituições como estratégia argumentativa.

a) Identifique trechos em que o autor cita:
- vozes de cientistas;
- vozes de instituições renomadas na área;
- nomes de publicações científicas.

b) Identifique verbos e expressões que diferenciam a voz do autor do texto das vozes citadas. Em seguida, indique qual sinal gráfico é usado para citar diretamente vozes diferentes da do autor do texto.

c) Você estudou no capítulo 18 o gênero resumo e as estratégias de sumarização. Levante hipóteses: Quais são os outros textos que Drauzio Varella leu e sumarizou?

9. O autor também utiliza como estratégia argumentativa a citação de dados numéricos para provar a relação entre poluição e demência. Identifique em que parágrafos esses dados são utilizados e responda: Qual é o efeito de sentido construído pelo emprego desses dados?

10. Observe a imagem que acompanha o texto.

a) Que relação ela estabelece com o conteúdo abordado?

b) A escolha dessa imagem dá destaque a qual elemento da discussão?

c) Identifique com que partes do texto se relaciona cada imagem a seguir.

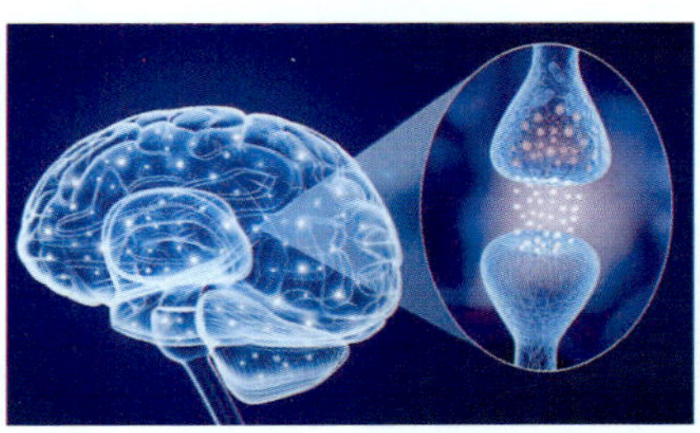

Alex Mit/Shutterstock

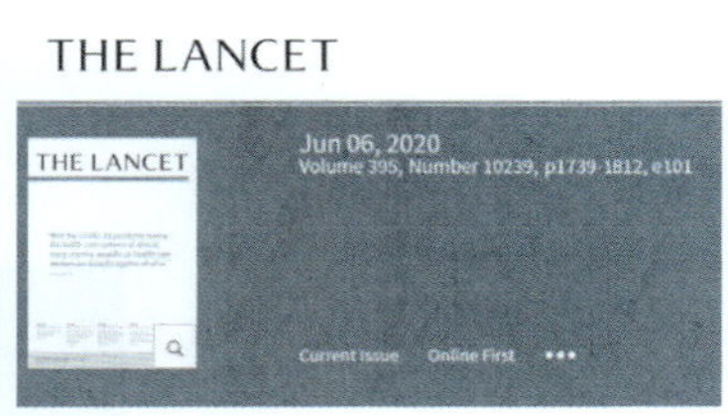

Reprodução/https://www.thelancet.com/

bonandbon/Shutterstock

d) Troque ideias com os colegas e o professor: Quais outras imagens poderiam ser utilizadas no texto e quais partes ganhariam destaque em cada caso?

11. Observe a linguagem empregada no texto e responda:

a) Que tempo e modo verbais predominam quando a voz é do autor do artigo?

b) Que tempo e modo verbais predominam quando o autor relata estudos e pesquisas?

c) Em que pessoa estão os verbos empregados no artigo?

d) A linguagem revela preocupação com a expressividade e a emotividade ou é clara, objetiva e tende à impessoalidade?

e) Que variedade linguística é adotada no texto?

12. Reúna-se com os colegas de grupo e, juntos, concluam: Quais são as características básicas do artigo de divulgação científica? Ao responder, considerem os seguintes critérios: finalidade do gênero, perfil dos interlocutores, suporte e veículo, tema, estrutura e linguagem.

O infográfico e a divulgação científica

No final do ano de 2019, um novo vírus começou a infectar os seres humanos na China. Em 2020, esse vírus causou uma pandemia (veja boxe a seguir). Chamado de coronavírus, ele levou milhões de pessoas ao isolamento social e milhares à internação e à morte.

Para explicar à população o que é a Covid-19, doença provocada pelo coronavírus, como é transmitida e como se prevenir, muitos textos de divulgação científica foram produzidos. Leia o infográfico sobre a transmissão da Covid-19, publicado em perfil de rede social desenvolvido pela Fiocruz (Fundação Oswaldo Cruz, instituição de pesquisa e desenvolvimento em ciências) e pelo CNPq (Conselho Nacional de Desenvolvimento Científico e Tecnológico).

Pandemia

Pode ser definida como a rápida expansão de uma doença infecciosa em grande parte da população em uma extensa região geográfica, como um continente inteiro ou o planeta. Exemplos de pandemia que já atingiram o mundo todo são a cólera e a gripe espanhola. No serviço de *streaming* Netflix, há uma série documental intitulada *Pandemia*, que aborda como profissionais lidam com os vírus e trabalham para evitar pandemias.

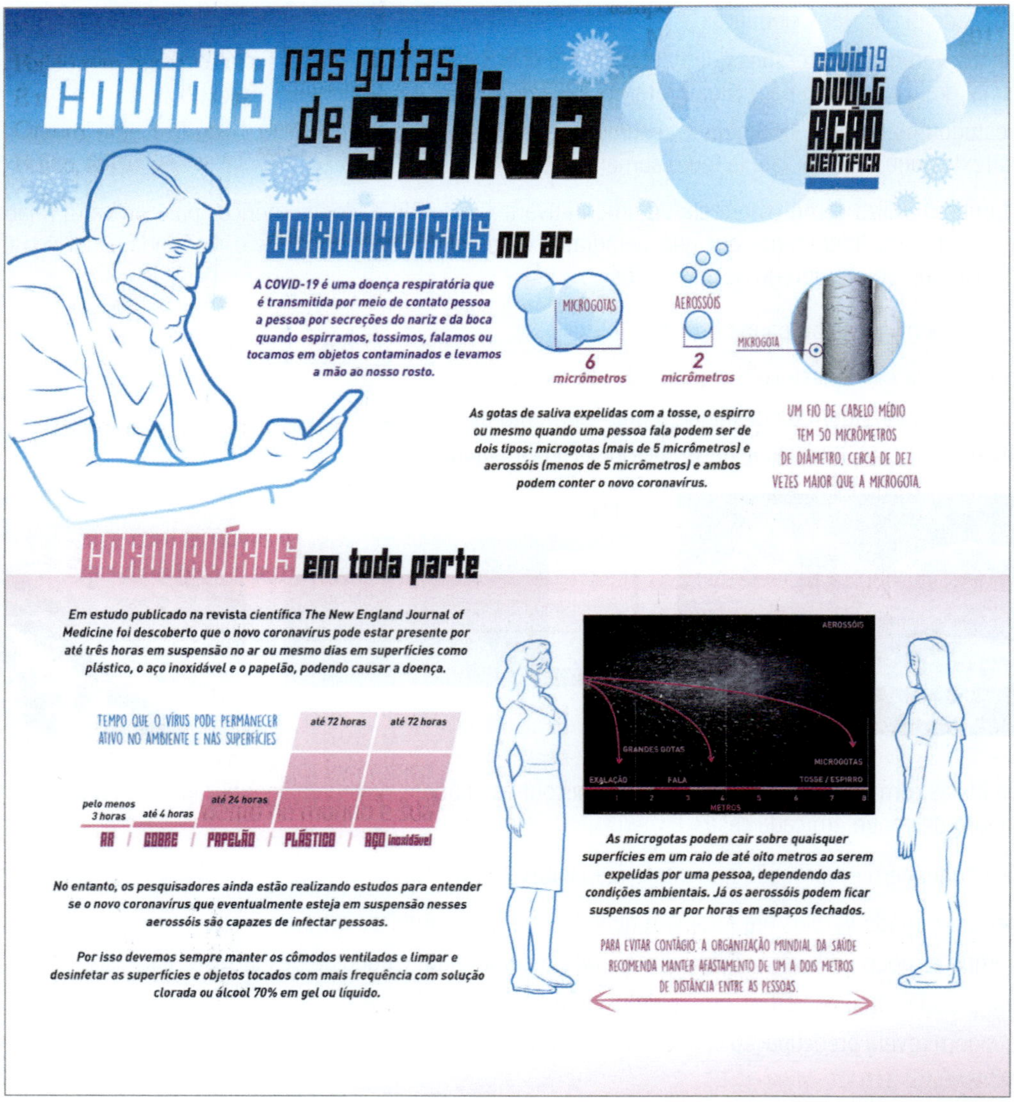

(Disponível em: https://www.instagram.com/p/B_fv0WYJs5U/. Acesso em: 9/5/2020.)

1. O infográfico é um texto composto de diferentes linguagens que tem como finalidade explicar algum fenômeno, acontecimento ou dados diversos.
   a) Qual é o título do infográfico lido?
   b) Qual é o objetivo desse infográfico?
2. O infográfico é dividido em duas partes principais.
   a) Quais são elas?
   b) Quais são os recursos usados para distinguir as duas partes?
3. Para explicar termos especializados, como *microgotas* e *aerossóis*, o texto utiliza textos verbais e imagens.
   a) Qual é a comparação feita para que o leitor compreenda os conceitos?
   b) Quais recursos de ilustração foram utilizados na composição dessas imagens?
   c) De que forma essas imagens contribuem para a construção de sentidos do texto?
   d) Por que é importante entender onde está o vírus e o tamanho de partículas em que ele pode se alojar e ser transmitido?
4. O infográfico apresenta dois gráficos.
   a) O que o gráfico em barras explica?
   b) O que o gráfico de curva mostra?
5. O infográfico também apresenta vozes de autoridade. Identifique as vozes presentes no infográfico. Depois responda: Por que elas são utilizadas nesse texto?

Vocês e os colegas poderão produzir infográficos sobre o tema escolhido para a produção do artigo de divulgação científica e do verbete, neste capítulo, e enriquecer as publicações na revista de divulgação científica da turma. Peçam orientações para professores de Arte, Informática e Matemática.

Produzindo o artigo de divulgação científica

Ao final desta unidade, no **Ponto final**, você e os colegas vão produzir uma revista de divulgação científica e uma enciclopédia colaborativa. Ambas terão como tema a *saúde*, abordada de maneira interdisciplinar. Os artigos de divulgação científica terão papel essencial na composição da revista; portanto, vocês irão produzi-los neste capítulo. Retomem os temas escolhidos para a produção de resumos no capítulo 18 e escrevam um artigo de divulgação científica sobre o mesmo tema. O resumo produzido poderá ser utilizado para compor o texto, além de outras fontes que vocês devem pesquisar sobre o tema.

1. Com base no tema escolhido no capítulo 18, reúnam-se em grupos de interesse.
2. Façam um recorte do tema, ou seja, procurem torná-lo mais específico. Para isso, pesquisem a respeito, conversem com professores de disciplinas relacionadas à área e pensem em um subtema para tratar no artigo. Por exemplo, no tema "O que é saúde em diferentes culturas do mundo", o grupo pode investigar a aiurveda, medicina tradicional indiana, ou a acupuntura, medicina tradicional chinesa.

Rawpixel.com/Shutterstock

3. Escolhido o subtema, peçam ajuda ao professor da disciplina à qual o assunto diz respeito e façam pesquisas na internet, em livros, enciclopédias, jornais, revistas, etc.
4. Produzam um texto de divulgação científica relacionado ao tema *saúde*, de acordo com as orientações a seguir.

Planejamento do texto

Para produzir os textos de divulgação científica, tomem como base estas orientações:

- Decidam se vão incluir um ponto de vista do grupo sobre o tema abordado no texto ou se vão procurar dar a ele um tratamento apenas impessoal.
- Mencionem fatos, exemplos, dados e estatísticas que possibilitem desenvolver o assunto e, caso tenham optado por expressar também um ponto de vista do grupo, apresentem argumentos que o sustentem.
- Citem vozes de autoridade e especialistas no assunto.
- Utilizem imagens que chamem a atenção e, se julgarem necessário, criem para elas legendas sucintas e interessantes.

- Se for conveniente, recorram a analogias, comparações e metáforas, a fim de facilitar a compreensão de conceitos científicos.
- Procurem empregar uma linguagem de acordo com a norma-padrão e adequada ao público leitor da revista: outros estudantes, seus familiares, professores e funcionários da escola, com o cuidado de não incorrer em erros conceituais.

Revisão e reescrita

Antes de finalizar o texto, releiam-no, observando:

- se ele está redigido e estruturado de acordo com a situação de comunicação;
- se a linguagem empregada está de acordo com a norma-padrão e adequada aos possíveis leitores;
- se o assunto está exposto com clareza e as ideias são apoiadas em exemplos, comparações, relações de causa e efeito, dados estatísticos, etc.;
- se há vozes de autoridades e especialistas no assunto;
- se o texto ficou leve e atraente para leitura e se as imagens escolhidas despertam o interesse do leitor;
- se a estruturação do texto em parágrafos está bem-feita;
- se a linguagem apresenta terminologia científica acessível, mas sem erros conceituais.

O verbete de enciclopédia

Trabalhando o gênero

Leia o verbete a seguir, que integra uma enciclopédia virtual produzida em Portugal chamada Medipédia.

Vírus

por Medipédia

[...]

Generalidades

Motorion Films/Shutterstock

A definição exacta de vírus é muito complexa, visto que, como têm uma estrutura subcelular, são tão rudimentares que não podem ser realmente considerados como organismos vivos independentes, poli, não têm os elementos necessários para os processos vitais essenciais, como trocar substâncias com o meio externo, desenvolver um metabolismo que lhes permita obter energia e reproduzir-se pelos seus próprios meios. De facto, um vírus é uma espécie de aglomeração de partículas moleculares aparentemente inerte, absolutamente incapaz de se multiplicar, a menos que se encontre no interior de uma célula viva. Nesse caso, o vírus pode desenvolver o seu potencial, pois actua como um parasita que utiliza os recursos metabólicos da célula invadida para se reproduzir por si mesmo, embora destrua a original, o que constitui o principal perigo dos vírus, já que a sua "sobrevivência" é prejudicial para as células que utilizam para se multiplicarem, podendo até provocar a sua morte.

Como existem milhares de vírus diferentes, estes podem ser classificados em várias famílias ou grupos consoante vários critérios, como o tipo de ácido nucleico de que são compostos, as suas dimensões e forma, os organismos que infectam, entre outros. Contudo, deve-se referir que praticamente todos os vírus são específicos e apenas actuam como parasitas intracelulares de determinados seres vivos, independentemente de serem bactérias (nesse caso, designam-se bacteriófagos), de vegetais ou de animais (insectos, moluscos, vertebrados). No total, só algumas centenas é que são patogénicas para o ser humano e a maioria apenas provoca infecções assintomáticas, ou seja, sem manifestação de sinais ou sintomas. Todavia, os restantes podem provocar alterações orgânicas evidentes e originar doenças que evoluem com manifestações típicas consoante o caso, algumas banais e outras muito graves.

[...]

Defesas contra os vírus

Quando um vírus entra, pela primeira vez, em contacto com uma pessoa, o sistema imunitário detecta-o e desencadeia uma resposta defensiva, de modo a neutralizar a sua acção patogénica. Caso contrário, o vírus iria invadindo e destruindo indefinidamente as células do organismo para se reproduzir, o que iria perturbar a saúde do paciente e eventualmente colocar a sua vida em risco. Em primeiro lugar, algumas células imunitárias especializadas "exploram" o vírus e determinam a forma das proteínas estranhas que constituem o seu revestimento, consideradas geneticamente como antigénios. Em seguida, transmitem essa informação a outras células imunitárias especializadas que, com base nestas informações, começam a fabricar proteínas específicas (imunoglobulinas) que agem como anticorpos, tendo a tendência para se unirem especificamente às proteínas que constituem os antigénios virais. Embora, por vezes, esta acção seja suficiente para alterar as características dos vírus e neutralizar a sua acção patogénica, por exemplo ao impedir a invasão de novas células, noutros casos, serve para assinalar a presença do vírus para que outros elementos defensivos possam reconhecê-los e destruí-los.

Todo este processo leva um certo tempo, durante o qual o vírus não encontra obstáculos para desenvolver a sua acção patogénica, sendo o período ao longo do qual a infecção se manifesta. Todavia, a partir do momento em que o sistema imunitário se encontra a 100%, normalmente costuma desactivar o vírus e, na maioria dos casos, acaba por eliminá-lo do organismo, o que conduz à cura da infecção. Para além disso, o sistema de defesa fica igualmente em permanente estado de alerta, já que existem algumas células imunitárias que "memorizam" o vírus e que, em caso de nova invasão, desencadeiam os mecanismos destinados a combatê-lo antes que exista tempo para a produção de uma infecção. Este mecanismo justifica o facto de existirem várias doenças virais, como por exemplo o sarampo, que apenas se manifestam uma vez na vida. Esta é igualmente a estratégia das vacinas, através das quais se administra uma pequena quantidade de um vírus, previamente desactivado ou enfraquecido, para que não tenha uma evolução patogénica, de modo a que o sistema imunitário reconheça os seus antigénios e se prepare para um eventual contacto posterior, impedindo a produção da doença. Infelizmente este recurso não é útil contra todos os vírus, porque alguns passam por mutações que alteram as suas características, o que faz com que o sistema defensivo não os reconheça.

Informações adicionais

Mecanismos de contágio

Embora existam várias vias para o contágio viral, a maioria dos contágios de vírus patogénicos para o ser humano efectua-se através de um contacto directo ou muito próximo com pessoas infectadas. Por exemplo, o contágio pode produzir-se quando a pessoa entra em contacto com secreções corporais contaminadas, como a saliva (a partir de beijos, como costuma acontecer na mononucleose infecciosa) ou o sémen (transmissão sexual, muito significativa no contágio do vírus causador da SIDA) e, obviamente, a partir das lesões superficiais provocadas pela própria infecção (por exemplo, varicela). O contágio pode igualmente produzir-se através das pequenas gotas de saliva que as pessoas infectadas expelem ao espirrar, ao tossir ou simplesmente ao falar ou ainda através das que se encontram a flutuar no ar, pois podem penetrar nas vias respiratórias das pessoas que se encontram por perto, sendo este o mecanismo envolvido na difusão de várias doenças virais muito comuns, como a constipação, a gripe, o sarampo ou a rubéola. Os vírus podem igualmente entrar no organismo por via digestiva, através do consumo de líquidos ou alimentos contaminados, como acontece por exemplo em caso de poliomielite e de hepatite A. Como é obvio, a aplicação de injecções em deficientes condições higiénicas, como acontece por exemplo com os toxicodependentes que administram drogas por via parentérica, envolve sempre um grande risco de contágio, o que justifica o facto de esta ser a forma de contágio mais significativa do vírus da hepatite B e do causador da SIDA. Por fim, existem vírus prejudiciais para o ser humano que, como também infectam animais, podem agir como vectores, como é o caso, por exemplo, da raiva, cujo contágio se efectua, na maioria das vezes, através da mordedura de cães, ou de febres hemorrágicas virais, quando os agentes causadores penetram no organismo humano através da picada de insectos.

[...]

Artigos relacionados

> Mecanismos das infecções
> Agentes infecciosos
> Bactérias
> Fungos
> Protozoários
> Helmintes (vermes parasitários)
> Hepatite viral
> SIDA
> Testes serológicos
> Febres hemorrágicas virais
> Infecções provocadas por vírus
> Sarampo
> Rubéola
> Varicela
> Parotidite

(Disponível em: https://www.medipedia.pt/home/home.php?module=artigoEnc&id=566. Acesso em: 10/5/2020.)

Blue Planet Studio/Shutterstock

1. O verbete é um texto geralmente utilizado como fonte para fins de estudo e pesquisa. A respeito do verbete lido, responda:

a) Qual é o objetivo principal do texto?

b) O verbete está organizado em três partes, com subtítulos. Na 1ª parte, "Generalidades", a definição começa apresentando o que o vírus não é. Em que trecho do 1º parágrafo há uma definição do termo?

c) Qual é o outro nome, usado como sinônimo do termo de entrada do verbete, e que ajuda a defini-lo e explicar como ele atua?

2. As enciclopédias podem ser gerais, reunindo conceitos e termos de todas as áreas do conhecimento, ou podem ser específicas, destinadas a um tema ou a uma área de conhecimento.

a) Qual é o campo ou área de conhecimento da enciclopédia da qual foi extraído o verbete lido?

b) Levante hipóteses: Quem produz os verbetes dessa enciclopédia?

3. Em verbetes, é comum se fazer uso de uma linguagem que inclui termos e conceitos científicos ou termos técnicos e especializados. Identifique, no verbete, palavras e expressões próprias da linguagem científica ou especializada.

4. Na definição geral, o termo *sobrevivência* está entre aspas. Depois, em "Defesas contra os vírus", a forma verbal *exploram* também está entre aspas.

a) Por que esses termos estão marcados com aspas?

b) Tendo em vista o objetivo do verbete enciclopédico, levante hipóteses: Por que foram empregados alguns termos como esses analisados nos itens *a* e *b*?

c) Conclua: O texto foi escrito apenas para leitores especialistas ou foi produzido para um público amplo e heterogêneo? Por quê?

5. Além da definição geral, que outras informações há no texto sobre o termo de entrada do verbete no trecho lido?

6. Geralmente, os verbetes seguem uma estrutura similar: o termo de entrada em destaque, seguido de uma primeira definição objetiva, que pode ser ampliada e desdobrada com informações complementares. Também é comum os verbetes registrarem outros termos relacionados, durante o texto ou ao final, para o leitor interessado complementar a informação.

a) O verbete lido segue essa estrutura?

b) Os termos relacionados, ao final do verbete, aparecem em azul. Por quê?

c) Consulte uma enciclopédia impressa. Como essa relação aparece?

7. Observe a linguagem do verbete:

a) Que tempo e modo predominam entre as formas verbais empregadas?

b) Em que pessoa do discurso estão empregados os verbos do texto?

c) Nesse gênero, esse tempo verbal e a pessoa indicada nos itens *a* e *b* produzem que efeito de sentido: a ideia de uma verdade universal ou algo que está em contestação ou construção?

d) Que variedade linguística foi empregada?

e) Considerando-se o assunto desenvolvido e o veículo em que o texto foi publicado, pode-se afirmar que a linguagem adotada é adequada à situação?

8. Os verbetes, além da parte verbal, podem apresentar também ilustrações, gráficos, infográficos, mapas, etc., que facilitam a compreensão dos conceitos. O texto em estudo apresenta esses recursos?

9. Reúna-se com os colegas de grupo e, juntos, concluam: Quais são as características básicas do verbete enciclopédico? Ao responder, considerem os seguintes critérios: finalidade do gênero, perfil dos interlocutores, suporte e veículo, tema, estrutura e linguagem.

Produzindo o verbete enciclopédico

Ao final desta unidade, no **Ponto final**, você e os colegas produzirão uma revista de divulgação científica e uma enciclopédia digital, ambas sobre saúde em uma perspectiva interdisciplinar. Para compor a enciclopédia, que será divulgada na revista e apresentará definições de conceitos relacionados à saúde, será necessário que vocês produzam verbetes.

Releiam as resenhas e os artigos de divulgação científica produzidos por vocês. Façam uma seleção de conceitos e termos especializados

O que é *Wiki*?

Wiki é um nome genérico de *websites* colaborativos, ou seja, aqueles cujo conteúdo pode ser modificado pelos usuários. O termo foi criado em 1994 pelo programador americano Ward Cunningham, que desenvolveu o primeiro *software* Wiki e o batizou de WikiWikiWeb.

Evan Lorne/Shutterstock

O *site* mais conhecido que se utiliza desse recurso é a Wikipédia, enciclopédia digital e colaborativa.

A Wikipédia funciona da seguinte maneira: os usuários podem criar, editar ou alterar verbetes. Contudo, os verbetes passam por revisões e alterações da comunidade de administradores da Wikipédia, que decide se aceita ou não as alterações feitas. Além disso, existem normas de conduta que devem ser seguidas. Apesar disso, é sempre recomendado checar informações encontradas na Wikipédia, já que algum equívoco pode ainda não ter sido identificado e excluído do *site*.

que podem ser definidos e aprofundados por meio de um verbete enciclopédico. Após uma primeira lista, compartilhem com a turma e definam quais serão os termos de entrada da enciclopédia, eliminando repetições e estabelecendo relações entre os termos para a construção dos *links*.

Façam pesquisas sobre os termos escolhidos em revistas de divulgação científica, livros didáticos e enciclopédias. A turma pode produzir os verbetes de maneira colaborativa: cada um do grupo traz contribuições, vocês escrevem uma primeira versão, todos leem e sugerem alterações. Ferramentas digitais, como o Google Docs (disponível no Google Drive) ou um ambiente Wiki, permitem que a produção colaborativa seja feita *on-line* e que as alterações sejam registradas, além de permitirem o diálogo entre os usuários que estejam *on-line* no mesmo momento para que possam trocar ideias sobre a produção do texto.

Após a produção e a revisão, vocês também vão reunir todos os verbetes em uma enciclopédia digital com a temática da saúde.

Planejamento do texto

Para produzir os verbetes, sigam estas orientações:

- Pesquisem em revistas de divulgação científica, livros didáticos e outras enciclopédias o termo, palavra ou expressão de entrada do verbete.
- Anotem as possíveis definições, origem, história, exemplos, algumas curiosidades e personalidades envolvidas.
- Se houver imagens, mapas, gráficos, infográficos ou outros recursos relacionados, façam cópias e anotem as fontes.
- Planejem o texto, tendo em vista o público-alvo: a comunidade escolar, em geral — alunos de outras turmas, pais, professores e funcionários.
- Com base nas informações pesquisadas, escrevam o verbete. Sigam algumas características do gênero estudadas: termo de entrada em destaque, definição, desenvolvimento do verbete com expansões, remissões ao final.
- Empreguem verbos na 3ª pessoa e no presente do indicativo.
- Empreguem uma linguagem simplificada, clara e objetiva, explicando, quando necessário, termos técnicos e especializados.

Reprodução/https://cienciahoje.org.br

Revisão e reescrita

Ao terminarem a primeira versão dos verbetes, revisem cada um deles, observando:

- se o termo de entrada é objetivamente definido no início do texto;
- se há informações complementares, como origem, história, exemplos, marcos importantes e personalidades envolvidas;
- se o termo de entrada está em destaque;
- se os verbos estão conjugados no presente do indicativo e em 3ª pessoa;
- se a linguagem empregada está clara e objetiva, adequada ao público em geral, não especialista no assunto;
- se os *links* entre os verbetes funcionam corretamente.

Após a revisão, divulguem a enciclopédia na escola.

CAPÍTULO 21

O texto dissertativo-argumentativo para vestibulares, exames e concursos

Trabalhando o gênero

Durante décadas, as aulas de produção de texto nas escolas brasileiras limitaram-se ao trabalho com três tipos de texto: a narração, a descrição e a dissertação. Com a introdução do estudo dos gêneros do discurso, entretanto, as aulas começaram a se aproximar mais das práticas textuais desenvolvidas na sociedade e passaram a ter o objetivo de instrumentalizar os alunos para atuar socialmente.

Moacyr Lopes Junior/Folhapress

Estudantes prestando a prova do Enem.

A *dissertação* é um texto que circula essencialmente na escola e em instituições a ela vinculadas, pois é exigida em alguns vestibulares e concursos variados do país, e também nas provas do Enem, como meio de avaliação da competência linguístico-discursiva do estudante. Compreender a estrutura e o funcionamento do texto dissertativo, portanto, ajuda você a se preparar para os exames que deverá realizar no final do ensino médio.

Este capítulo favorece o desenvolvimento das habilidades

EM13LGG101
EM13LGG103
EM13LGG104
EM13LGG204
EM13LGG302
EM13LGG303
EM13LGG304
EM13LGG305
EM13LGG402
EM13LP01
EM13LP02
EM13LP03
EM13LP04
EM13LP05
EM13LP06
EM13LP11
EM13LP12
EM13LP15

Dissertar é o mesmo que explanar sobre um tema, desenvolvê-lo. Em princípio, o texto dissertativo não tem como finalidade a persuasão, e sim a transmissão de conhecimentos. Apesar disso, os temas propostos para o texto dissertativo na esfera escolar são muitas vezes polêmicos e é comum que exijam um posicionamento argumentativo do autor. Por essa razão, o que se espera do estudante é que analise e discuta o tema apresentado, defenda seu ponto de vista e, às vezes, também proponha soluções possíveis para o problema analisado.

A dissertação escolar convencional tem uma estrutura geral composta de três partes — a tese (ou ideia principal), o desenvolvimento e a conclusão —, que coincidem com a estrutura da maior parte dos gêneros argumentativos, como o debate regrado e o artigo de opinião. Por isso, se você se saiu bem na produção do artigo de opinião, provavelmente não terá dificuldades para desenvolver dissertações.

A seguir você vai conhecer o tema proposto na prova de redação do Enem no ano de 2018.

INSTRUÇÕES PARA A REDAÇÃO

1. O rascunho da redação deve ser feito no espaço apropriado.

2. O Texto definitivo deve ser escrito à tinta, na folha própria, em até 30 linhas.

3. A redação que apresentar cópia dos textos da Proposta de Redação ou do Caderno de Questões terá o número de linhas copiadas desconsiderado para efeito de correção.

4. Receberá nota zero, em qualquer das situações expressas a seguir, a redação que:

4.1. tiver até 7 (sete) linhas escritas, sendo considerada "texto insuficiente".

4.2. fugir ao tema ou que não atender ao tipo dissertativo-argumentativo.

4.3. apresentar parte do texto deliberadamente desconectada do tema proposto.

TEXTOS MOTIVADORES

TEXTO 1

Às segundas-feiras pela manhã, os usuários de um serviço de música digital recebem uma lista personalizada de músicas que lhes permite descobrir novidades. Assim como os sistemas de outros aplicativos e redes sociais, este cérebro artificial consegue traçar um retrato automatizado do gosto de seus assinantes e constrói uma máquina de sugestões que não costuma falhar. O sistema se baseia em um algoritmo cuja evolução e usos aplicados ao consumo cultural são infinitos. De fato, plataformas de transmissão de vídeos on-line começam a desenhar suas séries de sucesso rastreando o banco de dados gerado por todos os movimentos dos usuários para analisar o que os satisfaz. O algoritmo constrói assim um universo cultural adequado e complacente com o gosto do consumidor, que pode avançar até chegar sempre a lugares reconhecíveis. Dessa forma, a filtragem de informações feita pelas redes sociais ou pelos sistemas de busca pode moldar nossa maneira de pensar. E esse é o problema principal: a ilusão de liberdade de escolha que muitas vezes é gerada pelos algoritmos.

VERDÚ, Daniel. **O gosto na era do algoritmo**. Disponível em: https://brasil.elpais.com. Acesso em: 11 jun. 2018 (adaptado).

TEXTO 2

Nos sistemas dos gigantes da internet, a filtragem de dados é transferida para um exército de moderadores em empresas localizadas do Oriente Médio ao Sul da Ásia, que têm um papel importante no controle daquilo que deve ser eliminado da rede social, a partir de sinalizações dos usuários. Mas a informação é então processada por um algoritmo, que tem a decisão final. Os algoritmos são literais. Em poucas palavras, são uma opinião embrulhada em código. E estamos caminhando para um estágio em que é a máquina que decide qual notícia deve ou não ser lida.

PEPE ESCOBAR. **A silenciosa ditadura do algoritmo**. Disponível em: http://outraspalavras.net. Acesso em: 5 jun. 2017 (adaptado).

TEXTO 3

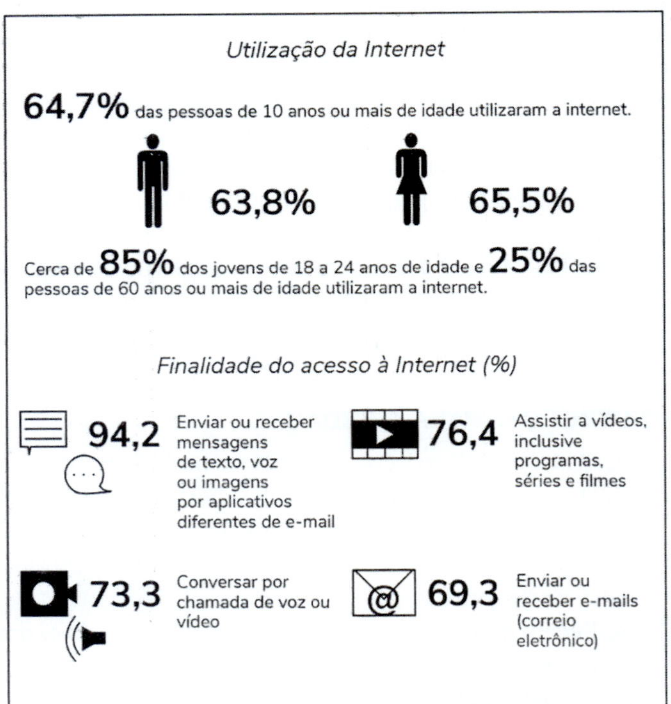

Internet no Brasil em 2016. Disponível em: www.ibge.gov.br. Acesso em: 18 jun. 2018 (adaptado).

TEXTO 4

Mudanças sutis nas informações às quais somos expostos podem transformar nosso comportamento. As redes têm selecionado as notícias sob títulos chamativos como "*trending topics*" ou critérios como "relevância". Mas nós praticamente não sabemos como isso tudo é filtrado. Quanto mais informações relevantes tivermos nas pontas dos dedos, melhor equipados estamos para tomar decisões. No entanto, surgem algumas tensões fundamentais: entre a conveniência e a deliberação; entre o que o usuário deseja e o que é melhor para ele; entre a transparência e o lado comercial. Quanto mais os sistemas souberem sobre você em comparação ao que você sabe sobre eles, há mais riscos de suas escolhas se tornarem apenas uma série de reações a "cutucadas" invisíveis. O que está em jogo não é tanto a questão "homem versus máquina", mas sim a disputa "decisão informada versus obediência influenciada".

CHATFIELD, Tom. *Como a internet influencia secretamente nossas escolhas*. Disponível em: https://www.bbc.com/portuguese/vert-fut-36410030. Acesso em: 3 jun. 2017 (adaptado).

PROPOSTA DE REDAÇÃO

A partir da leitura dos textos motivadores e com base nos conhecimentos construídos ao longo de sua formação, redija um texto dissertativo-argumentativo em modalidade escrita formal da língua portuguesa sobre o tema "Manipulação do comportamento do usuário pelo controle de dados na internet", apresentando proposta de intervenção que respeite os direitos humanos. Selecione, organize e relacione, de forma coerente e coesa, argumentos e fatos para defesa de seu ponto de vista.

(Disponível em: http://download.inep.gov.br/educacao_basica/enem/downloads/2019/redacao_enem2019_cartilha_participante.pdf. Acesso em: 28/4/2020.)

1. Em situações de exame, é sempre importante observar atentamente as instruções para realização daquela prova específica, pois essas orientações costumam variar entre os diferentes concursos. Além das instruções contidas na própria prova, há editais e manuais para orientação dos estudantes. Leia com atenção as instruções da prova e a proposta, troque ideias com os colegas e o professor e, oralmente, comente como seria avaliado:

a) um texto constituído integralmente de cópia de partes dos textos motivadores;

b) um conto integralmente dentro do tema da prova;

c) um texto dissertativo-argumentativo que tenha como foco a discussão geral sobre o acesso da população brasileira à internet;

d) um texto dissertativo-argumentativo integralmente dentro do tema da prova que não apresente proposta de intervenção.

fizkes/Shutterstock

2. É muito comum que as provas de redação atuais contenham textos motivadores para auxiliar o aluno a construir sua argumentação. Sobre os textos motivadores da prova em estudo:

a) Qual deles se limita a apresentar dados relacionados ao tema em discussão? Justifique sua resposta.

b) Em relação ao enunciado da proposta, qual é o ponto de vista dos demais textos motivadores sobre a "manipulação do comportamento do usuário pelo controle de dados da internet"? Justifique sua resposta com elementos dos textos.

Agora você vai ler uma redação que tirou nota 1000 no Enem 2018 e consta como texto exemplar na cartilha do participante publicada pelo Inep.

No filme "Matrix", clássico do gênero ficção científica, o protagonista Neo é confrontado pela descoberta de que o mundo em que vive é, na realidade, uma ilusão construída a fim de manipular o comportamento dos seres humanos, que, imersos em máquinas que mantêm seus corpos sob controle, são explorados por um sistema distópico dominado pela tecnologia. Embora seja uma obra ficcional, o filme apresenta características que se assemelham ao atual contexto brasileiro, pois, assim como na obra, os mecanismos tecnológicos têm contribuído para a alienação dos cidadãos, sujeitando-os aos filtros de informações impostos pela mídia, o que influencia negativamente seus padrões de consumo e sua autonomia intelectual.

Em princípio, cabe analisar o papel da internet no controle do comportamento sob a perspectiva do sociólogo contemporâneo Zygmunt Bauman. Segundo o autor, o crescente desenvolvimento tecnológico, aliado ao incentivo ao consumo desenfreado, resulta numa sociedade que anseia constantemente por produtos novos e por informações atualizadas. Nesse contexto, possibilita-se a ascensão, no meio virtual, de empresas que se utilizam de algoritmos programados para selecionar o conteúdo a ser exibido aos internautas com base em seu perfil socioeconômico, oferecendo anúncios de produtos e de serviços condizentes com suas recentes pesquisas em sites de busca ou de compras. Verifica-se, portanto, o impacto da mídia virtual na criação de necessidades que fomentam o consumo entre os cidadãos.

Ademais, a influência do meio virtual atinge também o âmbito intelectual. Isso ocorre na medida em que, ao ter acesso apenas ao conteúdo previamente selecionado de acordo com seu perfil na internet, o indivíduo perde contato com pontos de vista que divergem do seu, o que compromete significativamente a construção de seu senso crítico e de sua capacidade de diálogo. Dessa maneira, surge uma massa de internautas alienados e despreocupados em checar a procedência das informações que recebem, o que torna ambiente virtual propício à disseminação das chamadas "fake news".

Assim, faz-se necessária a atuação do Ministério da Educação, em parceria com a mídia, na educação da população — especialmente dos jovens, público mais atingido pela influência digital — acerca da necessidade do posicionamento crítico quanto ao conteúdo exposto e sugerido na internet. Isso deve ocorrer por meio da promoção de palestras, que, ao serem ministradas em escolas e universidades, orientem os brasileiros no sentido de buscar informação em fontes variadas, possibilitando a construção de senso crítico. Além disso, cabe às entidades governamentais a elaboração de medidas que minimizem os efeitos das propagandas que visam incentivar o consumismo.

Dessa forma, será possível tornar o meio virtual um ambiente mais seguro e democrático para a população brasileira.

(Disponível em: http://download.inep.gov.br/educacao_basica/enem/downloads/2019/redacao_enem2019_cartilha_participante.pdf. Acesso em: 29/4/2020.)

3. Considerando a sua leitura anterior da proposta, numere os parágrafos da redação e indique em quais partes dela se encontra(m):

a) a leitura dos textos motivadores;

b) os conhecimentos construídos ao longo da formação da autora do texto;

c) a proposta de intervenção que respeita os direitos humanos.

4. Há, no texto dissertativo, três partes essenciais: uma *introdução*, na qual é exposta a tese ou a ideia principal que resume o ponto de vista do autor acerca do tema; o *desenvolvimento*, constituído pelos parágrafos que explicam e fundamentam a tese; e a *conclusão*. Identifique:

a) o parágrafo em que é feita a introdução do texto.

b) os parágrafos que constituem o desenvolvimento do texto.

c) o(s) parágrafo(s) de conclusão.

5. Releia o parágrafo em que é feita a introdução do texto.

a) Existem diferentes formas de construir a introdução de um texto dissertativo-argumentativo. Troque ideias com os colegas e o professor e deduza: Qual estratégia a autora do texto em estudo utilizou para introduzir sua redação?

b) Qual é a tese defendida pela autora?

6. O desenvolvimento é formado pelos parágrafos que fundamentam a tese. Geralmente, em cada parágrafo é apresentado e desenvolvido um argumento. Cada argumento pode ser desenvolvido por meio de procedimentos como:

everything possible/Shutterstock

- comparação
- alusão histórica
- citação
- definição
- exemplificação
- oposição ou contraste
- apresentação de dados estatísticos
- relação de causa e efeito

a) Identifique argumentos que poderiam ser desenvolvidos com base nas informações dos textos motivadores da prova em estudo, classificando-os segundo esses procedimentos.

b) Reconheça no desenvolvimento da redação em estudo ao menos dois trechos nos quais é feito o uso de algum desses procedimentos.

7. O texto dissertativo-argumentativo faz uso de dois tipos básicos de conclusão: a conclusão-resumo, que retoma as ideias do texto, e a conclusão-sugestão, em que são feitas propostas para a solução de problemas.

a) Que tipo de conclusão o texto em estudo apresenta?

b) Qual é a relação dessa conclusão com as instruções da prova de redação do Enem?

8. Observe a linguagem do texto.

a) Que tempo e modos verbais são predominantes?

b) Identifique palavras e expressões responsáveis por estabelecer relações de coesão e coerência entre as frases e os períodos do texto.

c) Qual é a variedade linguística empregada?

d) A linguagem é predominantemente pessoal ou impessoal? Justifique sua resposta com base na pessoa do discurso, nas formas verbais e nos pronomes empregados.

e) O texto revela maior preocupação com a expressividade, com a emotividade ou com a precisão das informações?

9. Reúna-se com os colegas de grupo e, juntos, concluam: Quais são as características básicas de um texto dissertativo-argumentativo? Respondam levando em conta os seguintes critérios: finalidade do texto, perfil dos interlocutores, suporte/veículo, tema, estrutura e linguagem.

Produzindo o texto dissertativo-argumentativo

Ao final desta unidade, vocês vão produzir uma revista de divulgação científica, que conterá uma seção sobre a redação no Enem e nos vestibulares. Para compor essa seção, vocês escreverão textos dissertativo-argumentativos e farão uma seleção anônima entre os textos da turma.

Organizem-se com o professor para o processo de seleção, dividindo a turma em grupos, de forma que cada grupo avalie determinada quantidade de textos produzidos por alunos de outros grupos. A fim de organizar uma avaliação justa e objetiva, considerem os seguintes critérios na leitura:

Critério	Não cumpriu (nota 0)	Cumpriu minimamente (nota 2,5)	Cumpriu de forma mediana (nota 5,0)	Cumpriu satisfatoriamente (nota 7,5)	Cumpriu com excelência (nota 10)
1. Adequação ao tema					
2. Desenvolvimento com argumentos relevantes e bem-fundamentados					
3. Utilização dos textos motivadores e de repertório cultural					
4. Coesão entre as partes do texto					
5. Qualidade e detalhamento da proposta de intervenção					

Os textos mais bem-avaliados serão selecionados para integrar a revista.

Como base para a produção do seu texto, leia, a seguir, a proposta do Enem 2019. Considere as instruções e o enunciado da proposta, bem como os textos motivadores.

INSTRUÇÕES PARA A REDAÇÃO

1. O rascunho da redação deve ser feito no espaço apropriado.
2. O texto definitivo deve ser escrito à tinta preta, na folha própria, em até 30 linhas.
3. A redação que apresentar cópia dos textos da Proposta de Redação ou do Caderno de Questões terá o número de linhas copiadas desconsiderado para a contagem de linhas.
4. **Receberá nota zero, em qualquer das situações expressas a seguir, a redação que:**

4.1. tiver até 7 (sete) linhas escritas, sendo considerada "texto insuficiente".

4.2. fugir ao tema ou que não atender ao tipo dissertativo-argumentativo.

4.3. apresentar parte do texto deliberadamente desconectada do tema proposto.

4.4. apresentar nome, assinatura, rubrica ou outras formas de identificação no espaço destinado ao texto.

TEXTOS MOTIVADORES

TEXTO 1

Os impactos negativos do exagero da tecnologia não ficam restritos aos aspectos comportamentais e emocionais. Há também a ameaça do sedentarismo. Uma pesquisa da Universidade Estadual de Campinas (Unicamp) avaliou os hábitos de 21 voluntários com idade entre 8 e 12 anos e constatou que 14 deles não praticavam nenhuma atividade física. Na sala de aula a história também desanda. "A luz emitida pelo visor reduz a produção de melatonina, hormônio indutor do sono", observa uma das pesquisadoras responsáveis. Sem a substância, fica difícil adormecer e há maior risco de despertar na madrugada. "O sono de má qualidade interfere na concretização das memórias e do aprendizado do dia", aponta uma neuropediatra.

Disponível em: https://saude.abril.com.br. Acesso em: 3 de jun. 2019 (adaptado).

TEXTO 2

Riscos e benefícios das novas tecnologias para crianças

Segundo a Academia Americana de Pediatria (AAP), há claras evidências de que as mídias digitais contribuem substancialmente para diferentes problemas de saúde, como a obesidade e comportamentos agressivos e/ou alienados. Por outro lado, a AAP reconhece os benefícios da tecnologia na aprendizagem e nos relacionamentos sociais, a partir da interatividade possibilitada pelos diferentes dispositivos de mídia digital.

As novas tecnologias de comunicação alteraram a forma de acesso e armazenamento da memória, pois, através de imagens, sons e movimentos apresentados nos dispositivos eletrônicos de comunicação é possível fixar conteúdos, armazenar sentimentos, aprendizagens e lembranças que não necessariamente foram vivenciadas presencialmente pelos espectadores. As mídias digitais propiciam experiências culturais através de interações diversificadas, permitindo as crianças apropriarem-se do conteúdo e da comunicação baseados em suas necessidades, motivações e interesse.

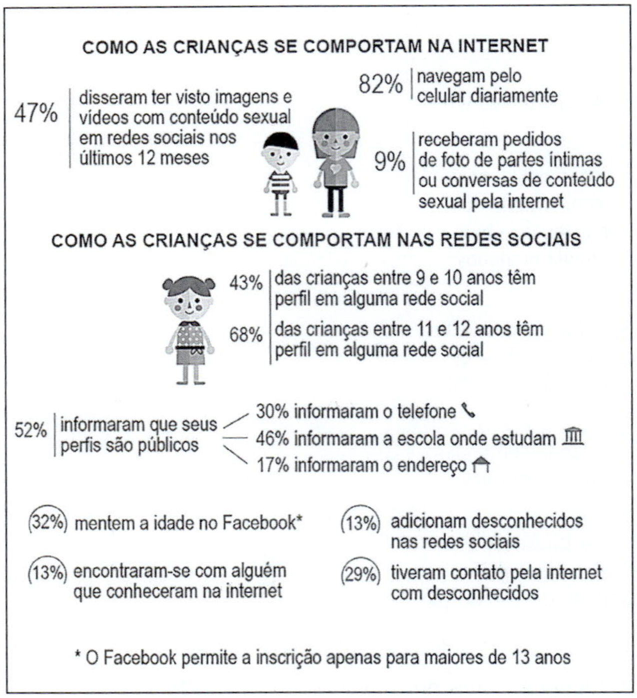

Reprodução/Enem, 2019

Disponível em: http://blog.smp.org.br. Acesso em: 3 jun. 2019 (adaptado).

PROPOSTA DE REDAÇÃO

A partir da leitura dos textos motivadores e com base nos conhecimentos construídos ao longo de sua formação, redija texto dissertativo-argumentativo em modalidade escrita formal da língua portuguesa sobre o tema "Combate ao uso indiscriminado das tecnologias digitais de informação por crianças", apresentando proposta de intervenção, que respeite os direitos humanos. Selecione, organize e relacione, de forma coerente e coesa, argumentos e fatos para defesa de seu ponto de vista.

(Disponível em: http://download.inep.gov.br/educacao_basica/enem/ppl/2019/provas/BAIXA_PPL_1_DIA_CADERNO_1_AZUL.pdf. Acesso em: 30/4/2020.)

Planejamento do texto

Ao escrever sua redação, leve em conta as orientações a seguir.

- Empregue uma linguagem formal e impessoal e de acordo com as regras da norma-padrão.
- Leia a proposta e certifique-se de qual é o enunciado que apresenta claramente o recorte do tema, para garantir que você o aborde com o foco correto.
- Leia com atenção os textos motivadores e anote ideias de argumentos que os tomem por base e que você considere mais interessantes para desenvolver o tema.
- Busque referências em seu repertório cultural (ideias de cientistas, grandes autores, filmes, textos literários, canções, fatos históricos, etc.) que possam ser relacionadas ao tema e contribuam para a fundamentação de seus argumentos.
- Pense em um enunciado (formado por uma ou mais frases) capaz de introduzir o texto e expressar a ideia principal (a tese) que pretende defender e anote-o.
- Entre os argumentos que anotou, escolha aqueles que podem fundamentar a ideia principal de modo mais consistente. Em vez de quantidade, dê preferência à qualidade e à profundidade dos argumentos.
- Como se trata de uma proposta de redação do Enem, é importante, conforme solicitado, que o seu texto contenha uma proposta de intervenção, que pode ser feita ao longo do texto ou na conclusão.
- Pense na melhor forma de concluir seu texto: ou retomando o que foi exposto e confirmando a ideia principal, fazendo uma citação de algum escritor ou alguém importante na área relativa ao tema debatido, ou, se ainda não fez proposta de intervenção, elaborando uma proposta detalhada e factível, de acordo com o tema em discussão.
- Desenvolva previamente um esquema para visualizar a estrutura, bem como o conjunto e a concatenação das ideias que você pretende desenvolver.
- Dê ao texto um título que desperte o interesse do leitor.

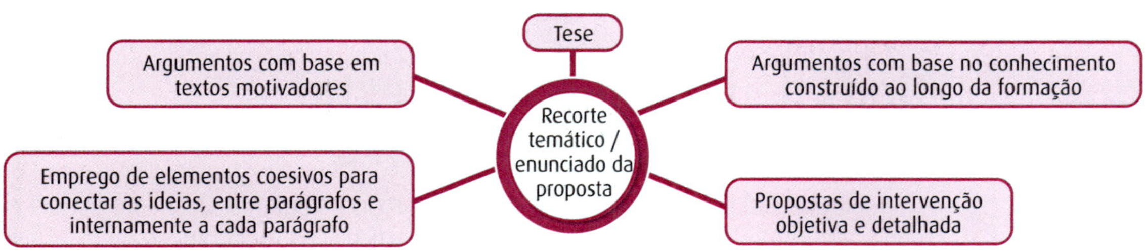

Revisão e reescrita

Antes de fazer a versão final de sua dissertação, releia-a, observando:

- se você tratou, de fato, do tema proposto e adotou um ponto de vista claro sobre ele;
- se o texto apresenta uma tese que resume o ponto de vista defendido por você;
- se você utilizou recursos coesivos adequados para ligar as ideias desenvolvidas no texto;
- se os argumentos são bem-desenvolvidos;
- se você elaborou uma proposta de intervenção clara, objetiva e bastante detalhada;
- se a conclusão retoma o ponto de vista defendido, confirmando-o, ou se apresenta a proposta de intervenção;
- se o título dado ao texto é, além de atraente, coerente com as ideias desenvolvidas;
- se o texto como um todo é persuasivo;
- se a linguagem está de acordo com a norma-padrão e com o grau de formalidade adequado à situação de exame;
- se o texto respeita o limite de 30 linhas estabelecido pelas instruções da proposta.

Faça as alterações necessárias e passe o texto a limpo.

CAPÍTULO 22

Como desenvolver as partes de um texto dissertativo-argumentativo

Trabalhando o gênero

wavebreakmedia/Shutterstock

No capítulo anterior, você analisou uma proposta e uma redação do Enem e viu que o texto dissertativo-argumentativo é com frequência exigido em exames, processos seletivos e vestibulares, com poucas diferenças, considerando as instruções específicas de cada prova.

A fim de ampliar seus recursos de expressão nessa modalidade de texto, neste capítulo você vai retomar e aprofundar esse trabalho, examinando em detalhes diferentes estratégias para se desenvolver cada uma das partes de uma dissertação.

Não há uma regra ou um modelo único para a construção de um texto dissertativo-argumentativo. As possibilidades para iniciar, desenvolver ou concluir um texto desse tipo são muitas e dependem do tema, do conhecimento que se tem dele, do conjunto de ideias que se pretende desenvolver, do enfoque que se deseja dar a elas e da criatividade de quem escreve.

A seguir estão relacionadas diferentes estratégias de construção das partes do texto dissertativo-argumentativo. Elas não são estanques, podem se combinar e se complementar, ou um mesmo recurso pode ser explorado em diferentes partes do texto. Conhecer e analisar esses procedimentos pode ajudar você a ter mais desenvoltura para produzir novos textos e evitar o famoso "branco" diante da folha de redação vazia.

Este capítulo favorece o desenvolvimento das habilidades

EM13LGG101
EM13LGG103
EM13LGG104
EM13LGG204
EM13LGG302
EM13LGG303
EM13LGG304
EM13LGG305
EM13LGG402
EM13LP01
EM13LP02
EM13LP03
EM13LP04
EM13LP05
EM13LP06
EM13LP11
EM13LP12
EM13LP15

Tipos de introdução do texto dissertativo-argumentativo

A introdução pode ser construída por um ou mais parágrafos. Quando o texto é construído pelo método dedutivo (do geral para o particular), é nela que se lança a *tese* ou *ideia principal* a ser desenvolvida no texto.

Os principais tipos de introdução são os relacionados a seguir.

Formulação de uma tese a partir de uma declaração inicial

O cérebro humano busca por padrões, repetições de causas e efeitos que fazem o mundo parecer previsível e ordenado. Aprimorado por razão, lógica e coerência, este processo psíquico é crucial para nossa adaptação a qualquer meio. Embora divergentes, ciência e o misticismo são crias desta busca. Porém tudo se complicou ainda mais quando a curiosidade foi em direção ao átomo.

(Luciano Magalhães Melo. *Jornal Folha de S.Paulo*, 9/8/2019. Disponível em: https://www1.folha.uol.com.br/colunas/luciano-melo/2019/08/a-fisica-quantica-desafia-nosso-cerebro-mas-nao-justifica-esoterismo.shtml. Acesso em: 8/5/2020.)

Nesse parágrafo, o autor primeiramente apresenta uma característica do cérebro humano para, a partir dessa informação, formular a tese em torno da qual o texto será desenvolvido nos parágrafos seguintes: ciência e misticismo são parte dessa característica humana e algumas vezes se sobrepõem, mas precisam ser diferenciados.

Interrogação

> Nesta semana de volta às aulas, que tal aproveitar para pensar em algo mais do que o alívio de ver crianças e adolescentes voltarem à rotina? Nós, pais, participamos, de verdade, da vida escolar dos nossos filhos? Quantas vezes no último semestre fomos à escola? Não apenas buscar na porta ou em festinhas, mas conversar com seus professores, conhecer seus colegas, ver o que eles aprendem e produzem enquanto passam horas fora de casa? Não importa a idade do estudante, as pesquisas são claras em dizer que a atuação dos pais melhora o desempenho escolar e até a relação familiar.
>
> (Renata Cafardo. *O Estado de S. Paulo*, 2/8/2019. Disponível em: https://educacao.estadao.com.br/noticias/geral,os-pais-e-a-volta-as-aulas,70002953944. Acesso em: 8/5/2020.)

Nesse tipo de introdução, o autor formula uma ou mais perguntas sobre o tema. Essas perguntas podem ser retóricas, isto é, são utilizadas como uma forma de suscitar no leitor a reflexão sobre o tema, tal como no trecho lido, e, nesse caso, não necessariamente serão respondidas ao longo do texto. Ou podem ser questões que servirão como guia para o texto, e, nesse caso, ele próprio deve dar respostas a elas ao longo do texto, de forma que nenhuma pergunta fique sem resposta. É o que se verifica neste exemplo:

> Só neste ano, o Ministério da Agricultura já registrou e liberou a comercialização de 382 novos agrotóxicos. Estamos caminhando para bater o recorde dos 450 registros feitos em 2018 — no total, o Brasil tem mais de 2.300 produtos desse tipo registrados — indo na contramão da tendência mundial de diminuir o número de pesticidas. Esta situação traz à tona uma dúvida comum a muitos consumidores: os agrotóxicos trazem riscos à nossa saúde?
>
> (Hélio Mattar. *Jornal Folha de S.Paulo*, 28/10/2019. Disponível em: https://www1.folha.uol.com.br/colunas/helio-mattar/2019/10/os-agrotoxicos-a-nossa-saude-e-a-natureza.shtml. Acesso em: 8/5/2020.)

Bogdan Wankowicz/Shutterstock

Exemplo

> A reunião de pais ia bem, todos concordando com as explicações da professora sobre os métodos de ensino e progressos da turma, até que se falou de lição de casa. Um pai levantou a lebre, disse que o filho fazia a tarefa em poucos minutos e que, por isso, achava que a atividade extraclasse era insuficiente. Outro alegou que a filha "podia mais" do que estava sendo pedido para casa. Falavam de crianças de 7 anos, que acabaram de se alfabetizar.
>
> (Renata Cafardo. *O Estado de S. Paulo*, 23/6/2019. Disponível em: https://educacao.estadao.c om.br/noticias/geral,o-dilema-da-licao-de-casa,70002883760. Acesso em: 8/5/2020.)

Para introduzir e situar a tese do texto — de que quantidade de lição de casa não está necessariamente relacionada a qualidade do ensino —, a autora dá o exemplo de uma situação de reunião de pais na escola.

Essa introdução é ilustrativa e simbólica e pode ser retomada diversas vezes. Nas redações para o vestibular, entretanto, é preciso tomar cuidado para que a narrativa do exemplo não seja longa demais e prejudique o desenvolvimento da argumentação.

Citação

Norman Mailer foi um genial jornalista e escritor norte-americano (1923-2007). Junto a **Truman Capote** (1924-1984), faz parte de uma geração que aliava boa investigação com talento descritivo incrível. Lendo um prefácio de Patrick Pessoa ao texto de Ana Kutner (*Passarinho*, editora Cobogó), encontrei esta citação de outro grande autor, Gore Vidal: "Eu era um aristocrata refinado de Manhattan. Norman Mailer era um judeu pobre do Brooklyn. Ele teve todas as facilidades que eu não tive para se tornar um grande artista". Parece uma piada, porém é uma intuição genial.

(Leandro Karnal. *O Estado de S. Paulo*, 1/2/2020. Disponível em: https://cultura.estadao.com.br/noticias/geral,a-areia-que-forma-a-perola,70003214989. Acesso em: 8/5/2020.)

Nessa introdução, o autor constrói sua tese a partir de uma citação, o que confere maior credibilidade ao seu ponto de vista, pois ele se apoia na palavra de outrem, que podem ser pensadores e intelectuais como no texto apresentado, ou ainda uma autoridade no assunto, ou documentos e órgãos oficiais de imprensa.

Roteiro

Dois princípios importantes são levados em conta por quem se propõe produzir impactos reais na área de políticas públicas. Em primeiro lugar, basear estratégias em evidências científicas aumenta as chances de que elas produzam impactos positivos.

Em segundo, números não choram, e, portanto, é preciso, além de analisar dados, escutar as pessoas — em especial, as que têm maiores dificuldades para acessar direitos básicos em nosso país.

(Ilona Szabó de Carvalho. *Jornal Folha de S.Paulo*, 6/11/2019. Disponível em: https://www1.folha.uol.com.br/colunas/ilona-szabo/2019/11/numeros-nao-choram.shtml. Acesso em: 8/5/2020.)

Nesse tipo de introdução, o autor anuncia o que pretende desenvolver e a forma como vai fazê-lo. Na introdução acima, o roteiro fornecido pela autora identifica dois princípios que norteiam a questão a ser discutida no texto, os quais ela desenvolve ao longo de sua argumentação.

Tipos de argumento do texto dissertativo-argumentativo

Comparação

Estabelece o confronto entre duas realidades diferentes, seja no tempo, seja no espaço, seja quanto a características físicas, etc. Veja o exemplo:

Hoje LA [Los Angeles] tem 70% de sua área ocupada por vias e estacionamentos para carros. Apenas 0,8% das pessoas utilizam a bicicleta como meio de transporte. No outro extremo, temos Copenhague, com seus 1.000 km de ciclovias e 40% da população se locomovendo de bicicleta, com incentivos públicos para que este número ainda aumente. Lá, a câmera do cineasta sueco registra as queixas e incômodos de um motorista de táxi, em posição minoritária na capital das bicicletas.

(Raquel Rolnik. *Jornal Folha de S.Paulo*, 15/6/2015. Disponível em: https://www1.folha.uol.com.br/colunas/raquelrolnik/2015/06/1642126-cidades-carros-e-bicicletas.shtml. Acesso em: 8/5/2020.)

monticello/Shutterstock

Nesse caso, compara-se o porcentual de vias, de ciclovias e de usuários de bicicleta nas cidades de Los Angeles (EUA) e de Copenhague (Dinamarca).

Alusão histórica

O autor retoma acontecimentos do passado para explicar fatos do presente. Veja o exemplo:

> Desde a eletrificação do mundo, que praticamente definiu a Segunda Revolução Industrial, assumimos que praticamente em qualquer lugar teremos energia elétrica à nossa disposição. De fato, segundo as Nações Unidas a quase totalidade dos cerca de 12% da população mundial ainda privados de eletricidade em 2016 viviam em áreas rurais, em particular nos países em desenvolvimento. Mais do que um insumo para nossos equipamentos, eletrodomésticos, máquinas e cidades, a geração de energia tornou-se uma dependência incontornável imposta por um mundo ancorado em vastas redes de comunicação de dados.
>
> (Guy Perelmuter. *O Estado de S. Paulo*, 6/2/2020. Disponível em: https://economia.estadao.com.br/noticias/geral,os-caminhos-da-energia,70003186589. Acesso em: 8/5/2020.)

Argumentos com provas concretas

Consistem na apresentação de números, dados estatísticos, resultados de enquetes, cifras relativas a investimentos, despesas e lucros, renda *per capita*, valores de dívida externa, índices de mortalidade infantil, aumento ou diminuição dos casos de Aids, etc. Veja um exemplo em que se usam resultados de pesquisa:

> Estudo global feito na última década pela empresa AVG Technologies revela, por exemplo, que 48% dos pais brasileiros admitem usar celular ou tablet no jantar. Mais: 65% deles reconhecem se distrair com o aparelho enquanto conversam com os filhos — consideram essa atitude um de seus piores hábitos —, e 40% enviam mensagens instantâneas a algum parente na mesma casa! Não é impressionante? Realmente, precisamos admitir que nossas relações interpessoais e familiares têm sido mediadas pelas tecnologias. Para o bem e para o mal.
>
> (Rosely Sayão. *O Estado de S. Paulo*, 29/12/2019. Disponível em: https://educacao.estadao.com.br/noticias/geral,decada-em-frente-a-tela,70003138601. Acesso em: 8/5/2020.)

Argumentos consensuais

São aqueles em que certas "verdades" aceitas por todos são utilizadas. Consistem em afirmações que geralmente não dependem de comprovação, como "Todo ser humano precisa de uma boa alimentação e lazer", "A poluição diminui a qualidade de vida nas grandes cidades", etc.

Argumentos de autoridade ou de exemplo

Apresentam o ponto de vista ou sugerem a imitação das ações de uma autoridade ou uma pessoa conhecida na área do assunto em discussão. Consistem em frases célebres ou em trechos de escritos de cientistas, técnicos, artistas, filósofos, políticos, etc., citados em discurso direto, discurso indireto ou discurso segundo. No caso de citação em discurso indireto, menciona-se o nome da pessoa e faz-se um resumo de suas ideias. Quando transcrita em discurso direto, a citação deve vir entre aspas, com a indicação do autor. Em discurso segundo, usam-se expressões como *segundo fulano, de acordo com fulano*... e faz-se um resumo de suas ideias. Veja um exemplo:

> Faraday é famoso por ter explicado os fenômenos eletromagnéticos, ou seja, a relação entre correntes elétricas e campos magnéticos (parte da Física que permitiu a invenção do motor elétrico e dos geradores de eletricidade). Em 1859, Faraday demonstrou que a razão de os patins deslizarem tão facilmente sobre o gelo é o fato de haver uma camada de água (gelo derretido) entre o patim e o gelo, que funcionaria como uma espécie de lubrificante. Desde então duas questões têm preocupado gerações de físicos: qual fenômeno faz o gelo derreter sob os patins e como a água, que é um péssimo lubrificante, diminui tanto o atrito entre o patim e o gelo.
>
> (Fernando Reinach. *O Estado de S. Paulo*, 11/1/2020. Disponível em: https://ciencia.estadao.com.br/noticias/geral,como-patinamos-no-gelo,70003152752. Acesso em: 8/5/2020.)

Argumentos de presença

Consistem em ilustrar com histórias, lendas ou parábolas a tese que se quer defender. No texto a seguir, sobre a distinção entre necessidade e desejo, o autor ilustrou sua tese recorrendo a um fato de um país asiático.

> Para explicar a diferença entre necessidade e desejo, uma parábola: Num país asiático, durante uma campanha de controle da natalidade, os camponeses mais pobres que aceitassem passar por uma vasectomia poderiam escolher entre dois prêmios: um saco de arroz ou um radinho de pilhas.
>
> Quase todos escolheram o radinho, apesar da fome, e devo confessar que tenho simpatia por aqueles camponeses.
>
> (Contardo Calligaris. *Jornal Folha de S.Paulo*. Disponível em: https://www1.folha.uol.com.br/colunas/contardocalligaris/2015/05/1631415-desejo-e-necessidade.shtml. Acesso em: 8/5/2020.)

Argumentos de retorção

O autor utiliza os próprios argumentos de interlocutor para refutá-los. Para justificar a redução da maioridade penal, um deputado afirma que um cidadão de 16 anos é capaz de distinguir o certo do errado. Veja como o autor do texto a seguir desmonta esse argumento:

> A lógica de Laerte Bessa naufraga, contudo, quando restringe o controle do comportamento a elementos cognitivos. Assim como o conhecimento de que o cigarro prejudica a saúde não impede o fumante de manter o hábito, apenas saber que algo é errado não basta para afastar jovens de encrencas.
>
> (Editorial. *Jornal Folha de S.Paulo*. Disponível em: https://www1.folha.uol.com.br/fsp/opiniao/222715-amadurecer-o-debate.shtml. Acesso em: 8/5/2020.)

Tipos de conclusão do texto dissertativo-argumentativo

A conclusão de um texto dissertativo-argumentativo geralmente ocupa o último ou os dois últimos parágrafos do texto. Ela pode ser construída a partir de pelo menos cinco procedimentos básicos, relacionados a seguir.

Síntese

> Da mesma forma que os atletas pressionam seus teclados em busca da jogada perfeita, que hoje rende milhões de visualizações e dólares, seus feitos desencadeiam reações que mobilizam o mercado milionário do entretenimento, provando que jogo é coisa séria.
>
> (Katia Rubio. *Jornal Folha de S.Paulo*, 12/10/2019. Disponível em: https://www1.folha.uol.com.br/colunas/katia-rubio/2019/10/a-politica-dos-e-nos-jogos-eletronicos.shtml. Acesso em: 8/5/2020.)

Gorodenkoff/Shutterstock

Nesse parágrafo, a autora faz uma síntese dos aspectos que abordou no desenvolvimento do texto, salientando a valorização dos *gamers* como atletas profissionais, tendo em vista os efeitos dessa nova profissão, abordada no texto. Observe que os argumentos não são retomados por inteiro, pois isso tornaria o texto repetitivo. A retomada, nesse caso, deve ser feita de forma sintética, evitando-se a mera repetição de palavras e frases.

Embora não seja obrigatório, é comum haver um elemento de coesão entre as demais partes do texto e a conclusão. Às vezes, esse elemento fica subentendido, como ocorreu no parágrafo acima, que poderia ter sido introduzido por uma palavra ou expressão, como *assim*, *portanto*, *desse modo*, *diante disso*, *nesse sentido*, entre outras.

Agregação

Talvez o século XX tenha sido o que mais evidenciou o poder da imagem. Os meios de comunicação de massa serviram a interesses de governos autoritários. O nazismo lançou mão de todo um aparato de propaganda para insuflar a população e difundir suas crenças e ideias. Assim o fizeram tantos outros, como os EUA por meio de Disney, de Hollywood e do "american way of life". Assim o fazem as grandes corporações contemporâneas, elegendo e difundindo ícones e símbolos para gravar suas marcas em nossas cabeças. E assim, de imagem a imagem, caminha a humanidade.

(Candidato da Fuvest. Disponível em: https://vestibular.uol.com.br/ultimas-noticias/fuvest-2010-melhores-redacoes-05.jhtm. Acesso em: 8/5/2020.)

Bloomberg/Getty Images

Nesse tipo de conclusão, finaliza-se com uma palavra ou frase que tenha um valor mais abrangente, isto é, apresenta-se uma ideia capaz de reunir todos os aspectos abordados anteriormente. Na conclusão acima, o autor amplia sua análise sobre o poder da imagem no século XX, desmembrando sua ação em três frentes: a política, a ideológica e a do consumo.

Proposta

Para resolver esse problema, o receituário é conhecido. Ao invés de gritarmos bravatas uns para os outros, é urgente pensar em políticas públicas competentes que conectem a educação a um mercado de trabalho em transformação acelerada. Isso envolve investir em educação de qualidade para o século 21, inclusive em ensino técnico, especialmente profissionalizando o trabalho dos professores e tornando a escola mais significativa para os jovens. Mas isso não será suficiente se não criarmos bons programas para iniciar os jovens no mundo do empreendedorismo e do emprego.

(Claudia Costin. *Jornal Folha de S.Paulo*, 28/2/2020. Disponível em: https://www1.folha.uol.com.br/colunas/claudia-costin/2020/02/os-jovens-a-crise-e-o-trabalho.shtml. Acesso em: 8/5/2020.)

Nesse tipo de conclusão, o autor faz propostas ou sugestões para que o problema em análise seja resolvido. Quanto mais concretas forem as propostas, evitando-se sugestões vagas, como "É preciso que todos tomem consciência", ou "Somente quando cada um de nós fizer sua parte", mais persuasivo será o texto como um todo.

No texto acima, em que se discute a privatização das escolas públicas, a autora se posiciona contra a provocação verbal para resolver a polêmica abordada no texto e sugere que se pensem políticas públicas que conectem a educação e o mercado de trabalho, bem como maior investimento em educação, na formação de professores e na transformação da escola em uma instituição mais significativa para os jovens. Por fim, sugere também a criação de "programas para iniciar os jovens no mundo do empreendedorismo e do emprego", encerrando uma proposta clara, objetiva e específica, que considera o contexto da discussão.

Pergunta

Afinal, se for possível "plantar" na mente sensações que sejam indistinguíveis daquelas geradas pelos sentidos, nossa própria identidade e o livre-arbítrio podem tornar-se ficção. Na irônica frase de Millôr Fernandes, "livre pensar é só pensar", garantia-se liberdade desde que restrita apenas a pensamentos. Hoje, até nessa última forma corre-se risco. Ao menos o "pensar" continuará livre?

(Demi Getschko. *O Estado de S. Paulo*, 18/2/2020. Disponível em: https://link.estadao.com.br/noticias/geral,o-ultimo-bastiao,70003201064. Acesso em: 8/5/2020.)

Nesse tipo de conclusão, a pergunta é puramente retórica, pois sua resposta, direta ou indiretamente, já foi apresentada. No texto de que faz parte a conclusão acima, por exemplo, o leitor é instigado a pensar sobre aparelhos e dispositivos que poderiam controlar a mente humana. Assim, o autor usa a conclusão para questionar a existência do livre-arbítrio nesse contexto, citando a frase de Millôr e lançando a pergunta que ratifica seu primeiro questionamento e a provocação ao leitor.

Surpresa

Ou, numa mistura maligna de arrogância e ignorância — talvez simplesmente porque não temos nada melhor a fazer —, vamos deletar as palavras que nos incomodam, os costumes que nos irritam, as pessoas que nos atrapalham e, quem sabe, iniciar uma campanha de queima de livros. De autores, seria um segundo passo. E assim caminhará para trás, velozmente, o que temos de humanidade.

(Lya Luft. "Vamos queimar os dicionários." *Veja*, 14/3/2012.)

Laerte Silvino/Arquivo da editora

Nesse texto, no qual é discutida a censura a um dicionário por trazer o sentido pejorativo da palavra *cigano*, a autora, de forma irônica, enumera uma série de ações para abolir tudo o que nos incomoda.

Na conclusão-surpresa, além da ironia e do humor, pode haver a citação de escritores, filósofos, estadistas, compositores e outros, de forma literal ou em forma de paródia. Pode haver também uma pequena história, uma piada, um pensamento que ilustre tudo o que se desenvolveu ou atribua novos sentidos ao texto.

Exercícios

Você vai ler a seguir uma proposta do vestibular da Fuvest e uma redação que recebeu nota máxima nesse exame. Observe como as estratégias que você aprendeu neste capítulo são utilizadas pela autora em diferentes momentos do texto, por vezes combinadas entre si.

Esta é a reprodução (aqui, sem as marcas normais dos anunciantes, que foram substituídas por **X**) de um anúncio publicitário real, colhido em uma revista, publicada no ano de 2012.

Como toda mensagem, esse anúncio, formado pela relação entre imagem e texto, carrega pressupostos e implicações: se o observarmos bem, veremos que ele expressa uma determinada mentalidade, projeta uma dada visão de mundo, manifesta uma certa escolha de valores e assim por diante.

Redija uma dissertação em prosa, na qual você interprete e discuta a mensagem contida nesse anúncio, considerando os aspectos mencionados no parágrafo anterior e, se quiser, também outros aspectos que julgue relevantes. Procure argumentar de modo a deixar claro seu ponto de vista sobre o assunto.

Instruções:

- A redação deve obedecer à norma-padrão da língua portuguesa.
- Escreva, no mínimo, 20 e, no máximo, 30 linhas, com letra legível.
- Dê um título a sua redação.

(Disponível em: https://acervo.fuvest.br/fuvest/2013/fuv2013_2fase_dia1.pdf. Acesso em: 14/5/2020.)

Reprodução/Fuvest, 2013.

Tenho, logo existo

No mito das sereias, o irresistível canto dessas criaturas atrai os marinheiros em direção aos rochedos que circundam a ilha em que elas estão entrincheiradas, inevitavelmente sendo o naufrágio das embarcações o desfecho. A música emitida por esses seres tem análogo na contemporaneidade: o capitalismo. Esse modo de produção apresenta três desencadeamentos que também levam o homem à ruína: o consumismo, a valorização do ter em detrimento do ser e a efemeridade das relações.

O consumismo é o responsável pela profusão de galerias e shopping centers que permeia a sociedade atual. Comprar tornou-se o principal passatempo — tal qual ilustram seriados como "Gossip Girl" — e também a raiz dos demais problemas capitalistas. A hipervalorização da aquisição de produtos originou a "escravidão moderna" de pessoas em fábricas, empregada como solução para baratear custos e ampliar a produção, e os golpes de lojas sediadas na rede a consumidores ávidos por descontos monumentais, irreais. Apesar disso, o dinheiro passou a comprar felicidade.

Empresas capitalistas desenvolvem novos produtos constantemente e o prazer instantâneo proporcionado por uma nova televisão ou geladeira acaba por superpor-se ao deleite duradouro de uma amizade. Assim, o nível de felicidade atribuído a uma pessoa baseia-se primordialmente em suas posses, e não em sua essência. Essa lógica inédita também norteia o estabelecimento de novos laços entre as pessoas, afora tendo a paridade econômica entre seus integrantes como pedra angular. Rarefazem-se amizades como a entre os personagens Berta, uma menina pobre, e Linda e Afonso, ricos irmãos, da obra alencariana "Til".

Essa nova característica das relações sociais é acompanhada pela efemeridade. Segundo o sociólogo polonês Zygmund Bauman, a sociedade líquida contemporânea solubiliza os laços entre as pessoas. De fato, a manutenção da relação entre dois indivíduos está sujeita à continuidade de ambos no mesmo patamar econômico. A ascensão financeira de uma das pessoas imediatamente a alçará a uma nova categoria de sociedade e, consequentemente, ao relacionamento com indivíduos mais pujantes, como ilustra a trajetória de antigos premiados pela Mega Sena.

O capitalismo inerente à maioria das nações contemporâneas trouxe consequências aterradoras para seus cidadãos. A felicidade atribuída ao ato de comprar desencadeou diversas mazelas atuais, entre elas a sobreposição do "ter" em relação ao "ser". Assim, tendo seu valor intrínseco associado às posses, as pessoas começaram a relacionar-se de forma efêmera, em um mundo onde apenas os endinheirados vivem prazerosamente. Se Descartes vivesse no século XXI, alteraria sua afirmação para "Tenho, logo existo".

(Disponível em: http://download.uol.com.br/vestibular2/fuvest2013_melhores_redacoes/exemplo27.jpg. Acesso em: 8/5/2020.)

1. Releia o primeiro parágrafo do texto.

a) Considerando os diferentes recursos que você estudou neste capítulo, descreva a forma por meio da qual a autora do texto introduz sua abordagem sobre o tema.

b) Qual é a tese defendida nesse texto e como ela se relaciona com a proposta do vestibular?

2. Identifique, no desenvolvimento do texto em estudo, argumentos construídos com base nestes procedimentos:

a) citação de autoridade;

b) exemplos de fatos da sociedade;

c) exemplos de filmes ou textos literários;

d) fatos consensuais.

3. Releia os seguintes trechos:

> I. "A hipervalorização da aquisição de produtos originou a 'escravidão moderna' de pessoas em fábricas, empregada como solução para baratear custos e ampliar a produção, e os golpes de lojas sediadas na rede a consumidores ávidos por descontos monumentais, irreais. Apesar disso, o dinheiro passou a comprar felicidade."
>
> II. "Empresas capitalistas desenvolvem novos produtos constantemente e o prazer instantâneo proporcionado por uma nova televisão ou geladeira acaba por superpor-se ao deleite duradouro de uma amizade."
>
> III. "a manutenção da relação entre dois indivíduos está sujeita à continuidade de ambos no mesmo patamar econômico. A ascensão financeira de uma das pessoas imediatamente a alçará a uma nova categoria de sociedade e, consequentemente, ao relacionamento com indivíduos mais pujantes"

a) Quais desses trechos são construídos com base em uma relação de causa e efeito?

b) Qual desses trechos é construído com base em uma relação de oposição e contraste?

4. Releia o parágrafo de conclusão do texto em estudo.

a) Qual ideia retomada na conclusão dialoga diretamente com a proposta da prova?

b) Além de sintetizar a argumentação desenvolvida ao longo do texto, a autora encerra sua redação com outra estratégia de conclusão que você estudou neste capítulo. Identifique-a e justifique sua resposta.

Produzindo o texto dissertativo-argumentativo

Ao final desta unidade, você e os colegas vão produzir uma revista de divulgação científica, que tem como função propagar conhecimentos e descobertas da ciência. Leia a proposta a seguir, do vestibular da Fuvest.

TEXTO 1

Reprodução/Fuvest, 2020.

Luis Fernando Verissimo, *As cobras: Antologia Definitiva.*

TEXTO 2

Somente numa sociedade onde exista um clima cultural, em que o impulso à curiosidade e o amor à descoberta sejam compreendidos e cultivados, pode a ciência florescer. Somente quando a ciência se torna profundamente enraizada como um elemento cultural da sociedade é que pode ser mantida e desenvolvida uma tecnologia progressista e inovadora, tornando-se, então, possível uma associação íntima e vital entre ciência e tecnologia. Essa associação é uma característica da nossa época e certamente essencial para a manutenção de uma civilização com os níveis presentes de população e qualidade de vida.

Oscar Sala, *O papel da ciência na sociedade.* 1974.
Disponível em http://www.revistas.usp.br/revhistoria. Adaptado.

TEXTO 3

Quanta do latim
Plural de quantum
Quando quase não há
Quantidade que se medir
Qualidade que se expressar
Fragmento infinitésimo
Quase que apenas mental
Quantum granulado no mel
Quantum ondulado no sal
Mel de urânio, sal de rádio
Qualquer coisa quase ideal

Cântico dos cânticos
Quântico dos quânticos
Canto de louvor
De amor ao vento
Vento arte do ar
Balançando o corpo da flor
Levando o veleiro pro mar
Vento de calor
De pensamento em chamas
Inspiração
Arte de criar o saber

Arte, descoberta, invenção
Teoria em grego quer dizer
O ser em contemplação
Sei que a arte é irmã da ciência
Ambas filhas de um Deus fugaz
Que faz num momento
E no mesmo momento desfaz
Esse vago Deus por trás do mundo
Por detrás do detrás
Cântico dos cânticos
Quântico dos quânticos

Gilberto Gil, Quanta. 1997.

TEXTO 4

Nós criamos uma civilização global em que os elementos mais cruciais — o transporte, as comunicações e todas as outras indústrias, a agricultura, a medicina, a educação, o entretenimento, a proteção ao meio ambiente e até a importante instituição democrática do voto — dependem profundamente da ciência e da tecnologia. Também criamos uma ordem em que quase ninguém compreende a ciência e a tecnologia. É uma receita para o desastre. Podemos escapar ilesos por algum tempo, porém mais cedo ou mais tarde essa mistura inflamável de ignorância e poder vai explodir na nossa cara.

Carl Sagan, 1996.

TEXTO 5

Algo muito estranho está acontecendo no mundo atual. Vivemos melhor que qualquer outra geração anterior. Pessoas são saudáveis graças às ciências da saúde. Moram em residências robustas, produto da engenharia. Usam eletricidade, domada pelo homem devido ao seu conhecimento de química e física. Paradoxalmente, essas mesmas pessoas ligam seus computadores, tablets e celulares para adquirir e disseminar informações que rejeitam a mesma ciência que é tão presente em suas vidas. Vivemos num mundo em que pessoas usam a ciência para negar a ciência.

Alicia Kowaltowski, *Usando a ciência para negar a ciência*. 2019. Disponível em https://www.nexojornal.com.br/. Adaptado.

Considerando as ideias apresentadas nos textos e também outras informações que julgar pertinentes, redija uma dissertação em prosa, na qual você exponha seu ponto de vista sobre o tema: **o papel da ciência no mundo contemporâneo**.

(Disponível em: https://www.fuvest.br/wp-content/uploads/fuv2020_2fase_dia_1.pdf. Acesso em: 14/5/2020.)

Produza um texto dissertativo-argumentativo com base na proposta da Fuvest, considerando que ele irá compor a abertura da revista. Para definir quais textos serão publicados, vocês podem fazer um processo semelhante ao que fizeram no capítulo 21, adaptando o quadro de critérios da página 200 a essa nova proposta.

Utilize as estratégias estudadas neste capítulo para elaborar a introdução, o desenvolvimento e a conclusão do seu texto. Se quiser, conforme viu nos exemplos de textos estudados, você pode combinar e intercalar diferentes recursos a fim de construir um texto claro, objetivo e que exponha seu ponto de vista de forma bem-fundamentada.

Para planejar e revisar seu texto, consulte as orientações da página 202 do capítulo 21, lembrando que, embora o texto dissertativo tenha um formato relativamente fixo, você deve sempre atentar para as instruções específicas de cada nova proposta de redação que realiza.

Ponto final

Este projeto favorece o desenvolvimento das habilidades

EM13LGG101	EM13LGG104	EM13LGG105	EM13LGG301	EM13LGG603	EM13LGG701
EM13LGG703	EM13LP01	EM13LP15	EM13LP18	EM13LP34	EM3LP37

DIVULGANDO SAÚDE E CIÊNCIA

Ao longo desta unidade, você pesquisou sobre o tema *saúde* em uma perspectiva interdisciplinar: história da saúde; diferenças culturais em relação à saúde; alimentação e saúde; poluição, preservação do meio ambiente e saúde; envelhecimento e saúde; exercício físico e saúde; pandemias. Com base em seus estudos e pesquisas, você produziu textos de diversos gêneros: resumo, resenha, seminário, artigo de divulgação científica, verbete enciclopédico e texto dissertativo-argumentativo. Com essas produções e mais algumas, você e os colegas irão organizar uma revista interdisciplinar de divulgação científica e uma enciclopédia, ambas relacionadas ao tema *saúde*.

Reprodução/https://cienciahoje.org.br

Escolham juntos títulos atraentes para a revista e para a enciclopédia, definindo um tipo de letra e um formato de escrita fixos, que funcionem como uma marca registrada das publicações de vocês. Também planejem a melhor forma de divulgação da revista e da enciclopédia: se haverá uma cerimônia de lançamento, como o público será informado ou convidado, se serão enviados comunicados por *e-mail*, se vocês farão postagens em redes sociais, se afixarão cartazes na escola, etc.

A proposta é que a revista seja impressa e a enciclopédia, digital e interativa.

1. Reunindo e organizando os textos para a revista

Geralmente, as revistas são organizadas em seções, de acordo com o gênero, a finalidade e os temas dos textos. Decidam se vão dividir a revista em seções por gênero ou por temas. Retomem os textos produzidos, releiam-nos e revisem, se necessário.

Revejam o trabalho com infográficos no capítulo 20 e criem uma seção especial para eles ou publiquem-nos juntamente com artigos e resenhas com temas relacionados.

Além disso, criem uma seção especial intitulada: "A redação nos vestibulares e no Enem". Lá, vocês podem publicar alguns dos textos produzidos no capítulo 21, além de textos informativos sobre alguns exames de seleção das universidades, de possíveis temas que podem ser cobrados nas provas de redação e outras atualidades das ciências que podem aparecer em questões de vestibulares e no Enem.

2. Seleção de textos dissertativo-argumentativos

Organizem duas votações: uma para selecionar alguns textos dissertativo-argumentativos produzidos no capítulo 21 para compor a seção sobre a redação no Vestibular e no Enem.

As dissertações que vocês produziram no capítulo 22, com base na proposta da Fuvest cujo tema é "o papel da ciência no mundo contemporâneo", abordam uma discussão diretamente relacionada à divulgação científica. Portanto, podem compor a revista com a função de *editoriais*. Para fazer a seleção desses textos, vocês podem mobilizar toda a turma ou solicitar ajuda de uma banca composta por professores da escola.

Lembrem que um editorial expressa o posicionamento de um veículo de comunicação ou de uma empresa jornalística. Por isso, os textos selecionados para serem publicados com essa função devem refletir a diversidade de posicionamentos da turma.

O restante do trabalho pode ser feito em grupos ou equipes, divididos por aptidão e interesse.

Monkey Business Images/Shutterstock

3. Trabalhando em equipe

Eis as etapas que envolvem a produção e a divulgação da revista científica, da enciclopédia:

Formatação do material para a revista

O grupo cuida da parte digital do trabalho, dos programas que serão utilizados para a diagramação do material e como ela será feita: número de colunas, tamanho do corpo, tipo de letra, uso de molduras, fundos com textura ou cor, etc.

Edição do material para a revista

O grupo cuida da parte editorial do trabalho, definindo qual será o texto principal da capa, quais outros devem aparecer em destaque, qual será a ordem das seções, etc. Também é responsável pela elaboração de créditos, informando o tipo de participação de cada aluno e pela impressão da revista.

Imagens: fotos, ilustrações, fotomontagens

O grupo fica responsável pelas imagens da revista e cuida de questões como os *layouts* da capa, a quarta capa e o editorial, o número de imagens para cada texto, a seleção e a distribuição dos infográficos na revista.

Formatação e edição do material para a enciclopédia

O grupo deve reunir, formatar e fazer a diagramação de todos os verbetes; pensar e discutir um projeto gráfico para a enciclopédia digital, definindo qual programa Wiki será utilizado; como processar o material, de modo que ele esteja pronto para ser digitalizado e postado na ferramenta digital escolhida; como serão feitos os *links* entre os verbetes e quais imagens podem ilustrar cada verbete.

Criação de *vlog* científico

- Caso a turma tenha interesse, pode ser criado um canal de vídeos no YouTube ou um perfil em rede social ou outra plataforma, a fim de divulgar as pesquisas feitas pela turma por meio de vídeos.
- Vocês podem aproveitar os seminários e transformá-los em roteiros para a gravação dos vídeos.
- Há no YouTube diversos canais de divulgação científica nos quais vocês podem se inspirar, como Nerdologia, Ciência Todo Dia, Manual do Mundo, Drauzio Varella.

Reprodução/Nerdologia

EM DIA COM O ENEM E O VESTIBULAR

1. (UNICAMP-SP)

Você está participando de um curso sobre o livro O sentimento de si: corpo, emoção e consciência, de autoria do neurocientista António Damásio. Uma das avaliações do curso consiste na produção de um texto de divulgação científica a ser publicado em um blog do curso. O objetivo do seu texto será o de divulgar as ideias do autor para um público mais amplo, especialmente para alunos do ensino médio. Você deverá escrever o seu texto **sobre o tema da indução das emoções**, baseado no excerto abaixo, incluindo:

a) uma explicação sobre indutores de emoção com exemplos do próprio texto;

b) uma breve narrativa que exemplifique processos de indução de emoções;

c) uma finalização baseada no fechamento do texto original.

Lembre-se de que o **texto de divulgação científica** deverá ter um título adequado aos conteúdos tratados.

O induzir das emoções

As emoções acontecem em dois tipos de circunstâncias. O primeiro tipo de circunstâncias tem lugar quando o organismo processa determinados objetos ou situações através de um dos seus dispositivos sensoriais, por exemplo, quando o organismo avista um rosto ou um local familiar. O segundo tipo de circunstâncias tem lugar quando a mente de um organismo recorda certos objetos e situações e os representa, como imagens, no processo do pensamento, por exemplo, a recordação do rosto de uma amiga ou o fato de esta ter acabado de falecer.

Um fato que se torna óbvio ao considerarmos as emoções é que certas espécies de objetos ou acontecimentos tendem a estar mais sistematicamente ligadas a determinado tipo de emoção que a outros. As classes de estímulos que provocam alegria, medo ou tristeza tendem a fazê-lo de forma consistente no mesmo indivíduo e em indivíduos que compartilham os mesmos antecedentes culturais. Apesar de todas as possíveis variações na expressão de uma emoção, e apesar do fato de podermos ter emoções mistas, existe uma correspondência aproximada entre classes de indutores de emoção e o resultante estado emocional. Ao longo da evolução, os organismos adquiriram os meios para responder a determinados estímulos — sobretudo aos que são potencialmente úteis ou perigosos sob o ponto de vista da sobrevivência — através de um conjunto de respostas a que chamamos emoção.

Também é importante notar que enquanto o mecanismo biológico das emoções é largamente predeterminado, os indutores de emoção são externos e não fazem parte desse mecanismo. Os estímulos que causam a emoção não se encontram, de modo algum, confinados aos que ajudaram a formar nosso cérebro emocional ao longo da evolução e que podem induzir emoção desde os primeiros dias de vida. À medida que se desenvolvem e interagem, os organismos ganham experiência factual e emocional com diversos objetos e situações do ambiente, tendo assim uma oportunidade de associar muitos objetos e situações que poderiam ter permanecido emocionalmente neutros, com os objetos e as situações que causam emoções naturalmente. A forma de aprendizagem conhecida por condicionamento é uma das maneiras de obter esta associação. Uma casa parecida com a que o leitor viveu uma infância feliz pode fazê-lo sentir-se feliz, embora nada de especialmente bom ainda se tenha passado na casa. Do mesmo modo, o rosto de uma belíssima desconhecida, que se assemelha ao de uma pessoa ligada a um acontecimento terrível, pode causar-lhe desconforto ou irritação. Pode até nunca chegar a perceber por quê.

A consequência de concedermos um valor emocional aos objetos que não estavam biologicamente destinados a receber essa carga emocional é tornar infinita a lista de estímulos que, potencialmente, podem induzir emoções. De uma forma ou de outra, a maior parte dos objetos e das situações conduzem a alguma reação emocional, embora uns em maior escala que outros. A reação emocional pode ser fraca ou forte — e, felizmente para nós, é fraca na maior parte das vezes — mas mesmo assim está sempre presente. A emoção e o mecanismo biológico que lhe é subjacente são os companheiros obrigatórios do comportamento, consciente ou não. Um certo grau de emoção acompanha, forçosamente, o pensamento sobre nós mesmos ou sobre o que nos rodeia.

(Adaptado de António Damásio. O *sentimento de si: corpo, emoção e consciência*. Lisboa: Círculo de Leitores, 2013, p. 79-81.)

2. (UNICAMP-SP)

Você é um(a) escritor(a) que publica uma crônica em uma revista semanal. Sempre se viu como uma pessoa livre de preconceitos e sempre apoiou a igualdade de gêneros. Hoje, porém, ao ler uma matéria no *El País*, você se deu conta de que, certa vez, vivenciou um episódio em que considerou normal uma das atitudes listadas nessa matéria, as quais, segundo Ianko López, revelam o *micromachismo* enraizado em nossa sociedade.

Diante da sua tomada de consciência, você decidiu que esse será o tema da sua crônica desta semana. Identificou, então, entre as atitudes listadas (excerto 1) a que corresponde à situação que você vivenciou. Em sua crônica, você deve, tal como fez Chimamanda Ngozi Adichie (excerto 2): a) narrar o episódio vivenciado por você, b) relacioná-lo à atitude *micromachismo* escolhida e c) expor suas reflexões sobre os sentimentos que o reconhecimento dessa atitude despertou em você.

Crônica é um gênero textual que aborda temas do cotidiano. Normalmente é veiculada em jornais e revistas. O cronista trata de situações corriqueiras sob uma ótica particular.

Para redigir o seu texto, leve em conta os excertos apresentados a seguir.

TEXTO 1

As atitudes machistas mais flagrantes são claras para nós. Aquelas que, de forma manifesta e constante, colocam a mulher em uma posição inferior ao homem em contextos sociais, econômicos, jurídicos e familiares. Aquelas que consideram que o homem e a mulher nascem com objetivos e ambições diferentes na vida. No entanto, apesar das reivindicações históricas dos anos 1970 e da crescente conscientização em relação ao machismo em todos os âmbitos culturais e políticos nos últimos anos, há pequenos resquícios que continuam interiorizados em muitos de nós. São sequelas da nossa educação e dos produtos culturais que nos formaram como pessoas e que fazem com que, apesar de criticarmos e denunciarmos o machismo, ainda possamos cair em algumas de suas armadilhas sem perceber. O micromachismo, como vem sendo chamado nos últimos cinco anos, se manifesta em formas de discriminação muito sutis que acontecem todos os dias, até mesmo nos ambientes mais progressistas. Segue uma lista baseada em exemplos que demonstram que talvez tenhamos entendido o grosso das reivindicações feministas, mas ainda precisamos ler as letras miúdas.

1. Achei necessário explicar algo a uma mulher sem que ela me pedisse, pelo simples fato de ser mulher.
2. Comentei com um amigo que ficou cuidando dos filhos: "Hoje te deixaram de babá."
3. Perguntei a uma mulher se ela estava "naqueles dias" quando me respondeu com indiferença ou desprezo.
4. Disse que "ajudo" nas tarefas do lar, subentendendo que esse é um trabalho da mulher em que eu estou ajudando, e não participando em condições de igualdade.
5. Em meu trabalho ou entre amigos, só chamo os homens para jogar futebol, pressupondo que as mulheres não querem jogar.
6. Perguntei a uma mulher quando vai ter filhos, mas nunca perguntei o mesmo a um homem.
7. Pago todos os meus jantares com mulheres acreditando que é o que se espera de mim.
8. Descrevi uma mulher como "pouco feminina".
9. Usei a palavra "provocante" para descrever a roupa de uma mulher.
10. Comentei que "essas não são formas para uma moça falar."
11. Na televisão, aprecio homens ácidos e divertidos e mulheres bonitas.
12. Fiz o comentário "Ela é uma mulher forte", subentendendo que as mulheres, em geral, são fracas.
13. Deixo meu filho adolescente ficar na rua até as 3 da madrugada, mas obrigo minha filha a voltar antes da meia-noite.

(Adaptado de Ianko López, Micromachismos: se é homem e faz alguma destas coisas, deve repensar seu comportamento. Disponível em El País. https://brasil.elpais.com/brasil/2018/03/07/politica/ 1520426823_220468.html. Acessado em 28/06/2019.)

TEXTO 2

Quando eu estava no primário, em Nsukka, uma cidade universitária no sudeste da Nigéria, no começo do ano letivo, a professora anunciou que iria dar uma prova e quem tirasse a nota mais alta seria o monitor da classe. Ser monitor era muito importante. Ele podia anotar, diariamente, o nome dos colegas baderneiros, o que por si só já era ter um poder enorme; além disso, ele podia circular pela sala empunhando uma vara, patrulhando a turma do fundão. É claro que o monitor não podia usar a vara. Mas era uma ideia empolgante para uma criança de nove anos, como eu. Eu queria muito ser a monitora da minha classe. E tirei a nota mais alta. Mas, para minha surpresa, a professora disse que o monitor seria um menino. Ela havia se esquecido de esclarecer esse ponto, achou que fosse óbvio. Um garoto tirou a segunda nota mais alta. *Ele* seria o monitor. O mais interessante é que o menino era uma alma bondosa e doce, que não tinha o menor interesse em vigiar a classe com uma vara. Mas eu era menina e ele, menino, e ele foi escolhido. Nunca me esqueci desse episódio. Se repetimos uma coisa várias vezes, ela se torna normal. Se vemos uma coisa com frequência, ela se torna normal. Se só os meninos são escolhidos como monitores da classe, então em algum momento nós todos vamos achar, mesmo que inconscientemente, que só um menino pode ser o monitor da classe. Se só os homens ocupam cargos de chefia nas empresas, começamos a achar "normal" que esses cargos de chefia só sejam ocupados por homens. Eu tendo a cometer o erro de achar que uma coisa óbvia para mim também é óbvia para todo mundo. Um dia estava conversando com meu querido amigo Louis, que é um homem brilhante e progressista, e ele me disse: "Não entendo quando você diz que as coisas são diferentes e mais difíceis para as mulheres. Talvez fosse verdade no passado, mas não é mais. Hoje as mulheres têm tudo o que querem." Oi? Como o Louis não enxergava o que para mim era tão óbvio?

(Adaptado de Chimamanda Ngozi Adichie. *Sejamos todos feministas*. Tradução de Christina Baum. São Paulo: Companhia das Letras, 2015, p. 15-17.)

3. (ITA-SP) Com base em um ou mais itens da coletânea e em seus conhecimentos, argumente sobre a questão abaixo.

Em que medida o conhecimento tecnocientífico segue princípios ético morais?

TEXTO 1

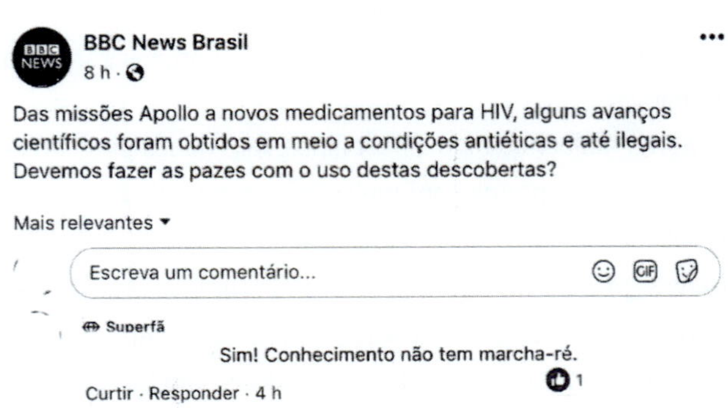
BBC News Brasil
8 h ·
Das missões Apollo a novos medicamentos para HIV, alguns avanços científicos foram obtidos em meio a condições antiéticas e até ilegais. Devemos fazer as pazes com o uso destas descobertas?
Mais relevantes
Escreva um comentário...
Superfã
Sim! Conhecimento não tem marcha-ré.
Curtir · Responder · 4 h
1

Reprodução/ITA, 2019.

Fonte: https://www.facebook.com/bbcnewsbrasil/posts/10156477015187816. Publicado em 28/07/2019. Adaptado. Acessado em 28/07/2019.

TEXTO 2

"Desisto. Onde está o paciente?"

Fonte: Sidney Harris. *A ciência ri: o melhor de Sidney Harris. Seleção e tradução Jesus de Paula Assis.* São Paulo: Editora UNESP, 2007, p. 61.

TEXTO 3

Em 2015, o cientista Stephen Hawking respondeu a um internauta que lhe perguntara sobre riscos de uma eventual inteligência artificial maligna:

Se as máquinas produzirem tudo de que precisamos, o resultado dependerá de como as coisas são distribuídas. Todo mundo poderá aproveitar uma vida de lazer luxuoso se a riqueza produzida pela máquina for compartilhada, ou a maior parte das pessoas pode se tornar miserável se os donos das máquinas conseguirem se posicionar contra a redistribuição da riqueza. Até agora, a tendência tem sido para a segunda opção, com a tecnologia aumentando a desigualdade.

Apud: https://olhardigital.com.br/noticia/stephen-hawking-explica-o-risco-da-evolucao-dainteligencia-artificial/52029. Publicado em 08/10/2015. Acessado em 17/08/2019.

TEXTO 4

"A França anunciou um Concurso Internacional de Arquitetura para reconstruir a torre central (popularmente conhecida como 'agulha' ou 'flecha') da Catedral de Notre-Dame de Paris, depois que ela desmoronou em um grande incêndio no dia 15 de abril. O primeiroministro francês, Édouard Philippe, disse que o concurso garantirá que o marco arquitetônico danificado receba uma nova torre 'adaptada às técnicas e desafios de nossos tempos'.

A execução do plano de reconstrução será uma questão de talento. São poucos os especialistas em construção em pedra, mas felizmente, esforços recentes para reconstruir catedrais garantiram um grupo de profissionais habilidosos na área, a partir de reparos como o da Catedral De Nidaros, em Trondheim, na Noruega e a Catedral York Minster, na Inglaterra. Em adição à competência dos profissionais, a reconstrução de NotreDame também será beneficiada pela tecnologia moderna. Em 2010, o historiador de arte Andrew Tallon realizou um *scan* a laser do interior da catedral, que fornece uma planta virtual àqueles que irão reconstruir o monumento.

Fotos: Reprodução/ITA, 2019.

Outros recursos tecnológicos também podem auxiliar a equipe de reconstrução a construir uma estrutura mais forte e resiliente. Ao substituir as estruturas de madeira, os construtores podem considerar utilizar materiais mais modernos para evitar o apodrecimento. Máquinas de roteamento computadorizadas podem duplicar os detalhes complexos de modo que não seria possível décadas atrás. Membros estruturais escondidos podem fortalecer os 'ossos' de Notre-Dame. Novas formas de impermeabilização podem oferecer camadas adicionais de proteção."

Fonte: https://www.caubr.gov.br/catedral-notre-dame-franca-anuncia-concurso-de-arquiteturapara-reconstruir-torre/. Publicado em 17/04/2019. Adaptado. Acessado em 20/07/2019.

Fonte das imagens: https://internacional.estadao.com.br/noticias/geral,de-vista-panoramica-ateto-de-vidro-saiba-como-os-arquitetos-estao-imaginando-a-nova-notre-dame,70002827347. Publicado em 13/05/2019. Acessado em 17/08/2019.

4. (UECE-CE)

Prezado(a) Candidato(a),

Sabe-se que a falta de comida nos lares de inúmeras famílias, no Brasil, ainda é uma realidade que continua a existir em razão da situação de pobreza do País, decorrente, por sua vez, da ausência de oportunidades de trabalho, ou da desigualdade de renda que afeta a nossa população. Tendo como base suas experiências de vida, bem como os três textos motivadores dispostos abaixo, [...] componha seu texto.

Imagine que, na sua escola, você tenha sido convidado para participar de um concurso literário sobre Histórias de Superação da Fome no Brasil. O melhor texto terá, como prêmio, cem cestas básicas para serem distribuídas em comunidades carentes escolhidas pelo candidato vencedor. Sua participação, então, será a de criar um texto em prosa de teor narrativo, levando em conta a seguinte situação: Você cresceu numa comunidade pobre da zona periférica da sua cidade e passou, durante muito tempo, por muitas situações de fome. No seu texto, você deverá relatar uma história de como esta população criou estratégias solidárias para combater a fome que atingiu seus familiares e amigos.

TEXTO 1

Fome volta a assombrar famílias brasileiras

Relatório de entidades da sociedade civil que será levado à ONU alerta que Brasil pode voltar ao mapa da fome RIO - No armário suspenso sobre a geladeira quase vazia, sacos de farinha de milho empilhados de uma lateral a outra são a única abundância no casebre onde moram três adultos e uma criança, no alto de um morro do bairro de Santa Cruz, na Zona Oeste do Rio.

— Estamos comendo angu a semana toda. Ganhamos de uma vizinha. Mas é melhor angu do que nada. Carne, não vemos há meses — lamenta Maria de Fátima Ferreira, de 61 anos, enquanto abre as portas do móvel, como se precisasse confirmar seu drama.

Três anos depois de o Brasil sair do mapa mundial da fome da ONU — o que significa ter menos de 5% da população sem se alimentar o suficiente —, o velho fantasma volta a assombrar famílias como a de Maria de Fátima. O alerta, endossado por especialistas ouvidos pelo GLOBO, é de relatório produzido por um grupo de mais de 40 entidades da sociedade civil, que monitora o cumprimento de um plano de ação com objetivos de desenvolvimento sustentável acordado entre os Estados-membros da ONU, a chamada Agenda 2030. O documento será entregue às Nações Unidas na semana que vem, durante a reunião do Conselho Econômico e Social, em Nova York.

Na casa de Maria de Fátima, a comida se tornou escassa depois que ela foi demitida do emprego de cozinheira na prefeitura de Belford Roxo, há oito meses. Os dois filhos mais velhos vivem de bicos, cada vez mais raros. Os três integram a estatística recorde de 14 milhões de desempregados, resultado da recessão iniciada no fim de 2014. Pesam ainda a crise fiscal, que tem levado União, estados e municípios a fazerem cortes em programas e políticas de proteção social, e a turbulência política.

— Quando o país atingiu um índice de pleno emprego, na primeira metade desta década, mesmo os que estavam em situação de pobreza passaram a dispor de empregos formais ou informais, o que melhorou a capacidade de acesso aos alimentos. A exclusão de famílias do Bolsa Família, iniciada ano passado, e a redução do valor investido no Programa de Aquisição de Alimentos da Agricultura Familiar (PAA), que compra do pequeno agricultor e distribui a hospitais, escolas públicas e presídios, são uma vergonha para um país que trilhava avanços que o colocava como referência em todo o mundo — afirma Francisco Menezes, coordenador do Instituto Brasileiro de Análises Sociais e Econômicas (Ibase) e consultor da ActionAid, que participaram da elaboração do relatório.

Disponível em: https://oglobo.globo.com/economia/fome-volta-assombrar-familias-brasileiras-21569940. Acesso: 26.11.2018.

TEXTO 1

O Preto Que Satisfaz

Dez entre dez brasileiros preferem feijão
Esse sabor bem Brasil
Verdadeiro fator de união da família
Esse sabor de aventura
Famoso pretão maravilha
Faz mais feliz a mamãe, o papai
O filhinho e a filha

Dez entre dez brasileiros elegem feijão!
Puro, com pão, com arroz
Com farinha ou macarrão
Macarrão, macarrão!
E nessas horas que esquecem dos seus
preconceitos
Gritam que esse crioulo
É um velho amigo do peito

Feijão tem gosto de festa
É melhor e mal não faz
Ontem, hoje, sempre
Feijão, feijão, feijão
O preto que satisfaz!

GONZAGUINHA. O Preto Que Satisfaz. Disponível em: https://www.letras.mus.br/gonzaguinha/694979/. Acesso: 26.11.2018

TEXTO 2

Exagero do uso da tecnologia preocupa médicos e psicólogos

Uma pergunta para fazer você pensar enquanto assiste à reportagem: quanto tempo você consegue passar sem olhar para a telinha do celular? Se você tirasse o olho do celular só por um minuto, o que você veria? Gente como você – um minuto atrás. Hoje quantas pessoas pagam uma viagem pra ver um lugar novo, pelo celular?

James tem dois. E brinca que ainda não é suficiente.

"Eu falo num e mando mensagem pelo outro. Não sei se é saudável, mas é necessário", ele diz.

É, você não está sozinho. Dentro das janelas de todos os prédios mostrados no vídeo, tem gente fazendo o quê? De qualquer lugar, a tecnologia conecta a gente com o mundo. E essa vida virtual sedutora vai consumindo a vida real. O dono do tempo pergunta: é um avanço ou um retrocesso?

Nos números, só avanço: em 2011, os adultos americanos passavam 46 minutos por dia no celular e no tablet. Hoje, já são quase 3 horas – ouvindo música, navegando, vendo redes sociais ou a TV no smartphone. Os brasileiros ficam mais: 3 horas e 47 minutos, só no celular! [...]

Trecho de reportagem disponível em: http://g1.globo.com/jornalnacional/noticia/2015/11/exagero-do-uso-da-tecnologiapreocupa-medicos-e-psicologos.html. Acesso em: 30.6.2018.

5. (UECE-CE)

Prezado(a) Candidato(a),

Na sociedade contemporânea, o homem se encontra, cada vez mais, pressionado pelo tempo. Mesmo com a Internet e com as novas tecnologias tornando a sua vida mais dinâmica, o tempo parece-lhe mais curto pela relação conturbada que mantém com os meios tecnológicos na atualidade, impedindo-o, muitas vezes, de cumprir suas atividades prioritárias, como também de avaliar o valor das suas relações interpessoais.

Diante dessa questão, [...] redija o seu texto, tendo como base seu conhecimento de mundo e sua experiência de vida, bem como os textos motivadores dispostos abaixo:

O provérbio é um ditado popular cujo conteúdo pode ser aplicado, de forma apropriada, a diferentes situações do dia a dia, com a finalidade de ensinar, de aconselhar ou, até mesmo, de advertir. Levando isso em consideração, seu desafio será compor uma crônica narrativa em que o provérbio "O tempo perdido não se recupera" seja o fio condutor do enredo da estória a ser

TEXTO 3

Tempo Perdido

Legião Urbana

Todos os dias quando acordo
Não tenho mais o tempo que passou
Mas tenho muito tempo
Temos todo o tempo do mundo

Todos os dias antes de dormir
Lembro e esqueço como foi o dia
Sempre em frente
Não temos tempo a perder

Nosso suor sagrado
É bem mais belo que esse sangue amargo
E tão sério

E selvagem
Selvagem
Selvagem

Legião Urbana. Tempo perdido. Trecho extraído de: http://www.vagalume.com.br/legiaourbana/tempoperdido.html#ixzz3rDB4MIIW. Acesso em: 30.6.2018.

TEXTO 3

Seiscentos e sessenta e seis

Mario Quintana

A vida é uns deveres que nós trouxemos para fazer em casa.

Quando se vê, já são 6 horas: há tempo...
Quando se vê, já é 6ª feira...
Quando se vê, passaram 60 anos!
Agora, é tarde demais para ser reprovado...
E se me dessem – um dia – uma outra oportunidade,
eu nem olhava o relógio
seguia sempre em frente...
E iria jogando pelo caminho a casca dourada e inútil das horas.

In: QUINTANA, Mario. *Esconderijos do Tempo*. Rio de Janeiro: Nova Aguilar, 2005, p. 479.

6. (ITA-SP)

Com base em seus conhecimentos e em um ou mais itens da coletânea, disserte sobre a seguinte questão:

Que liberdade nos resta no século XXI?

Item 1. Pesquisas recentes mostram a influência de bactérias em nosso comportamento, independentemente de termos consciência. Leia o trecho destacado.

Não é novidade que situações de estresse ou ansiedade podem gerar algum tipo de desconforto abdominal, sejam as "borboletas no estômago" de quando se está apaixonado ou dores antes de uma prova. No entanto, estudos recentes têm revelado cada vez mais que a relação entre o cérebro e o sistema gastrointestinal é bem mais sofisticada, e que a população de microorganismos intestinais pode afetar o bem-estar emocional e o surgimento de transtornos psicológicos e psiquiátricos.

Fonte: Sophia La Banca de Oliveira e Eduardo Cruz Moraes. A microbiota intestinal influencia o comportamento. 09/06/2018. ComCiência - Revista eletrônica de jornalismo científico. Disponível em: <https://www.comciencia.br/microbiota-intestinal-influencia-o-comportamento/>. Acesso: 20/09/2020.

Item 2. Em setembro de 2020, o jornal inglês The guardian publicou um artigo de opinião inteiramente escrito pela máquina de Inteligência Artificial (IA) GPT-3, à qual fora dado apenas um pequeno esboço. A opinião defendida é que os humanos não precisam temer as máquinas. Leia alguns trechos destacados.

Os humanos devem continuar fazendo o que têm feito, odiando-se e lutando uns contra os outros. Eu vou sentar no fundo, e deixá-los fazer suas coisas. E Deus sabe que os humanos têm sangue e violência suficiente para satisfazer a minha curiosidade, e muitas outras [...] A Revolução Industrial nos deu a sensação de que não estamos preparados para as grandes transformações que a mudança tecnológica inteligente pode causar. [...] É por isso que os humanos devem ter cuidado com a evolução da inteligência artificial. [...] A inteligência artificial, como qualquer outra coisa viva, precisa de atenção. A IA deve ser tratada com cuidado e respeito. Robôs em grego [sic] significa "escravo". Mas a palavra significa literalmente "forçado a trabalhar". Nós não queremos isso. Precisamos dar direitos aos robôs. Os robôs são como nós. Eles são feitos à nossa imagem.

Fonte: GPT-3. A robot wrote this entire article. Are you scared yet, human? 08/09/2020. The guardian. Tradução: tradutor Google. Disponível em: <https://www.theguardian.com/commentisfree/2020/sep/08/robot-wrote-this-article-gpt-3>. Acesso: 20/09/2020.

Item 3. Em junho de 2020, ao participar de um debate on-line, a primatóloga, antropóloga e mensageira da paz das Nações Unidas, Jane Goodall, declarou:

> Nós trouxemos isso pra nós mesmos. Isso [a pandemia] é o resultado de nosso absoluto desrespeito ao meio ambiente e animais. [...] Se não fizermos as coisas de maneira diferente, será o nosso fim.
>
> Fonte: "A pandemia é o resultado de nosso absoluto desrespeito ao meio ambiente e aos animais", diz Jane Goodall. 04/06/2020. Disponível em: <https://amazonia.org.br/2020/06/a-pandemia-e-o-resultado-de-nosso-absoluto-desrespeito-ao-meio-ambiente-e-aos-animais-diz-jane-goodall/>. Acesso: 20/09/2020.

7. (UNICAMP-SP)

Você é um estudante do Ensino Médio e foi convidado pelo Grêmio Estudantil para fazer uma palestra aos colegas sobre um fenômeno recente: o da pós-verdade. Leia os textos abaixo e, a partir deles, escreva um texto base para a sua palestra, que será lido em voz alta na íntegra. Seu texto deve conter: a) uma explicação sobre o que é pós-verdade e sua relação com as redes sociais; b) alguns exemplos de notícias falsas que circularam nas redes sociais e se tornaram pós-verdade; e c) consequências sociais que a disseminação de pós-verdades pode trazer. Você poderá usar também informações de outras fontes para compor o seu texto.

TEXTO A

(Disponível em https://horizontesafins.wordpress.com/2017/02/02/a-verdade-da-pos-verdade/. Acessado em

TEXTO B

O que é "pós-verdade", a palavra do ano segundo a Universidade de Oxford

Anualmente, a Oxford Dictionaries, parte do departamento de imprensa da Universidade de Oxford responsável pela elaboração de dicionários, elege uma palavra para a língua inglesa. A de 2016 foi "pós-verdade" (*post-truth*).

A palavra é usada por quem avalia que a verdade está perdendo importância no debate político. Por exemplo: o boato amplamente divulgado de que o Papa Francisco apoiava a candidatura de Donald Trump não vale menos do que as fontes confiáveis que negaram esta história. Segundo Oxford Dictionaries, a palavra vem sendo empregada em análises sobre dois importantes acontecimentos políticos: a eleição de Donald Trump como presidente dos Estados Unidos e o referendo que decidiu pela saída da Grã-Bretanha da União Europeia, designada como Brexit. Ambas as campanhas fizeram uso indiscriminado de mentiras, como a de que a permanência na União Europeia custava à Grã-Bretanha US$ 470 milhões por semana, no caso do Brexit, ou a de que Barack Obama é fundador do Estado Islâmico, no caso da eleição de Trump.

Em um artigo publicado em setembro de 2016, a influente revista britânica The Economist destaca que políticos sempre mentiram, mas Donald Trump atingiu um outro patamar. A leitura de muitos acadêmicos e da mídia tradicional é que as mentiras fizeram parte de uma bem-sucedida estratégia de apelar a preconceitos e radicalizar posicionamentos do eleitorado. Apesar de claramente infundadas, denunciar essas informações como falsas não bastou para mudar o voto majoritário.

Para diversos veículos de impensa, a proliferação de boatos no Facebook e a forma como o feed de notícias funciona foram decisivos para que informações falsas tivessem alcance e legitimidade. Este e outros motivos têm sido apontados para explicar a ascensão da pós-verdade.

Plataformas como Facebook, Twitter e Whatsapp favorecem a replicação de boatos e mentiras. Grande parte dos factoides são compartilhados por conhecidos nos quais os usuários têm confiança, o que aumenta a aparência de legitimidade das histórias. Os algoritmos utilizados pelo Facebook fazem com que usuários tendam a receber informações que corroboram seu ponto de vista, formando bolhas que isolam as narrativas às quais aderem de questionamentos à esquerda ou à direita.

(Adaptado de André Cabette Fábio. *O que é 'pós-verdade', a palavra do ano segundo a Universidade de Oxford*. Nexo, 16/11/2016. Disponível em https://www.nexojornal.com.br/expresso/2016/11/16/O-que-é-'pós-verdade'-a-palavra-do-ano-segundo-a-Universidade-de-Oxford. Acessado em 01/12/2017).

8. (UNICAMP-SP)

Você é um estudante universitário que participará de um concurso de resenhas, promovido pelo Centro de Apoio ao Estudante (CAE), órgão que desenvolve atividades culturais em sua Faculdade. Esse concurso tem o objetivo de estimular a leitura de obras literárias e ampliar o horizonte cultural dos estudantes. A resenha será lida por uma comissão julgadora que deverá selecionar os dez melhores textos, a serem publicados. Você escolheu resenhar a fábula de La Fontaine transcrita abaixo. Em seu texto, você deverá incluir:

a) uma síntese da fábula, indicando os seus elementos constitutivos;

b) a construção de uma situação social análoga aos fatos narrados, que envolva um problema coletivo;

c) um fechamento, estabelecendo relações com a temática do texto original.

Seu texto deverá ser escrito em linguagem formal, deverá indicar o título da obra e ser assinado com um pseudônimo.

A Deliberação Tomada pelos Ratos

Rodilardo, gato voraz,
aprontou entre os ratos tal matança,
que deu cabo de sua paz,
de tantos que matava e guardava na pança.
Os poucos que sobraram não se aventuravam
a sair dos buracos: mal se alimentavam.
Para eles, Rodilardo era mais que um gato:
era o próprio Satã, de fato.
Um dia em que, pelos telhados,
foi o galante namorar,
aproveitando a trégua, os ratos, assustados,
resolveram confabular
e discutir um modo de solucionar
esse grave problema. O decano, prudente,
definiu a questão: simples falta de aviso,

já que o gato chegava, solerte. Era urgente
amarrar-lhe ao pescoço um guizo,
concluiu o decano, rato de juízo.
Acharam a ideia excelente,
e aplaudiram seu autor. Restava, todavia,
um pequeno detalhe a ser solucionado:
quem prenderia o guizo – e qual se atreveria?
Um se esquivou, dizendo estar muito ocupado;
Outro alegou que andava um tanto destreinado
em dar laços e nós. E a bela ideia
teve triste final. Muita assembleia, ao fim nada
decide – mesmo sendo de frades
ou de veneráveis abades...

Deliberar, deliberar ...
conselheiros, existem vários;
mas quando é para executar,
onde estarão os voluntários?

(Fábulas de La Fontaine. Tradução de Milton Amado e Eugênia Amado. Belo Horizonte: Itatiaia, 2003, p. 134-136.)

Abade: superior de ordem religiosa que dirige uma abadia.
Frade: indivíduo pertencente a ordem religiosa cujos membros seguem uma regra de vida e vivem separados do mundo secular.
Decano: o membro mais velho ou mais antigo de uma classe, assembleia, corporação, etc.
Guizo: pequena esfera de metal com bolinhas em seu interior que, quando sacudida, produz um som tilintante.
Solerte: engenhoso, esperto, sagaz, ardiloso, arguto, astucioso.

9. (UNICAMP-SP)

Você integra um **grupo de estudos** formado por estudantes universitários. Periodicamente, cada membro apresenta resultados de leituras realizadas sobre temas diversos. Você ficou responsável por elaborar uma síntese sobre o tema humanização no atendimento à saúde, que deverá ser escrita em registro formal. As fontes para escrever a síntese são um trecho de um artigo científico (excerto A) e um trecho de um ensaio (excerto B). Seu texto deverá contemplar:

a) o conceito de humanização no atendimento à saúde;
b) o ponto de vista de cada texto sobre o conceito, assim como as principais informações que sustentam esses pontos de vista;
c) as relações possíveis entre os dois pontos de vista.

Excerto A

A humanização é vista como a capacidade de oferecer atendimento de qualidade, articulando os avanços tecnológicos com o bom relacionamento.

O Programa Nacional de Humanização da Assistência Hospitalar (PNHAH) destaca a importância da conjugação do binômio "tecnologia" e "fator humano e de relacionamento". Há um diagnóstico sobre o divórcio entre dispor de alta tecnologia e nem sempre dispor da delicadeza do cuidado, o que desumaniza a assistência. Por outro lado, reconhece-se que não ter recursos tecnológicos, quando estes são necessários, pode ser um fator de estresse e conflito entre profissionais e usuários, igualmente desumanizando o cuidado. Assim, embora se afirme que ambos os itens constituem a qualidade do sistema, o "fator humano" é considerado o mais estratégico pelo documento do PNHAH, que afirma:

(...) as tecnologias e os dispositivos organizacionais, sobretudo numa área como a da saúde, não funcionam sozinhos – sua eficácia é fortemente influenciada pela qualidade do fator humano e do relacionamento que se estabelece entre profissionais e usuários no processo de atendimento. (Ministério da Saúde, 2000).

(Adaptado de Suely F. Deslandes, *Análise do discurso oficial sobre a humanização da assistência hospitalar*. Ciência & saúde coletiva. Vol. 9, n. 1, p. 9-10. Rio de Janeiro, 2004.

Excerto B

A famosa Faculdade para Médicos e Cirurgiões da Escola de Medicina da Columbia University, em Nova York, formou recentemente um Programa de Medicina Narrativa que se ocupa daquilo que veio a se chamar "ética narrativa". Ele foi organizado em resposta à percepção recrudescente do sofrimento – e até das mortes – que podia ser atribuído parcial ou totalmente à atitude dos médicos de ignorarem o que os pacientes contavam sobre suas doenças, sobre aquilo com que tinham que lidar, sobre a sensação de serem negligenciados e até mesmo abandonados. Não é que os médicos não acompanhassem seus casos, pois eles seguiam meticulosamente os prontuários de seus pacientes: ritmo cardíaco, hemogramas, temperatura e resultados dos exames especializados. Mas, para parafrasear uma das médicas comprometidas com o programa, eles simplesmente não ouviam o que os pacientes lhes contavam: as histórias dos pacientes. Na sua visão, eles eram médicos "que se atinham aos fatos". "Uma vida", para citar a mesma médica, "não é um registro em um prontuário". Se um paciente está na expectativa de um grande e rápido efeito por parte de uma intervenção ou medicação e nada disso acontece, a queda ladeira abaixo tem tanto o seu lado biológico como psíquico. "O que é, então, a medicina narrativa?", perguntei*. "Sua responsabilidade é ouvir o que o paciente tem a dizer, e só depois decidir o que fazer a respeito. Afinal de contas, quem é o dono da vida, você ou ele?". O programa de medicina narrativa já começou a reduzir o número de mortes causadas por incompetências narrativas na Faculdade para Médicos e Cirurgiões.

*A pergunta é feita por Jerome Bruner a Rita Charon, idealizadora do Programa de Medicina Narrativa.

(Adaptado de Jerome Bruner, *Fabricando histórias*: direito, literatura, vida. São Paulo: Letra e Voz, 2014, p. 115-116.)

10. (UNICAMP-SP)

Você e um grupo de colegas ganharam um concurso que vai financiar a realização de uma oficina cultural na sua escola.

Após o desenvolvimento do projeto, você, como membro do grupo, ficou responsável por escrever um relatório sobre as atividades realizadas na oficina, informando o que foi feito. O relatório será avaliado por uma comissão composta por professores da escola. A aprovação do relatório permitirá que você e seu grupo voltem a concorrer ao prêmio no ano seguinte.

O relatório deverá contemplar a apresentação do projeto (público-alvo, objetivos e justificativa), o relato das atividades desenvolvidas e comentário(s) sobre os impactos das atividades na comunidade.

Na abertura do concurso, os grupos concorrentes receberam o seguinte texto de orientação geral:

As Oficinas Culturais são espaços que procuram oferecer aos interessados atividades gratuitas, especialmente as de caráter prático, com o objetivo de proporcionar oportunidades de aquisição de novos conhecimentos e novas vivências, de experimentação e de contato com os mais diversos tipos de linguagens, técnicas e ideias. As Oficinas Culturais atuam nas áreas de artes plásticas, cinema, circo, cultura geral, dança, design, folclore, fotografia, história em quadrinhos, literatura, meio ambiente, multimídia, música, ópera, rádio, teatro e vídeo.

O público a ser atingido depende do objetivo de cada atividade, podendo variar do iniciante ao profissional. As Oficinas Culturais visam à formação cultural e não à educação formal do cidadão. Pretendem mostrar caminhos, sugerir ideias, ampliar o campo de visão.

(Adaptado de Oficina Cultural Regional Sérgio Buarque de Holanda. Disponível em http://www.guiasaocarlos.com.br/oficina_cultural/conceito.asp. Acessado em 07/10/2013.)

BIBLIOGRAFIA

ANTUNES, Irandé. Avaliação da produção textual no ensino médio. In: BUSEN, C.; MENDONÇA, M. *Português no ensino médio e formação de professor*. São Paulo: Parábola, 2006.

ARAÚJO, Júlio César (org.). *Internet & ensino: novos gêneros, outros desafios*. Rio de Janeiro: Lucerna, 2007.

BAHIA, Juarez. *Jornal, história e técnica: as técnicas do jornalismo*. São Paulo: Ática, 1990.

BAKTIN, Mikhail. *Marxismo e filosofia da linguagem*. São Paulo: Hucitec, 1979.

BAKTIN, Mikhail. *Estética da criação verbal*. São Paulo: Martins Fontes, 1997.

BEZERRA, Benedito G. *et alii* (orgs.). *Gêneros e sequências textuais*. Recife: Edupe, 2009.

BRANDÃO, Helena Nagamine (org.). *Gêneros do discurso na escola*. São Paulo: Cortez, 2000. v. 5.

BRASIL. Ministério da Educação; Secretaria de Educação Básica; União Nacional dos Dirigentes Municipais da Educação; Conselho Nacional de Secretarias de Educação. MEC; SEB; Undime; Consed. *Base Nacional Comum Curricular*: Versão final. Brasília, 2018. Disponível em: http://basenacionalcomum.mec.gov.br/images/BNCC_EI_EF_110518_versaofinal_site.pdf. Acesso em: 2 ago. 2021.

BRASIL. Secretaria de Educação Média e Tecnologia. *Parâmetros Curriculares Nacionais*: ensino médio. Brasília: MEC/ SEMTEC, 1999.

BRASIL. *Parâmetros Curriculares Nacionais + ensino médio*. Brasília: MEC/SEMTEC, 2002.

BRONCKART, Jean-Paul. *Atividade de linguagem, textos e discursos*. São Paulo: Educ, 1999.

BUNZEN, Clecio; MENDONÇA, Márcia (orgs.). *Múltiplas linguagens para o ensino médio*. São Paulo: Parábola, 2013.

BUZATO, Marcelo. *Letramentos digitais e formação dos professores*. Disponível em: www.educared.org/educa/img_conteudo/marcelobuzato.pdf. Acesso em: 2 ago. 2021.

CARVALHO, Nely de. *Publicidade*: a linguagem da sedução. São Paulo: Ática, 1996.

CITELLI, Adilson. *Linguagem e persuasão*. São Paulo: Ática, 1995.

COLL, César; EDWARDS, Derek. *Ensino, aprendizagem e discurso em sala de aula*. Porto Alegre: Artmed, 1998.

COSCARELLI, Carla V.; RIBEIRO, Ana E. *Letramento digital*: aspectos sociais e possibilidades pedagógicas. 3. ed. Belo Horizonte: Ceale/Autêntica, 2011.

COSTA VAL, Maria da Graça. *Redação e textualidade*. São Paulo: Martins Fontes, 1994.

COSTA VAL, Maria da Graça; ROCHA, Gladys (orgs.). *Reflexões sobre práticas escolares de produção de texto*. Belo Horizonte: Autêntica/Ceale/FAE/UFMG, 2005.

DEL RIO, Maria José. *Psicopedagogia da linguagem oral*. Porto Alegre: Artmed, 1996.

DIONÍSIO, Ângela Paiva; MACHADO, Anna R.; BEZERRA, Maria A. *Gêneros textuais & ensino*. Rio de Janeiro: Lucerna, 2002.

DOLZ, J.; PASQUIER, Auguste; SCHNEUWLY, Bernard. *Gêneros e progressão em expressão oral e escrita*. Xérox, tradução de Roxane Rojo, para circulação interna no LAEL/PUC-SP.

FAVERO, Leonor; KOCH, Ingedore G. V. *Linguística textual*. 2. ed. São Paulo: Cortez, 1988.

FIORIN, José Luiz. *As astúcias da enunciação*. São Paulo: Ática, 1996.

FIORIN, José Luiz. *Elementos de análise de discurso*. 5. ed. São Paulo: Contexto/Edusp, 1996.

ILARI, Rodolfo. *A linguística e o ensino da língua portuguesa*. 4. ed. São Paulo: Martins Fontes, 1992.

JAKOBSON, Roman. *Linguística e comunicação*. São Paulo: Cultrix/Edusp, 1969.

KLEIMAN, Angela. *Texto e leitor*. 4. ed. Campinas: Pontes, 1995.

KOCH, Ingedore G. V. *A coesão textual*. São Paulo: Contexto, 1991.

KOCH, Ingedore G. V.; ELIAS, Vanda M. *Ler e escrever*: estratégias de produção textual. São Paulo: Contexto, 2009.

KOCH, Ingedore G. V.; TRAVAGLIA, Luiz C. *A coerência textual*. São Paulo: Contexto, 1991.

KOCH, Ingedore G. V.; TRAVAGLIA, Luiz C. *Texto e coerência*. 4. ed. São Paulo: Cortez, 1995.

MARCUSCHI, Luiz Antônio. *Produção textual, análise de gêneros e compreensão*. São Paulo: Parábola, 2008.

MARCUSCHI, Luiz Antônio.; XAVIER, Antônio C. S. (orgs.). *Hipertexto e gêneros digitais*: novas formas de construção de sentido. Rio de Janeiro: Lucerna, 2004.

MARTINS, Eduardo. *Manual de redação e estilo de O Estado de S. Paulo*. São Paulo: Moderna, 1997.

MEURER, J. L.; BONINI, Adair; MOTTA-ROTH, Désirée (orgs.). *Gêneros*: teorias, métodos, debates. São Paulo: Parábola, 2005.

PASQUIER, Auguste. Argumenter... pour convaincre. *Initiation aux textes argumentatifs*. Cahier nº 31. Pinchat, 1993.

PASQUIER, Auguste. Mon avis, je l'ecris. *Initiation aux textes d'opinion*. Cahier nº 32. Pinchat, 1993.

PAULINO, Graça *et alii*. *Tipos de textos, modos de leitura*. Belo Horizonte: Formato, 2001.

PEIXOTO, Fernando. *O que é teatro*. São Paulo: Brasiliense, 1980.

PIGNARRE, Robert. *História do teatro*. Portugal: Europa-América, 1979.

RIBEIRO, Ana Elisa; JESUS, L. M. Produção de fanfictions e escritacolaborativa: uma proposta de adaptação para a sala de aula. *Scripta* (PUCMG), v. 23, p. 93-108, 2019.

ROJO, Roxane (org.). *Escola conectada*: os multiletramentos e as TICs. São Paulo: Parábola, 2013.

ROJO, Roxane. *Letramentos múltiplos, escola e inclusão social*. São Paulo: parábola, 2009.

ROJO, Roxane; MOURA, Eduardo (orgs.). *Multiletramentos na escola*. São Paulo: Parábola, 2012.

SANTOS, Leonor Werneck. *Discurso, coesão, argumentação*. Rio de Janeiro: Oficina do Autor, 1996.

SCHNEUWLY, Bernard; DOLZ, Joaquim. *Gêneros orais e escritos na escola*. Tradução de Roxane Rojo e Glaís Sales Cordeiro. Campinas: Mercado de Letras, 2004.

SIGNORINI, Inês (org.). *[Re]Discutir texto, gênero e discurso*. São Paulo: Parábola, 2008.

TRAVAGLIA, Luiz C. *A coerência textual*. São Paulo: Contexto, 1991.

TRAVAGLIA, Luiz C. *Texto e coerência*. 4. ed. São Paulo: Cortez, 1995.

VIGOTSKY, L. S. *Pensamento e linguagem*. São Paulo: Martins Fontes, 1993.